区域金融理论与实证研究

支大林　于尚艳　著

商务印书馆
2008年·北京

图书在版编目(CIP)数据

区域金融理论与实证研究/支大林，于尚艳著.—北京：商务印书馆，2008
ISBN 978-7-100-05711-0

I.区… II.①支…②于… III.地区经济—金融事业—研究—中国 IV.F832.7

中国版本图书馆CIP数据核字(2007)第199829号

区域金融理论与实证研究
支大林　于尚艳 著

商 务 印 书 馆 出 版
(北京王府井大街36号　邮政编码 100710)
商 务 印 书 馆 发 行
北京瑞古冠中印刷厂印刷
ISBN 978-7-100-05711-0

2008年11月第1版　　开本 880×1230　1/32
2008年11月北京第1次印刷　　印张 12½
印数 4 000 册

定价：26.00元

目　录

第一章　导论

一　选题意图

金融是经济发展的一个主要推动力，金融发展构成了现代市场经济发展的最主要方面。微观经济学和宏观经济学是经济学科的重要分支，介于微观经济学和宏观经济学之间的区域经济学同样是经济学的重要表现形式。[①] 像经济学一样，微观金融发展理论、宏观金融发展理论和区域金融发展理论是金融发展理论的重要分支。目前，国内外已有的研究成果主要集中于对宏观金融发展理论和微观金融发展理论的探讨，而对区域金融发展理论的研究相当滞后。

如果从英国经济学家亚当·斯密[②]算起，微观经济学的嬗变与发展已有300年的历史，这门科学在不断变化与发展的经济实践中，日臻完善。就经济学的分支而言，微观经济学的理论体系构建最早，

---

① 微观经济学分析单个消费者和厂商行为，消费者与厂商间的相互作用关系，从而说明市场价格调节某种产品供求，实现供求均衡。宏观经济学研究国民经济总体运行，即经济中各种总量关系，从而实现社会资源的充分利用。区域经济学介于微观经济学与宏观经济学之间，它以微观分析为基础，体现区域经济的特点，反映宏观经济的形势与趋向。参见支大林主编：《西方经济学》，高等教育出版社2001年版。

② 亚当·斯密，经济学的开山鼻祖，政治经济学体系的创始人。他提出了著名的"看不见的手"的原理，积极倡导自由竞争的精神，通过市场机制促进社会利益，增加整个国民的财富。参见斯蒂格利茨著：《经济学》，中国人民大学出版社1997年版。

内容充实，理论丰富，体系完善，一些经济学家甚至认为只有微观经济学才是经济学的一门科学。微观金融发展理论正是在微观经济学的基础之上建立起来的，因此具有得天独厚的理论和实践基础。

宏观经济学的构建要比微观经济学晚得多。宏观经济学是1936年由经济学家凯恩斯创立的。[①] 1929—1933年资本主义经济制度爆发的最严重的经济危机使宏观经济学应运而生。宏观经济学相对于微观经济学而言，无论是理论观点，还是政策措施，都不够充实和完善，尤其是面对不断趋向复杂的宏观经济实践，宏观经济学在加速自身的修正、补充和完善。

把区域及区域经济作为一个独立的生产力系统来研究，其理论体系直到20世纪50年代才建立起来。经济学是研究如何优化配置社会有限资源以增进社会福利的学科，但有限的经济资源既体现在资源总量上又体现在其空间分布上，特定区域的经济基础、要素禀赋状况决定其发展态势，从而在一定程度上影响着国民经济的均衡发展，必然导致经济结构在空间上的差异性。所以，生产资源在各个区域内如何分配，区域国民收入及其区域差异变动如何决定，区域作为国民经济一个独立层次的行为特征等重要的资源配置问题，正是介于微观经济学和宏观经济学之间的区域经济学所研究的基本内容。区域金融发展理论正是基于这样的社会实践和理论依托而产生和发展的。

区域金融是指一个国家金融结构与运行在空间上的分布状态。区域金融与区域经济一样，是现代市场经济条件下大国经济发展的一种客观现象。由于自然条件、经济条件、社会条件和技术条件的地域差异，经济地域运动呈现出明显的不平衡性和区域性特点。金融

① 英国著名经济学家凯恩斯于1936年在《就业、利息和货币通论》一书中提出了一套与传统经济学不同的理论、政策和研究方法，认为资本主义的小于充分就业均衡状态是由有效需求不足造成的，主张国家干预经济，采用总量分析方法，创立了现代宏观经济学。

作为经济发展的重要推动力，不仅要直接反映经济的区域性特点，而且经济发展的区域性很大程度上要借助于金融的区域化运行得以实现。因此，深入研究区域金融的时空运动规律，并对区域金融成长机制进行剖析，找到区域金融成长与区域经济发展之间相生共长关系的作用机理，无疑对于区域经济发展乃至整体经济健康运行具有重大的实践意义与理论价值。

区域金融作为独立的研究课题，其研究价值近几年刚刚引起理论界的关注。对区域金融理论和实践的研究尚处于探索阶段，无论是国外还是国内都相当滞后，一些学者在研究区域经济发展时对区域金融有所论及，但只限于个别分析，理论是零散的，远没有形成独立的分析框架和相对完整的理论体系。通过对国内外大量相关资料的查阅和研究，笔者发现已有的研究成果基本没有解决区域金融的形成机理、功能效应、运作模式问题，特别是对于区域金融成长与区域经济发展关系的分析不够全面，对于金融时空规律的认识不够深透。

笔者在综合已有研究成果的基础上，尝试进行区域金融分析的深层研究，寻找区域金融的理论支点，并深入探讨区域金融成长机制，特别是立足我国区域金融发展的实践以及区域经济均衡发展的战略，探索我国区域金融发展的可行道路，包括区域金融中心的建设、区域金融政策的制定等，并以东北地区作为实证单元，考察了东北城市金融竞争力等问题。

二　区域金融理论在我国的研究视角

我国是一个人口众多、地域辽阔、发展不平衡的发展中大国，也是世界上自然地理、经济社会、人口资源差异最大的国家之一，可以说，地区发展不平衡性是我国国情的基本特征。① 改革开放以来，从绝对意义上讲，我国各个经济区域都有很大的进步，经济快速发展。但是，在经济高速增长的过程中，东、中、西部地区的经济增长率呈现出明显的差异性，地区间收入的绝对差距不断扩大，中、西部地区发展相对落后，已经成为影响我国社会经济协调发展的障碍。

区域经济的这种差异与区域金融成长有着直接关系。在不同区域的经济增长过程中，经济信用化和信用证券化是不同步的，由此决定了发达的东部沿海地区实物资本的金融化进程较快，而欠发达的中、西部地区进程较慢，从而引起金融资源向东部地区的倾斜流动。在经济信用化的进程中，金融增长具有超前效应，在信用化起步较早和程度较高的东部地区，金融增长也相对较快，从而使该地区的经济增长获得更大的金融支持和积累效率。这样，不仅加剧了地区之间资金供求关系的失衡，同时也拉大了区域经济发展的差距。

区域金融成长与区域经济发展存在着大致平行和制约的关系，两者紧密相连。区域金融成长会加速区域经济的发展，但如果区域金融本身被压抑就会阻碍区域经济的发展。东部地区由于金融效率较高而加速了地区经济的发展，而中、西部地区由于金融效率相对较低，则经济发展相对滞后。显而易见，区域金融发展的不平衡性是我国地区发展不平衡性的一个显著特征。

区域经济发展不平衡性决定了金融发展的不平衡，区域金融成长对区域经济发展产生着日益重大的影响。本书以我国东部、中部、西部三大经济地带为基本的地域单元。也就是说，对我国区域金融

① 地区不平衡发展是世界各国，尤其是大国经济发展过程中的主要现象，它包含两个含义：从静态观点看，发展不平衡是指一个国家内部各地区经济发展水平的差异性，诸如低收入地区、中等收入地区、高收入地区；从动态观点看，发展不平衡是指各地区经济增长速度的差异性，诸如低增长速度地区、中增长速度地区、高增长速度地区。

的研究是建立在以行政区为单位的东部、中部、西部三大经济地带基础上。原因在于:(1)现阶段区域金融的外延基本同东、中、西部三大经济地带吻合;(2)目前,各区域作为具有相对独立经济利益的单元或主体,在全国经济发展中表现出特有的经济行为;(3)三大区域的划分不仅一直是中央政府经济管理和宏观调控的一个最重要的地域层次和单元,同时各区域又在相对独立发展的前提下,追求区域内部合理的分工与协作,经济发展处于激烈竞争与高度依赖的交融状态,内部的经济和社会联系相对密切,对外表现为一个相对独立的经济社会系统。三大地带的划分反映了我国在经济发展条件方面,东部具有经济技术优势,西部具有资源优势,中部在一定程度上兼而有之的差异性;在经济发展水平方面,具有东高西低的不平衡性;在经济发展阶段方面,东部相对先进,中部和西部相对落后的非同步性;在经济效益方面,表现为自东向西依次递减的不一致性。三大地带从总体上客观揭示了由沿海到内地,东部、中部、西部区域经济发展的特点和相互之间的差异。

区域金融与东、中、西部三大经济地带的外延基本吻合,但从层次上看,有的金融中心可以覆盖若干经济区域,而有的经济区又包括若干金融中心。如上海金融中心覆盖和辐射长江三角洲地区,广东省则包括深圳和广州两个金融中心。

本书将东北区域作为实证单元。东北区域首先是大经济区,是以沈阳、大连、长春、哈尔滨为多级中心,拥有广大腹地的极化区域。同时,东北区域也是建立在完整的行政区划基础上的计划区域,由辽宁、吉林、黑龙江三省组成。①

---

①　东北区域的地域范围包括辽宁省、吉林省、黑龙江省和内蒙古自治区的东三盟一市,但完整的行政区划基础上的数据比较容易搜集且更具比较性,因此,本书中的东北区域界定为辽宁、吉林和黑龙江三省的集合。

东北区域是在20世纪50—70年代(包括“一五”、“二五”和三线建设时期)建设起来的老工业基地之一。改革开放以后,一些老工业基地如上海、广州等地区,由于地处沿海,开放较早,紧跟市场需求与经济现代化的步伐,及时调整了产业与产品结构,成功实现了经济转型,跨入了参与国际竞争的新型工业化行列。而包括东北区域在内的其他地区,则由于种种原因成为改革与发展中矛盾与困难比较集中的地区。西部开发为地处内陆的老工业基地如西安、重庆等地区创造了新的发展良机。而东北区域,面对东部成熟经济的虹吸作用与国家对西部地区的政策引流,处境更加艰难。为此,国家启动了东北老工业基地改造工程,使东北区域经济发展成为了国家经济发展战略的重心之一。

但老工业基地改造并非简单的专项技术改造,而是涉及整个区域范围内的产业重组和产业升级的重大战略问题。认识到老工业基地改造是区域性产业重组问题,就涉及重组战略的选择:在重组过程中,要充分运用市场机制,使重组过程成为市场经济机制建立和完善的过程。要依靠两个创新,加速产业升级,实现跨越式发展。要坚持有所为、有所不为的方针,在农业现代化领域、有发展前景的工业领域、有自主知识产权的高技术产业领域、信息与金融服务业领域,针对工业化过程中的技术“瓶颈”问题,予以重点突破。

产业重组要求城市功能转换,在制造业发展的基础上,要注重第三产业发展,并将重心向信息、金融服务业转移,这意味着,东北金融本身的发展已经不可避免地成为东北产业重组的重点。同时,产业重组过程中,农业产业化的实现、传统产业的改造、产业的转移、重组与联动、人口的流动、城市化的发展以及资源枯竭城市替代产业的发展等,都涉及现代金融的支撑。因为在现代经济发展中,价值流引导实物流运行已经毋庸置疑地成为经济发展的必然趋势,从而金融资源的流动是产业重组得以实现的基本手段。可见，金融产业在东北老工业基地改造中必须置于优先发展的地位，东北区域金融问题的研究具有重大的实践意义。

三　区域金融的理论依托

金融发展的一般理论是区域金融研究的理论依托，是在对金融发展理论的借鉴与延伸中体现其区域或中观特征。

（一）麦金农和肖的金融自由化理论

20 世纪 50 年代末期，经济学家们主要论及的都是影响经济发展的各种实物因素，诸如资本、人口、资源，而很少涉及货币金融因素。60 年代初期，一些经济学家提出了货币增长理论，然而他们的理论均以发达国家作为分析对象，而不是专门研究发展中国家的具体情况。同时，他们更注重金融发展的原因，而较少考察金融发展的结果，研究的重点不是金融发展与经济发展的关系，尤其是金融发展对经济发展的影响。戈德史密斯[①]首先对金融发展与经济发展的关系、货币金融在经济发展过程中的重要作用进行了开创性的研究，并且得出了很多值得重视和进一步研究的结论和主张，但其理论是以发达国家的经济状况作为理论依据，而没有考虑到发展中国家的具

---

① 英国经济学家雷蒙德·W. 戈德史密斯(R. W. Goldsmith)在经过六年的比较金融学的研究后，于 1969 年发表了《金融结构与金融发展》(*Financial Structure and Development*)一书。该书对长达百余年的金融发展史以及当代几十个国家的金融结构现状进行了比较研究，建立了一个研究金融发展的新的理论框架，它强调了金融结构与金融发展对经济增长的引致效应，形成了独特的“金融结构论”体系。

体经济特征，因而很难适用于发展中国家。在这样的背景下，麦金农和肖以发展中国家的货币金融作为研究对象，分别从金融抑制与金融深化两个不同角度，系统地阐述了货币金融与经济发展的关系，既克服了一般货币理论忽略发展中国家货币特征的局限，又弥补了传统发展理论忽略货币金融因素的不足，为发展中国家货币金融政策的制定以及货币金融改革实践提供了一定的理论依据，并产生深远的影响。①

在货币金融领域，发展中国家的特殊性主要在于：货币化程度低，有组织金融机构与无组织金融机构同时并存，缺乏完善的金融市场，同时，大多数发展中国家的政府对金融活动实行苛刻的管制。麦金农和肖根据发展中国家的实际情况，提出了金融抑制和金融深化理论。金融抑制是指政府对金融体系和金融活动的过多干预压制了金融体系的发展，而金融体系的落后，又阻碍了经济的发展，从而导致金融压制和经济落后的恶性循环。而金融深化是指，如果政府取消对金融活动的过多干预，可形成金融深化与经济发展的良性循环。由于麦金农和肖在论述金融抑制与金融深化时得出的结论大致相同，所以经济学家们将他们两人的结论合称为"麦金农—肖模型"。

麦金农—肖金融发展模型实质是主张实行金融自由化，以使实际利率通过市场机制的作用自动地趋于均衡水平，金融发展与经济增长相互制约和相互促进，从而保证经济的持续快速发展。根据麦金农和肖的分析，适当的金融改革能有效地促进经济的增长和发展。

---

① 1973年，美国斯坦福大学经济学教授罗纳德·麦金农出版《经济发展中的货币与资本》一书，其同事爱德华·肖也于同年出版《经济发展中的金融深化》一书，两人都以发展中国家的货币金融问题作为研究的对象，分别从金融抑制与金融深化这两个不同角度，全面地论证了货币金融与经济发展的辩证关系，详细地分析了发展中国家货币金融的特殊性，并提出了与传统货币理论迥异的政策主张。

这主要表现在:政府放松对金融体系的过多干预,取消利率管制,消除通货膨胀,使实际利率保持在均衡的正值水平,就能使金融体系得到发展。金融体系的发展有利于储蓄的动员和配置,从而有利于经济的增长和发展。不仅如此,麦金农和肖还认为,经济的增长和发展也会反过来促进金融体系的发展,使金融体系能动员更多的储蓄,以促进经济的进一步发展。这就是金融深化与经济发展的良性循环。

金融深化对经济发展的影响,可归结为以下四种效应:

第一,收入效应。肖一再强调,实际货币余额并不是社会财富,因而实际货币余额的增长也并不是社会收入。因此,肖所谓的收入效应,是指实际货币余额的增长,从而社会货币化程度的提高对实际国民收入的增长所产生的影响。肖认为这种收入效应是双重的,既包括正收入效应,也包括负收入效应。正收入效应是由于货币行业服务对国民经济具有促进作用而产生的;而负收入效应则是由于货币供应需要耗费实物财富和劳动,从而减少可用于国民收入生产的实际资源而产生的。显然,金融深化所导致的收入效应是指有利于经济发展的那种正收入效应,而货币政策的目标应该是不断提高这种正收入效应,同时又要相应地减少负收入效应。

第二,储蓄效应。金融深化的储蓄效应表现在两个方面:其一是由上述收入效应引起的,即金融深化引起实际国民收入的增加,在储蓄倾向一定的条件下,社会储蓄总额亦将按一定比例相应增加;其二是金融深化提高了货币的实际收益率,从而鼓励了人们的储蓄行为,导致整个经济储蓄倾向的提高。

第三,投资效应。投资效应也包括两个方面的含义:其一是上述储蓄效应增加了投资的总额;其二是金融的增长提高了投资的效率。至于金融增长为什么能提高投资的效率,肖认为主要有以下四个原因:(1)"金融的增长使资本市场得以统一,它减少了地区之间和行业之间投资收益的差异性并提高了平均收益"①;(2)促使金融增长的政策减少了实物资产和金融资产未来收益的不确定性,能使投资者对短期投资和长期投资作出较为理性的选择;(3)资本市场的统一,使劳动市场、土地市场和产品市场的统一成为可能,从而能使资源得到更加合理的配置和有效的利用,能发挥生产的相对优势,并能从规模经济中得到好处,所有这些都能提高投资的平均收益率;(4)金融的增长使建筑物、土地和其他本来不易上市的实物财富可以通过中介机构或证券市场进行交易和转让,这样,在市场竞争的压力下,通过资本的自由转移也可导致投资效率的提高。

第四,就业效应。由于货币实际收益率的上升导致投资者资金成本的提高,因此投资者将倾向于以劳动密集型的生产代替资本密集型的生产,以节约资本的使用。这样,整个社会的就业水平将得到提高。这一效应对大多数发展中国家是重要的,因为这些国家往往存在着大量的剩余劳动力,而资本相对稀缺。因此,通过以劳动密集型的生产替代资本密集型的生产,既可充分利用这些发展中国家所拥有的剩余劳动力,又可缓和资本供求的矛盾,使有限的资本得到更合理的配置和更有效的运用。所有这些,对一国经济的增长和发展都是很有利的。

概括地说,麦金农和肖的金融自由化理论明确了凯恩斯主义低利率刺激投资的政策模式在发展中国家的不适用性:有管理的低利率必然会要求在有管理的贷款市场上进行信贷配给(credit rationing),而信贷配给将使低利率的投资获得廉价的贷款,从而阻碍了经

---

① E. S. Shaw, *Financial Deepening in Economic Development*, New York, 1973, P. 75.

济增长；另一方面，极易引起通货膨胀，而通货膨胀环境中低利率的结果必然是金融资产的负回报率，这使得储蓄者远离有组织金融市场上的资产而去寻找非生产性的通货膨胀“对冲商品”，如房地产、珠宝首饰、存货商品和耐用消费品，甚至投向苛部市场①。因为苛部市场是被隔离的和有风险的，但不受金融管制。这样，有管理的金融市场上发生的“金融脱媒”必然阻碍其在经济增长中发挥作用。

然而，金融自由化似乎从来就没有保证过世界上所有发展中国家的金融改革对经济增长的经济贡献；也没有保证过任何一个发展中国家的金融改革一定能够长期持久地促进经济稳健发展。发展中国家多年轰轰烈烈的金融自由化实践②以及理论上对经典金融发展理论的发难③引发经济学界对发展中国家的金融深化理论的更深入的思考。戈德史密斯早在《金融结构与金融发展》一书中已经强调：发展中国家的金融深化问题不仅仅是金融自由化的问题，而且是一个两阶段的动态规划问题，即从金融自由化到金融发展与从金融发展到经济增长的过程。也就是说，发展中国家金融深化的目的就是要促进经济良性发展，而金融自由化则是实现这种深化的一种方法、一种手段、一种过程，那么它必须考虑发展中国家的本质特征：发展

① 即非组织金融市场（UFM），由于非组织金融市场在发展中国家受到限制（curb），因此称之为苛部市场（curbmarket），它与有组织市场的抑制不同：前者是限制发展，后者是受到鼓励而无法发展。

② 如拉美各国20世纪80年代金融自由化的痛苦经历：受国际经济震荡影响，它们的国内资产极度波动并引起了大量的呆账、坏账和银行倒闭破产风波，整个金融体系很快陷于瘫痪状态，其结果是，这些国家的真实部门经济在很长一段时间陷入严重萧条；1997年“东亚奇迹”的破灭也是一个典型的例证。

③ 1981年斯蒂格利茨和魏斯提出了著名的“不完全信息市场上的信贷配给模型”，认为“政府干预能够提高市场配置效率”；巴罗（Barro）和魏金伯根20世纪80年代初期从资产选择理论出发的研究也动摇了麦金农和肖的“储蓄效应”假设。

中国家金融市场落后呈现出典型的"双重信贷配给"①特征。并且，金融深化作为金融发展，必须考虑对经济增长的影响。事实上，金融深化的目标就是要保证金融发展能够促进经济增长。

而 *M—S* 模型（著名的麦金农与肖的金融发展和金融深化模型）及其后来扩展的理论模型之所以在实践中越来越无法解释正在发展中的金融与经济增长的关系，从渊源上讲，主要原因就是它们以新古典货币经济增长模型、哈罗德—多马模型为基本立足点。如麦金农是将帕金廷、托宾等人的新古典货币经济增长模型中的货币与其他资产"相互替代关系"的假定改为"互补关系"，从而推导出储蓄积累的主要形式——货币积累对经济增长有促进作用；肖的模型则包括了哈罗德—多马模型中的储蓄和资本—产出比率，或者说古典学派资本积聚促进增长的基本思想。很显然，以新古典货币经济增长模型、哈罗德—多马模型为基础的传统的金融深化理论模型存在明显的缺陷：缺失效用函数；对总量生产函数形式的限定和假设条件过于严格以及在此基础上提出过于激进的政策主张等。

（二）20 世纪 90 年代对金融发展与经济增长关系的探讨②

20 世纪 80 年代内生增长模型的兴起为研究金融发展与经济增长理论提供了新的契机和广阔空间。继托宾把货币金融因素引入新古典增长模型之后，保罗·罗默和罗伯特·卢卡斯等人也把货币金融因素引入了内生增长模型，从而经济增长是经济体系的内生因素

---

① 政府努力动员金融资源向有特权阶层的企业配给资金的麦金农和肖式的"政府主导型"信贷配给——计划体制行为，处于金融抑制向金融自由化转化的过渡期；斯蒂格利茨等提出的"市场主体型"信贷配给，体现的是发展中国家有组织的金融市场上微观主体行为的增强。

② 本部分内容的分析借鉴并引用了杨咸月著：《金融深化理论发展及其微观基础研究》中的有关论述，中国金融出版社 2002 年版。

（包括货币金融因素）作用的产物，而不是外部力量推动的结果，内生的技术变化是经济增长的决定因素。重要的是，内生增长模型重新强调了资本（包括物质资本和人力资本）对经济增长的作用。这样，20 世纪 90 年代致力于金融发展的经济学家在汲取了内生增长模型最新成果的基础上，把内生增长与内生金融中介或金融市场并入金融发展模型，建立了诸多的复杂模型，从不同角度对金融发展与经济增长的关系加以阐释，得出了基本一致的结论——金融发展与经济增长相互促进。

1. 金融发展促进经济增长

金融发展对经济增长的支持作用从 20 世纪 90 年代的多方位实证分析中得以凸现，许多模型从不同角度对此进行了论述。马科·帕加洛用一个最简化的内生增长模型——AK 模型，对金融发展与经济增长的影响关系进行了阐释。

假定总产出是总资本存量的线性函数：

$$Y_t = A K_t \tag{1-1}$$

为简化分析，进一步作出如下假定：

①人口规模静态不变；

②经济中只生产一种产品，该种产品可以用于投资也可以用于消费；

③投资品的固定折旧率为每期 δ，

那么，总投资 $I_t = K_{t-1} - (1-\delta) K_t$；　(1-2)

④总储蓄中有 $(1-\phi)$ 的部分在金融中介过程中损失掉。

在封闭的两部门经济中，资本市场在总储蓄＝总投资时达到均衡，即 $S_t = I_t$，则有

$$I_t = \phi S_t \tag{1-3}$$

g_{t+1}为 $t+1$ 期的增长率，由(1-1)式可知

$$g_{t+1}=(Y_{t+1}-Y_t)/Y_t=K_{t+1}/K_{t-1} \quad (1-4)$$

利用(1-2)、(1-3)两式，去掉时间下标，则均衡状态下的经济增长率为：

$$g=A(I/Y)-\delta=A\phi s-\delta \quad (1-5)$$

其中 $s=S/Y$。

在这一模型中，可以看出，金融发展通过影响储蓄转化为投资的比例 ϕ、资本边际生产率 A 或私人储蓄率 s 来影响经济增长率 g。

(1) 金融发展导致更高比例的储蓄转化为投资

金融体系的第一个重要功能是将储蓄转化为投资。资本来源于居民储蓄，但在动员众多分散的居民将储蓄转化为投资的过程中，金融体系吸收了一部分资源，包括交易成本(集中储蓄)与信息成本(克服信息不对称)。吸收的比重在一定程度上取决于金融体系的市场效率。有效率的金融安排，能大大减少在动员储蓄过程中不可避免的交易成本和信息成本，从而在保证既定服务收益的前提下，降低$(1-\phi)$。同时，金融体系运行的外部政策环境也影响 ϕ 的大小。鲁比尼和萨拉-伊-马丁(Robini and Sala-I-Martin)认为：金融机构的活动因常常受到诸如法定存款准备金、交易税等税收方面的歧视以及政府的官职而导致利差、佣金或手续费等费用上升。由此，金融机构的充分发展、金融市场的完善发育、政府管制的逐渐放松使金融部门的运作效率得以提高，所吸收的资源相应减少，进而使经济增长率得以提高。

(2) 金融发展提高资本配置效率

把资金配置到资本边际效率最高的项目中去，是金融体系的第二个重要功能，具体表现在上述模型中 A 的提高，从而促进经济增长。金融体系实现该项功能的途径主要有：

一是收集、提供对各种可供选择的投资项目进行评估的信息。

许多经济学家在其模型中说明了金融中介的信息作用，并将其与资本生产率的提高相联系。如格林伍德(Greenwood)和约旺诺维克(Jovanovic)认为：对资本投资而言，资本收益与投资风险具有正向对应关系，即高风险高收益、低风险低收益。金融中介可以通过拥有大量的资产组合来化解总体生产率的冲击，从而可以选择最适合于当前冲击的技术项目进行投资，以此提高资本配置效率 A，进而提高经济增长率 g。这是单个投资者无可比拟的优势。

金和莱文(1993)在其内生增长模型中认为：金融中介能够承担因评估潜在企业家需要所导致的巨额固定成本，并评估、甄别出各投资项目中最有效率的项目。

博伊德(Boyd)和普雷斯科特(Prescott)认为：因金融中介的存在，个体纷纷利用并加入金融中介以便经济地收集和处理信息，由此可在全社会范围内节约成本，从而改善资本配置效率。

二是分散风险以促进个人投资于高风险(但高生产率)的项目。

从金融中介来看，金融中介能够通过分散投资者风险而影响其储蓄行为和投资决策。银行和证券公司能够分摊个人异质冲击带来的不可保险的风险以及资产收益的易变性带来的可分散的风险。戴蒙德和达威格(1983)提出：银行持有的用于满足储户流动性需要的资产数量不必超过受到流动性冲击的储户的预期存款。宾西温格和史密斯(1991)将之引入他们的内生增长模型中。宾西温格认为：银行的存在使投资者改变了储蓄的构成，使其可以持有更多的流动性差但生产性强的资产和更少的流动性强但生产性差的资产。此外，由于生产周期的存在，投资支出的发生到投资回报的取得之间存在时差。在此期间，投资者可能出现不可预料的流动性需要。如不存在银行，则投资者不得不推迟未来的投资或变现从前的投资。正是由于银行的作用，避免了这种潜在的或现实的损失，提高了投资效率。宾西温格、史密斯和斯达的研究均发现了金融中介降低流动性风险的功能。金融中介可以向储户提供具有流动性的存款，同时将投资多元化，一部分用于满足提现需要的低收益的投资，另一部分满足非流动性的、高收益的投资。通过提供存款与合适的投资组合(包括流动资产和非流动性资产)，金融中介不仅为储户提供了完全的对流动性的保险，而且为高生产率项目筹集长期投资拓宽空间。

金融体系在风险方面的作用还体现在金融市场的运作效果上。莱文等(1991)认为，除了银行等金融中介以外，投资者也可以通过金融市场来分散流动性风险。个人可以通过在股票市场上出售股份而不是从银行取款来缓解对流动性的异质冲击；同时，股票市场上证券组合的选择可降低股票收益率不确定性带来的风险。股票市场上的这种双重保险功能使人们更加愿意投资于流动性差但生产率更高的项目，也避免了不必要的投资终止。因此，股票市场的建立有助于提高投资效率和经济增长率。圣·保罗也通过股票市场把经济增长和资产组合联系起来。在他的模型中，企业通过专业化来提高生产率，但同时也增加了来自部门需求冲击的风险，而股票市场能够有效地分散这一风险，这就鼓励了厂商，鼓励了有助于生产率提高的专业化生产。这种生产率提高的收益在罗默的外部性模型中转化为较高的稳态经济增长率。

综合以上几位经济学家对资本市场流动性风险的分析，可以得出结论：进行金融深化，发展资本市场，能够增加用于长期高收益的投资项目的投资。因为投资者在受到不利冲击时，希望能够在那些非流动性项目开始生产前收回投资，这一风险将产生对流动性强、收益率低的项目的激励。而在资本市场上，受冲击的投资者只需要简单地面对非人格化的证券交易所就足够了，将手中的那些非流动性项目的权益出售，而企业可以永久地保留原始证券投资者的资本。即投资者可以持有那些在需要时能够快速、轻易变现的资本，如股票、债券等，资本市场则将这些流动性强的金融工具的投资转化为非流动性、生产率高的项目所需要的长期资本。由于不同的投资项目具有长短不一的回收期，而且往往回收期越长收益也越高，然而投资者并不愿意长时期地放弃对储蓄的控制权，所以，长期投资的权益就需要能够在回收期内通过二级证券市场不断转手。资本市场越落后，所有者交易的权益就越高，长期投资项目的吸引力越小。可见，发育成熟的资本市场能促进经济增长率的提高。

三是金融体系促进创新活动。

首先，从交易费用角度来看。斯密认为，劳动分工促进了专业化水平的提高。在高度专业化的条件下，工人能够发明效率更高的机器，改进生产工艺，从而大大提高了其劳动生产率。更高的专业化水平会产生更多的交易，而每一笔交易都要涉及一定的成本支付，因此，能够降低交易成本和信息成本的金融安排很自然地成为提高专业化水平的需要，并起到一定的促进作用。他认为，货币作为一种交易媒介可以解决“双重耦合问题”，从而降低了交易成本和信息成本。威廉姆森和瓦尔特根据亚当·斯密开创的理论，对此进行了比较深入的研究，认为，当经济转向货币化时，金融深化和金融创新能够持续不断地降低交易成本和信息成本，从而持续地提高专业化水平与激活创新活动。并且，通过提供跨期交易而降低跨期交易成本，便利人力资本投资所需的借贷活动，金融体系还有助于提高人力资本积累。这些活动最终都会导致经济增长率的提高。

此外，经济学家从金融体系有助于分散风险的角度考察金融对技术创新活动的影响。金和莱文(1993)在其内生增长模型中以企业家精神为纽带，把金融和经济增长联系起来，认为金融和创新的联系是经济增长中的关键因素。进行创新尝试的结果是不确定的，而金融系统能够为个人及企业家提供分散风险的便利。个人从事有风险的创新活动而不是因循守旧才最有助于生产率的提高，创新的预期报酬是创新者作为行业生产率的领先者而获取的高额"创新租金"，发达的金融体系能够准确、及时地披露这些预期利润的现值。因此，金融体系能够加速技术创新和生产率的提升，从而有助于经济增长率的提高。

(3) 金融发展影响储蓄率

金融发展还能够通过改变储蓄率 s 来影响经济增长。根据麦金农和肖(1973)的研究，金融抑制是抑制经济的重要原因，金融发展则可以提高储蓄率和增长率。因此，金融发展和经济增长关系的符号是不确定的。随着金融中介和金融市场的发展，家庭获得消费信贷更为容易；同时也能更为有效地对禀赋冲击(endowment shocks)进行保险和分散收益率风险；金融发展还能缩小存贷利差。金融发展在这三种情况下都对储蓄行为产生影响，但其效应却是不确定的。

一是流动性约束与经济增长。

资金可以以消费信贷和抵押贷款的方式，通过资本市场或信贷市场从储蓄家庭流向借款家庭。如果贷款供不应求，或者消费信贷和抵押贷款市场未发育或发育不成熟，一些家庭就要受到流动性约束，即消费只取决于当前资源，无法完全或部分地根据持久收入通过借入来实现提前消费。流动性约束通过改变资源配置方式来影响经济增长，表现在受到流动性约束的家庭不仅借款更少，而且会购买面积更小、价格更便宜的住房，这样资金会从建筑投资流向制造业等非建筑投资。德农和萨默斯(1991)研究认为，经济增长与机器设备的相关程度要远高于与投资中其他部分的相关程度，也就是说，制造业的经济外部性大于建筑业。这样，因流动性约束而导致的这种资本配置会提高投资的边际社会生产率 A 和加快经济增长。而金融发展缓解了流动性约束，从而降低了这种形式的生产率，影响了经济增长。

加皮利和帕加诺(1992)利用具有三期寿命家庭的世代交叠模型研究了流动性约束对经济增长的影响。由于存在着流动性约束，年轻家庭无法如其所愿地进行借款，他们的借款数量受到限制，因此流动性约束的存在提高了储蓄率 s，进而也提高了增长率 g。同样道理，消费信贷业务或抵押贷款业务的发展会促使储蓄率和增长率下降，即金融发展对经济增长不利。

二是风险分散与经济增长。

金融市场能使人们分散如健康状况恶化这类禀赋风险及股票收益的易变性这类收益率风险。前一类风险在通常情况下可以通过保险市场来防范，保险市场的存在降低了预防性储蓄的需要，因而储蓄更少。在内生增长模型中，储蓄率的下降将使增长率下降。这说明了金融发展可能阻碍了经济增长。德弗罗和史密斯(Devereur and Smith，1991)提出了类似的观点，即当一国的禀赋风险通过国际资本市场来分散时，其储蓄率和经济增长率可能比闭关自守要低。至于收益率风险，可以在金融市场上通过证券投资组合来降低。收益率风险的降低对储蓄率从而对经济增长率的影响是不明确的：如果风险规避系数小于1，则收益率风险的降低将提高储蓄率因而增长率也得以提高；反之亦然。实际上，在上述金融发展通过分散风险以提高资本配置效率 A 的所有情况中，都存在储蓄率 s 的不确定问题。金融中介和金融市场发展的一种效应是更加有效地分散风险，这有可能降低储蓄率，从而抵消了部分更具生产性投资数量的增加对增长所带来的促进效应。宾斯温和史密斯(1991)给出了这两者相抵后的净效应为正的条件，而其他一些研究如莱文(1991)假设储蓄率为常数；圣·保罗则假设常相对风险规避系数小于1，金融发展对风险的分散提高了储蓄率，这些研究排除了分散风险对储蓄率的负向影响。

三是利率效应与经济增长。

金融抑制不但使金融中介吸收的资源直接增加，通过影响储蓄率而影响资本积累，还使对储蓄者的利率支付低于资本边际产值减去折旧率$(A-\delta)$这一竞争均衡水平，导致人们储蓄动机不强。因此，金融抑制下的低利率阻碍了储蓄率和增长率的提高。但利率随着金融抑制的解除而相应提高对储蓄的影响是不明确的。在一个两期消费支出模型中，利率变动的效应取决于即期消费对未来消费的替代；也就是说，是由收入效应与替代效应共同决定的。利率的提高会产生收入效应，使人们增加即期的和未来的消费而减少储蓄；但利率的提高会使未来消费的价格相对降低，除非未来消费品是劣质商品，人们将用未来消费替代即期消费，从而使储蓄增加了。这两种效应共同的作用决定了利率提高的总效应，因此，利率效应是不明确的，并非如麦金农和肖(1973)那样能得出肯定的结论，而且有关实证研究也并没有对利率效应的正负达成共识。

2. 经济增长对金融发展的作用

金融中介和金融市场对经济增长的影响在日益深入的研究中得到普遍的认同。那么，对金融产生及发展的因素分析中，同样会看到经济增长的相关作用。许多经济学家意识到了这一点，并对此进行了探讨和阐释。

格林伍德和约万诺维克(1990)、圣·保罗(1992)、格林伍德和史密斯(1997)以及莱文(1993)在各自的模型中都阐述了，由于固定进入费用或固定交易成本的存在，金融中介和金融市场随着人均收入和人均财富的增长而发展。格林伍德和约万诺维克、圣·保罗等人的研究都认为，金融中介需要耗费相当于被媒介资金数量的一个固定比例的成本。随着经济的发展，由于投资资金规模的扩大以及金融中介之间竞争的激烈，导致固定成本和金融中介单位成本的下降，这会激励个体积极参与金融活动。

格林伍德和史密斯为了便于分析，把参与金融活动的成本不当做直接消费资源，而当做效用损失。个体与金融中介接触付出的精力记为效用损失 e，参与收益为 I；参与金融市场付出的精力记为效用损失 e'，参与收益为 I'，只有当收益大于效用损失时，个体才会参与金融活动。他们设计了三种金融结构：(1)个体的金融行为处于自给自足状态，既没有金融中介也没有金融市场的状态；(2)只有金融中介的情况；(3)只有金融市场的情况。在经济发展的早期，GDP 很低，人们无力支付金融中介或金融市场的参与成本，金融系统根本不会形成；或者有能力参与的人太少，交易数量和交易次数都很少，相应的效用损失大于参与收益。人们没有激励去利用金融中介和金融市场。由于缺乏金融服务需求，相应的金融服务供给也就不存在，金融中介和金融市场也就不会产生。随着个体在金融上的自给自足和交易次数扩大，单位交易成本降低，利用金融体系的收益超过了效用损失，金融中介和金融市场得以形成。第二种金融结构即金融中介之所以可以内生形成，是由于个体的最大期望效用（减去效用损失后的）不低于另外两种金融结构在一定条件下的最大期望效用；而且只有在 $e>e'$ 的情况下，第三种结构即金融市场才会内生形成。由于金融中介和金融市场的形成与运行是有成本的，它们的形成需要一个过程。随着经济的进一步发展，会有越来越多的人参与金融活动，金融体系由此获得了发展。当所有的人从金融服务中获得的收益都不低于其效用损失时，金融部门的增长速度就不再快于其他经济部门了。

莱文(1993)则进一步认为，简单的金融体系会随着人均收入和财富的增长而演化为复杂的金融体系。在人均收入水平很高时,个体就会对包括项目评估、投资理财和资源流动等诸多金融服务产生需求,而投资银行之类的复杂金融中介就具有充分利用有价值的投资机会提供金融服务的功能。而这类金融服务的固定进入费用或固定交易成本会随着其复杂程度的提高而上升。如果人均收入水平不高,则这些金融服务的边际收益低于其边际成本,个体不会产生对这些复杂的金融体系的需求,而只会满足已有的较简单的金融服务。此时,金融体系不会得到发展。

3. 莱姜和任格尔斯的金融发展因果理论

对金融发展与经济增长关系的探讨持续了上百年,许多经济学家致力于此,并取得了一定的成果。如戈德史密斯于 1969 年就由对 35 个国家 1860—1963 年间的金融结构与金融发展问题的分析中得出结论:如果以十年期为跨度考虑,能够发现经济与金融发展之间存在着一种粗略的平行关系。然而他也坦言对于因果机制方向的确定尚没有定论。① 1998 年,美国芝加哥大学的莱姜(Raghuram G. Rajan)和任格尔斯(Luigi Zingales)在总结前人研究成果的基础上,终于建立了金融发展与经济增长之间的因果关系理论。他们认为,从理论上看,金融市场与金融机构有助于公司克服道德风险和逆向选择问题,进而减少公司外部筹集资金的成本,因此,金融发展应该是非均衡地帮助那些主要依靠外部融资增长的公司。一个发展比较好的金融市场应该不均衡地改进那些更依赖于外部金融的产业增长率。

莱姜和任格尔斯从美国的公司资料出发,分析了 35 个不同行业

---

① 也就是说,对于到底是金融因素引起经济加速发展,还是金融仅仅是反映经济的发展,而经济发展的主要动因在别的方面这一问题,理论界还不能给出确定的答案。

对外部资金需求的变动情况，发现不同行业、不同规模（分大、中、小，以中等为代表）、不同发育期（成熟期与成长期）的公司对外部融资的依赖程度是不相同的，显示出了普遍存在的外部融资非均衡特征。具体地说，体现在以下两个方面：一是不同行业的外部资金需求差别较大。例如药品与制药行业的兴起主要就是依靠外部融资，紧随其后的就是塑料与计算机产业；而烟草行业是现金流动最过剩的行业，有负的外部资金需求。二是同一个公司的不同生命周期对外部资金的需求程度是不一样的。公司在生命早期对外部金融的依赖性很强，大约将持续 10 年时间；过了这个时期以后，不仅净产权发行变为零，而且对外部资金的使用量也是在零附近波动。后期（成熟时期）的公司主要依靠内源融资，正如迈尔斯和马基卢夫（Myers and Majluf，1984）指出那样，理性的管理者将根据融资方式的“先后次序”（pecking order），宁可保留盈余也不愿意借债，从产权市场筹集投资所需资金也只是作为最后的一种方式，甚至小公司也是如此。莱姜和任格尔斯进一步认为，他们的这一发现具有普遍适用性，不仅适用于美国本身，也适用于其他国家（特别是应该适用于发展中国家）。首先，在经济稳定的均衡状态，没有太大的必要进行大量外部融资，那些需要外部融资的状况很可能是由于技术进步的冲击使企业增加了内部资金无法支持的许多投资机会而产生的。从这个意义上说，美国公司的外部融资需求具有世界的普遍共性。其次，即使这些世界性的冲击给各国带来的投资机会不一样，但在同一个产业的公司的现金流量应该是相似的。事实上，现金流量与资本比率的大多数决定因素（如对某一产品的需求水平、生命周期的各阶段以及它的现金收获期等）在全世界都是相似的，因此，从内部现金流的一致性上也可以说上面的结论是成立的。为此，他们检验了加拿大等国家，得出了完全一致的结论。第三，他们特意检验了该理论在发展中国家的适用情况。鉴于发达国家与发展中国家的经济不在同一条起跑线的现实(普遍认为,发展中国家 20 世纪 80—90 年代的企业生命周期也许仅相当于美国 20 世纪 70 年代的水平),便对美国 70 年代的外部融资也进行了类似检验,发现外部融资的支持更为显著。

从金融发展与经济增长的非均衡性影响的事实出发,莱姜和任格尔斯运用实证方法,证明了金融发展与经济增长的因果关系,从而使得多年来一直悬而未决的金融与经济关系问题终于有了一个比较完整的解释。而这一解释,不仅是对传统的金融发展理论的支持和发展,更向我们剖析了一幅金融对经济支持的作用示意图。

(1)就金融发展的衡量指标来看,越富的国家金融部门越发达,莱姜和任格尔斯选用的金融市场资本总量比率与会计标准两指标与经济增长的相关系数都显著通过。但正如他们所指出的那样,两个指标的特点和适用范围是不一样的。第一个指标非常类似传统的由 1969 年戈德史密斯提出的金融相关比率(FIR)①和 1973 年麦金农提出的货币化程度(M_2/GDP),但这一反映金融部门规模变量的"金融深化"指标本身不能真实地反映发行者实际获得的资金数量。会计标准指标虽然能够较好地反映企业融资的潜力,而且与衡量金融发展的资本量之间的相关系数也显著通过,越是发达国家越有更好的会计标准。但在金融发展相对落后的阶段,它却有失真的可能。因为此时发展中国家金融更多地依靠银行信用,而此时会计标准指标与产权市场资本量强相关,只能反映非常微小的股票市场与国内

---

① 金融相关比率的水平可以归结于一国经济结构的一些基本特征,如生产的集中程度、财富的分配、投资吸引力等。这一比率越高,储蓄进程与资本形成进程的分离程度就越大。它包含的因素有两个:一是一定时期内金融活动的总量(F_t),二是该期经济活动的总量(W_t),即 FIR=F_t/W_t。戈德史密斯进行的金融比较分析,主要是围绕金融相关比率这一指标。

信贷不相关(不显著)。相比之下,市场资本量指标却介于"发行者筹集资金"与会计标准指标之间——虽然不能充分反映金融市场在向投资者提供价格信息和流动性方面的重要作用,但可能更好地反映股票市场在这些方面的重要性。

(2)就金融发展与经济增长关系看,金融发展、金融支持对于经济增长的贡献作用具有非均衡作用机制。不同的行业部门、不同的公司企业以及它们不同的发展时期不仅对外部金融的需求特点不同,而且它们对于经济增长的贡献也是不同的。根据莱姜和任格尔斯的分析,那些高度依赖外部金融支持的产业部门与低度依赖外部金融的产业部门在经济增长中的贡献相差约有一个百分点。同一个产业企业新增数量的增长显示出很强的对外部融资的依赖,但其部门经济 2/3 的增长是由企业的规模增大引起的,企业数量增加的贡献只占 1/3,似乎前者是后者的两倍。他们的这些发现对于理解金融发展、金融支持与经济增长的关系具有非常重要的启示。

发展中国家金融深化的主要目的就是为了促进经济的快速增长。从金融发展到经济增长的过程中,由于普遍存在着的外部融资的非均衡性,一定的金融资源与不同产业部门发展政策的结合就会有截然不同的经济增长贡献效果。很显然,按照资源优化配置的要求在高度依赖外部金融的产业与低度依赖外部金融的产业之间配置金融,常常会与一国的产业政策不一致,特别是在发展中国家很容易与政府的主导型政策发生矛盾。因为除非政府主导型的产业外部金融支持与其对经济增长的贡献成比例(或者更大),否则就会产生金融资源调整的优化过程,以实现经济增长最大。

至于企业的数量增长与规模增长关系,情况也是如此。一般来说,企业的规模越大,对经济增长的贡献也越大,根据莱姜和任格尔斯的分析,一个产业 2/3 的经济增长率是由企业规模增大引起的,企业数量增加的贡献只占1/3。其实这里暗示的基本前提是金融支持通过创新挑战现有的技术来间接影响经济增长。如果一个企业的外部金融支持无法引起创新而带动经济增长，则这样的规模扩大就会潜伏着危机，对它“期望越大，失望越大”。从这个意义上说，企业的数量增长虽然无法完全做到主要靠练就“内功”扩大企业规模，但起码应该注重规模与数量的金融辩证关系。

其实，金融发展与经济增长之间关系除了经济发展本身存在着非均衡差异之外，还有金融发展本身的差别性，不同的金融形式、不同的金融市场及特点对经济发展的支持作用自然不一样。莱姜和任格尔斯的实证分析强调的是前者，即资金融通（即金融）问题；后者则是金融深化发展问题，莱文（Ross Levine）和佐罗斯（Sara Zervos）关于股票市场、银行业与经济增长的研究对此进行了探索。

4. 莱文和佐罗斯的股票市场、银行业与经济增长研究

莱文和佐罗斯（1998）在前人研究的基础上，注意到金融发展自身的差别性及其特征的多样性，将金融发展分为银行业的发展和股票市场的发展两部分，分别从不同的侧面设计反映股票市场特点的指标来检验这些差别性指标与经济增长之间的关系。其金融指标的设计明显突出了银行业发展与股票市场发展的区别以及特征的多重变化特点，其中，银行业的发展指标只有一个，即银行信贷；股票市场发展却有六个指标（规模、证券交易量指标、证券交易价值指标、波动性指标、CAPM一体化指标和APT一体化指标），以反映其发展的四个方面特征（规模、流动性、波动性和股票市场一体化）。并且，不同的金融指标对经济发展作用显示出了巨大的差异性，表现在银行业与股票市场提供的金融服务不同，股票市场不同的特点与经济增长关系各异等。

两位经济学家在研究中也发现，这些指标之间存在着某些一致性的关系，例如：银行信用与经济增长指标和所有股票市场指标之间存在着高度相关性；银行信用与股票市场资本化指标存在着强相关（相关系数为 0.65），这可能表明区分股票市场规模与银行信用规模很难。

为了对股票市场与银行业发展的经济效应进行分析，莱文和佐罗斯选取了 47 个国家 1976 年的资料进行了交叉国家回归分析，分别研究不同的金融变量与经济增长、资本积累、生产率改进和储蓄率四个指标是否存在长期的强相关关系。结果发现这些指标对于经济增长的影响程度存在着很大的差异：反映股票市场流动性的两个指标都与当前和未来的经济增长率、资本积累和生产率提高有显著的正相关关系；银行业发展水平也与这些指标存在显著正相关关系；银行业发展和股票市场指标两者独立地与经济发展发生关系；其他股票市场指标与经济没有强的相关关系；没有一个金融发展指标与储蓄率有强相关关系。

（1）银行业、股票市场流动性的强相关关系

他们将股票市场流动性的两个指标分别与银行信贷（银行业发展指标）一起对经济增长等指标进行回归，结果分别见表 1－1 与表 1－2[①]。

可见银行信贷与股票市场流动性在同一个回归方程中同时显著，这表明银行业提供的服务与股票市场提供的服务不同。通过控制初始收入、人力资本、贸易开放、财政政策、政治经济稳定和股票价格预见性等诸多因素，银行业的初始发展水平和股票市场的初始流动性水平（股票交易量和股票交易价值的指标值）都与长期经济增长、资本存量增长和生产率增长有显著性的关系。

---

① 表 1－1、表 1－2 以及下文中的表 1－3、表 1－4、表 1－5 与表 1－6 均引自：Ross Levine & Sara Zervos，"Stock Markets，Banks，and Economic Growth，" *the American Economic Review*，June，1998，PP. 537—558。

表 1-1 股票交易量、银行业发展和经济增长

(1976—1993 年平均值)

自变量	因变量			
	产出增长	资本存量增长	生产率增长	储蓄率
银行信贷	0.013 1	0.014 8	0.011 1	3.837 6
	(0.005 5)	(0.006 3)	(0.004 6)	(2.306 9)
股票交易量	0.026 9	0.022 2	0.020 1	7.764 3
	(0.009 0)	(0.009 4)	(0.008 8)	(5.686 4)
R^2	0.503 8	0.507 5	0.402 7	0.442 9
观察数	42	41	41	29

注:表 1-1、表 1-2 中括号内数字为标准差。

表 1-2 股票交易价值、银行业发展和经济增长

(1976—1993 年平均值)

自变量	因变量			
	产出增长	资本存量增长	生产率增长	储蓄率
银行信贷	0.014 6	0.014 8	0.012 5	3.491 7
	(0.005 6)	(0.006 1)	(0.004 7)	(2.192 0)
股票交易价值	0.095 4	0.092 7	0.073 6	15.845 6
	(0.031 5)	(0.032 4)	(0.022 0)	(14.075 7)
R^2	0.465 5	0.524 4	0.372 6	0.427 8
观察数	43	42	42	29

从表 1-1、表 1-2 中也可看出,私人储蓄率(私人储蓄与 GDP 之比值)既不与银行业发展显著相关也不与股票市场流动性指标显著相关。他们指出,尽管这一结论由于观察值数量小而应该受到怀疑,但凯瑟琳·邦瑟-尼尔和凯瑟琳·德温特(Catherine Bonser-Neal and Kathryn Dewenter,l996)运用 174 个年度资料观察值进行分析,也得出了类似的结论:股票市场流动性与私人储蓄率之间没有必然的联系。① 值得注意的是,这些结论也与 1994 年图利奥·亚佩

① Bonser-Neal,Catherine & Dewenter,Kathryn,*Does Financial Market Development Stimulate Saving? Evidence from Emerging Market Stock Markets*,Mimeo,University of Indiana,1996.

利(Tullio Jappelli)和马尔科・帕加诺(Marco Pagano)发现的那些存在家庭流动性约束的国家倾向于有高储蓄率这一结论并不矛盾。因此可以说,一个国家如果存在着获得质押贷款和消费信用的巨大障碍,就有较高的储蓄率;而股票交易所活动水平与储蓄率无关。他们进一步指出,这一结论与前面的资本积累率关系是一致的:资本存量增长是由私人部门、政府部门和外国的投资共同形成的,而储蓄率衡量的仅仅是国内居民的总私人储蓄水平;金融发展与未来的资本存量增长显著相关,而经济增长与股票市场和银行业联系的主要渠道可能还是生产率增长而不是资本存量增长;储蓄率与金融部门发展没有强相关,可能说明储蓄率是其他因素的反映。

从回归系数来看,金融部门的发展与长期经济增长等指标之间关系的经济意义也很重大,表现在金融业的发展对经济发展贡献巨大。经计算:

股票市场流动性(交易量指标)增加 1 个标准差(0.3)将会有人均 0.8 个百分点的年经济增长率;

银行信贷增加 1 个标准差(0.5)将会对年经济增长率贡献 0.7 个百分点;

如果一个国家的股票市场流动性和银行信贷同时增加 1 个标准差,则平均每年实际人均 GDP、实际人均资本存量和生产率将分别提高 1.71、1.61 和 1.33 个百分点。

莱文和佐罗斯指出:"这些经验尽管没有考虑因果关系问题,也没有考虑怎样改变金融部门,但却显示出股票市场流动性和银行业发展的巨大经济效果和阻碍金融发展的潜在巨大经济成本。"①由于样本期间股票价格效应检验不显著,所以衡量股票市场流动性的交易价值指标也证实了同样的结果。

① Ross Levine & Sara Zervos, "Stock Markets, Banks, and Economic Growth," *the American Economic Review*, June, 1998, P. 557.

(2) 股票市场规模、波动性和国际一体化的特征效应分析

股票市场规模和波动性特征指标的影响效应分析分别见表1-3与表1-4。

与前面的流动性特征不同,这两个指标并不总是与经济增长指标有强的预测关系。

表1-3显示了较好的资本化与经济关系,但莱文和佐罗斯认为,这种关系是受少数几个国家(特别是牙买加、韩国和新加坡)的影响。与前面不同的是经不起灵敏度检验,如果将这几个国家退出回归,则资本化指标就不再显著。类似地,波动性指标股票收益波动性也没有显示出可靠的经济联系,除了与资本积累有正的相关关系外,与其他三个经济指标都无明显联系。基于此,他们指出,"股票市场与经济保持密切关系的基础绝不仅仅是在交易所内上市的证券,而应该是交易这种证券的能力"①。

表1-3 股票市场资本化、银行业发展和经济增长

(1976—1993年平均值)

自变量	因变量			
	产出增长	资本存量增长	生产率增长	储蓄率
银行信贷	0.008 9	0.009 0	0.009 4	5.122 6
	(0.006 1)	(0.007 8)	(0.005 0)	(2.092 7)
股票市场资本化	0.023 0	0.020 7	0.013 5	−0.729 1
	(0.006 5)	(0.008 1)	(0.005 5)	(7.141 1)
R^2	0.457 7	0.375 4	0.342 3	0.318 9
观察数	45	44	44	31

注:表1-3和表1-4中括号内的数字为标准差。

① Ross Levine & Sara Zervos,"Stock Markets, Banks, and Economic Growth," *the American Economic Review*, June,1998,P.558.

表 1-4　股票波动性、银行业发展和经济增长

（1976—1993 年平均值）

自变量	因变量			
	产出增长	资本存量增长	生产率增长	储蓄率
银行信贷	0.015 0	0.014 0	0.013 0	3.594 5
	(0.007 4)	(0.008 5)	(0.006 6)	(1.963 1)
股票波动性	0.015 0	0.499 8	0.021 1	115.099 1
	(0.007 4)	(0.158 0)	(0.214 6)	(99.406 3)
R^2	0.418 3	0.681 7	0.293 8	0.770 8
观察数	32	32	32	23

资本市场一体化与经济增长关系的结果分别见表 1-5、表 1-6。

表 1-5　CAPM 一体化指数、银行业发展和经济增长

（1976—1993 年平均值）

自变量	因变量			
	产出增长	资本存量增长	生产率增长	储蓄率
银行信贷	0.015 0	0.014 0	0.013 0	3.594 5
	(0.007 4)	(0.008 5)	(0.006 6)	(1.963 1)
CAPM 一体化	0.015 0	0.499 8	0.021 1	115.099 1
	(0.007 4)	(0.158 0)	(0.214 6)	(99.406 3)
观察数	32	32	32	23

注：第一阶段（对 CAPM）的 $R^2=0.72$。

表 1-6　APT 一体化指数、银行业发展和经济增长

（1976—1993 年平均值）

自变量	因变量			
	产出增长	资本存量增长	生产率增长	储蓄率
银行信贷	0.015 0	0.014 0	0.013 0	3.594 5
	(0.007 4)	(0.008 5)	(0.006 6)	(1.963 1)
APT 一体化	0.015 0	0.499 8	0.021 1	115.099 1
	(0.007 4)	(0.158 0)	(0.214 6)	(99.406 3)
观察数	32	32	32	23

注：第一阶段（对 APT）的 $R^2=0.52$。

从表中看出，两个一体化指标与经济增长是正相关关系。例如，一个标准差的 CAPM 指标增加(1.86)将增加年均产量 1.2 个百分点。但是，这并不是说一体化与经济增长有强的相关关系，CAPM 和 APT 一体化指标甚至在 10%的水平上都不与经济相关。他们指出，一体化与通货膨胀密切联系在一起，如果将通货膨胀指标加入回归，一体化的统计检验值更小。

总的说来，莱文和佐罗斯的分析再一次表明了金融发展对经济增长的重要性，金融发展对经济增长的促进作用是长期的贡献。尽管银行业发展和股票市场的发展可能给经济增长提供不同的金融服务，但股票市场的流动性和银行信贷指标与经济增长之间都具有强的相关性。作为金融发展的直接表现，股票市场的流动性和银行信贷指标都与当前和未来的经济增长率、资本积累和生产率提高有着显著的正相关关系，但是银行业发展和股票市场流动性指标相对独立地与经济发展发生关系。这样总的效应一方面表现为两者对经济增长的贡献同增时具有叠加效应，另一方面两者方向相反时表现为具有相互抵消的作用。从前面的统计数据可以看出，股票市场流动性的两个指标系数都比银行信用系数大，这在一定程度上反映了股票市场的发展对于经济增长的贡献优势。因此随着金融自由化的发展，股票市场的发展具有提高金融市场对经济增长的贡献功能。当然，当一个社会的储蓄资源一定时，股票市场的发展也有降低银行储蓄的效应。

由此产生了一个如何看待股票市场发展的问题。不同的侧面、不同的指标对股票市场发展的要求差别很大。例如，规模指标的提高体现在国内交易所内上市的国内股份总值与 GDP 的比值增加，而根据他们的分析，股票市场资本化与经济增长没有强的相关关系，这样就势必产生一方面挤出国内信贷资源，而另一方面对经济增长无实际贡献的无效金融现象。股票市场的波动性指标也是如此，上面的分析也显示了它的增大对经济增长没有积极作用。不过，可能是由于他们事先已经有许多限制性假设而控制了资本市场的波动性(在适度范围内)；如果考虑到这些因素，则波动性很可能足以产生负的效应。从国际一体化指标来看，一个国家金融市场的国际一体化发展有助于促进经济增长，但其副作用(如通货膨胀)也是不容忽视的。

此外，尽管股票市场的规模、波动性和一体化等特征指标与经济增长没有显著的强相关关系，但这并不足以说明股票市场的规模、波动性和一体化等特征就与经济无关。相反，却表明了金融发展起码是在这些因素不影响经济的前提下才能发挥促进作用。当然，这里可能还存在着指标设计技术上的问题，如股市的波动性更多地反映在价格的波动上，而且其影响可能还与上下波动的幅度有关(哪怕有一次深幅的波动超过经济承受能力)；国际一体化可能通过波动性和流动性等指标的传递来影响经济等。并且，可能正好样本分析期间一体化指标和波动性指标的变动范围不足以反映在经济的增长上(或者说，小的波动性甚至在特定条件下对经济有促进效应)。因为运用交叉国家回归平均方法来处理数据的结果具有“平均化”效应，而平均化问题无法克服在单个国家分析上的局限。鉴于此，经济学家菲利普·阿莱斯提斯和潘尼克斯·德米切得斯提出了国别比较分析的方法，进行了更为深入的探讨。

5. 菲利普·阿莱斯提斯和潘尼克斯·德米切得斯的国别比较

菲利普·阿莱斯提斯(Philip Arestis)和潘尼克斯·德米切得斯(Panicos Demetriades)指出①，大多数金融发展与经济增长关系的

① Philip Arestis and Panicos Demetriades, “Financial Development and Economic Growth: Assessing the Evidence,” *the Economic Journal*, 107(May), 1997, PP. 783—799.

证据都是来源于对诸如银行存款与名义 GDP 的比值等银行业的发展进行分析的，近几年来才开始重视股票市场在经济发展中的重要作用，但结论却相反。如莱文和佐罗斯近年来指出，发达国家的股票市场可能提供与银行业截然不同的金融服务，因此对投资和经济增长会提供不同的刺激作用。而赛弗(Singh)1997 年研究股票市场时却发现了股票市场迅速发展的另一方面的不利因素——可能会产生投机压力，而这些压力可能来自于金融自由化产生的"安乐舒适"(euphoria)引起的交易——它给予短期利益投资者以报酬而惩罚那些长期利益的投资者；也可能来自于非金融性公司——它们鉴于金融自由化带来的较高回报而进入金融市场，通过向短期金融投机者借款融资以试图获得金融市场的市场份额。这表明必须进行国别分析才能真正认识股票市场的作用。

菲利普·阿莱斯提斯和潘尼克斯·德米切得斯在这一领域作出的创新性贡献即是以时间序列分析取代了交叉国家分析法，以国别分析取代了回归平均法。他们发现时间序列分析法比跨国家的交叉国家回归分析法具有明显的优势，即前者能够更好地克服后者过于简单化的一般结论，更加精确地反映诸如金融系统的结构、政策制度与政府的有效管理程度等单个国家的环境因素。从这种比较新颖的分析角度出发，自 1995 年以来，两人先后撰写了"发展中经济利率自由化的伦理"(1995)、"金融与增长：制度考虑与因果关系"(1996)、"金融发展与经济增长：证据评价"(1997)三篇有重要影响的文章，得出了体现国别因素在金融发展与经济增长中重要作用的结论。

菲利普·阿莱斯提斯和潘尼克斯·德米切得斯在 1997 年运用时间序列分析法，选取了美国与德国 1979 年第二季度至 1991 年第四季度的资料进行比较研究，得出了两个发达国家的金融发展与经济增长的关系。他们设计了反映金融发展的四个指标，分别从不同的方面反映经济、银行系统和股票市场的不同特征。这四个指标是：人均实际 GDP 的对数 LY；股票市场资本量比率（为股票市场价值比 GDP）的对数 LMC；股票市场变动指数 LSMV（用股票价格季度末变动的 16 个季度滑动标准差表示）；银行业系统发展指标。在这四个指标中，前三个指标两个国家是相同的，但由于资料获得的限制，第四个指标银行业系统发展指标有点差异：德国用 M_2 比名义 GDP 的对数 LM_2Y 表示，而美国却用国内银行信贷比名义 GDP 的对数 LBC 代替。通过比较后发现，不同国家之间存在着重要的差别，不仅长期因果关系因国别而异，而且长期关系本身也显示了巨大的差异性。

他们首先进行单位根测试，接着运用迹统计（trace statistic）进行向量回归（VAR）和协整性测试，结果存在两个协整性向量。接着对这两个向量进行进一步检验：第一步是测试每一个变量的系统外生性〔服从 $x^2(2)$ 分布〕。第二步是检验协整性向量的零限制性（如果测试结果不拒绝零假设，则相应的变量就从系统中删除）。

结果显示，两个国家有某些相似性，也存在着重要的差异性：两个国家的股票市场波动性指标都有显著的微弱外生性，但在德国，股票市场资本量也有微弱的外生性，而在美国其余三个变量似乎没有一个有系统外生性；德国的两个向量分别对实际人均 GDP 和对银行系统发展指标标准化，而在美国则是对股票市场资本量和银行业部门的指标标准化。

尽管每个国家的协整向量存在差异，但是他们仍然发现了现实的经济关系：对美国而言，情况较为复杂。根据第一个协整向量，股票市场资本量与实际 GDP 有正相关关系，而与银行业发展成负相关关系。而第二个向量则表明，银行业部门发展与实际 GDP 之间有正的相关关系，股票市场的波动性似乎与银行业部门的发展成正的相关关系(而与实际 GDP 是负相关关系),这再一次体现了美国银行系统与资本市场之间的反比例关系。特别的,实际 GDP 对系统具有外生性,而与两个向量没有微弱的外生关系。因此,没有充分的理由表明美国的金融业发展引起实际 GDP 增长,相反,却有充分的证据支持反向因果关系,即实际 GDP 对银行系统和资本市场发展都有正的贡献。事实也提出了论据:在样本期间美国金融就是在金融微观主体的创新推动下不断向前发展的。众所周知,美国的分业管理相当严格,传统的商业银行和储蓄银行资产在整个 20 世纪 80 年代只分别增加了 1.9 倍和 1.7 倍,低于人寿保险公司和金融公司 2.2 倍的增幅。而与证券业有密切关系的共同基金和货币市场基金的资产却分别增加了 4.8 倍和 3.9 倍,证券商与经纪人的资产也增长了 3.9 倍。20 世纪 90 年代以来,以保险公司、养老基金、银行信托、共同基金和货币市场基金为代表的机构投资者已经成为美国金融市场的主导力量。据美国 Riverside Economic Research① 估计,整个机构投资者的资产已由 1980 年的 1.9 万亿美元增至 1994 年的 9.5 万亿美元。机构投资者的资产占全美国金融资产的比重已由 1980 年的 14.2%上升至 1992 年的 21.8%。机构投资者在美国 1 000 家最大公司的股份中占到 57.1%。市场微观主体的力量强有力地推动了美国渐进式的金融改革,从而使美国的金融发展具有强大的内生性,表现为经济增长对股票市场资本量和银行业部门的指标有正向的经济作用。所以,美国的股票市场能够成为及时反映经济状况的“晴雨表”。进而就向量及其外生性检验来看,美国表现为人均实际 GDP 对股票市场资本量和银行信用/名义 GDP 比值的外生性,而股票市

① 美国的一家专门研究机构投资者的研究机构。这里的数据引自它的 *The Brancato Report on Institutional Investment*, Vol. 2, December, 1993-September, 1995。

场与信用市场相互具有外生性；可见，美国的金融发展是经济增长的内在力量作用的结果。

在德国似乎只有从金融发展到实际GDP之间的单线因果关系，股票市场资本量影响实际GDP仅是通过银行系统，股票的波动性对产出有明显的负面影响。这是因为德国金融发展走的是另一条道路，即以证券市场的发展为突破口带动其他方面的自由化。与美国相比，德国的金融机构一直享有较多的经营业务自由。但正是由于证券市场的存在，才使德国拥有了像美国的机构投资者那样的内在冲动力量。因此，德国20世纪80年代的金融自由化改革主要是采取证券市场业务的多样化与国际化为主要内容的放开政策，从而使经济系统自然具有一定的外生性，表现为股票市场对GDP和对银行系统发展指标的积极作用。就向量及其外生性检验来看，德国表现为人均实际GDP对M_2/名义GDP的外生性，而M_2/名义GDP又对人均实际GDP有着外生性，可见德国的金融发展与经济增长之间是相互促进关系，而且德国股票市场的发展促进了信用市场的发展，不过股票市场的波动性对经济也有负面效应。

（三）发展中国家货币金融脆弱性分析

引入内生模型的金融发展理论更多地总结了发达国家经济增长过程中金融的贡献机制以及两者的互动原理。这就涉及金融发展理论对发展中国家的借鉴意义。毕竟发达国家金融发展及经济增长的历史相对更长，金融自由化的条件更为成熟。因此，发达国家的金融发展是沿着一条自由化发展的模式自然发展的，伴随着社会分工、市场深化和经济自由化的发展，金融市场及其结构与经济发展同步向前推进。而大多数发展中国家的经济基础和国民生产水平都比较低下，金融发展水平也很落后。很多发展中国家按照西方发达国家的大银行体系，建立自己强大的国有金融机构及其网络，以期有效地控制、干预金融领域，集中有限的国内金融资源服务于宏观经济发展战略。结果大多数发展中国家(包括转轨经济国家)的经济发展水平与金融发展不但难见起色，反而使经济基础与金融发展的基础更加薄弱，甚至无法适应社会经济发展对融通社会资金的需要。

可见金融深化是发展中国家金融发展的特殊性要求，那么金融深化理论的完整含义必须从充分反映发展中国家的完整特征中去寻找。而在发展中国家信息高度不对称条件下，金融活动中的借款者与贷款者之间都存在着这样一种金融脆弱性(financial fragility)，即由于发展中国家经济基础的落后，其国内的企业家靠自己的力量无法创建现代大企业，这是一种经济实力的薄弱性。特别在金融国际化趋势日益明显的今天，发展中国家在金融深化的过程中，必然要求突破国家的界限，参与到国际金融市场中去，以分享全球储蓄和投资资源。但发展中国家金融国际化过程中又表现出明显的矛盾性，即发展中国家无法提供金融自由化与金融国际化所需要的稳定的国内经济和财政环境，而且这一点已经得到大量的经验事实印证。①

为了解决以上矛盾，即为了能够尽快实现经济的腾飞，发展中国家的政府经常利用一些"特权优惠"为企业提供金融支持，以鼓励企业创建和发展，因为发展中国家的经济发展战略就是要努力促进经济增长。另一方面，也是由于同样的原因，在以银行为主要基础的发展中国家金融体系中，银行的两大主要功能即货币功能和融资功能

① 1995年，爱德华兹(Edwards)研究了1954年至1975年间的87次货币危机，发现一个共同的特征，即它们都与巨额的财政赤字相伴随，而这些财政赤字往往通过中央银行对政府的扩张性信贷政策来弥补。对此，麦金农、克鲁格曼等也有相同的认知。根据他们的观点，如果金融自由化之前的财政经济稳定环境跟不上，则由于道德风险的作用，金融自由化的结果是风险不断积累，国内资金形势更为紧张。同样，如果金融国际化之前财政政策扩张，则将产生外汇的脆弱性，增加国际收支危机的发生概率。

经常发生矛盾——货币功能要求银行必须提供稳定的价值尺度、储藏手段和支付功能的货币；而融资功能要求银行必须积极动员储蓄，并将其传输给公共的投资者和私人投资者。由此导致发展中国家要获得银行体系两大传统作用之间有管理的平衡变得更加困难。从经济稳定性要求来说，每一个存款者总是假定发展中国家的政府有责任保护存款者的利益，无论是否存在稳健的存款保险制度。在这样的制度中实行金融自由化，实际上就相当于银行的风险行为以及道德风险受到了或明或暗的“鼓励”。上述两者的结合便构成了发展中国家特有的金融脆弱性。

金融脆弱性从概念上来讲，包括狭义和广义两个方面。狭义的金融脆弱性也被称为金融内在脆弱性，是指高负债经营的行业特点决定了金融业具有更容易失败的本性。广义的金融脆弱性，则是指一种趋于高风险的金融状态，泛指一切融资领域中的风险积聚，包括信贷融资和金融市场融资。金融脆弱性累积到一定程度将导致经济危机。特别是在金融市场膨胀发展之后，虚拟经济与实体经济愈益脱节的背景下，金融脆弱性有一种自增强的趋势。

本·伯兰克(Ben Bernanke)和马克·格特勒(Mark Gertler)的两时期金融模型分析和讨论了发展中国家金融自由化过程中的金融脆弱性矛盾。① 他们认为，金融脆弱性环境可以描述为这样一种情况，即潜在的借款人(拥有投资项目或企业家才能的人)投资量所占比重相对较少，进而会导致代理成本增高以及投资部门和经济运行整体困境的金融情形。从这一观点出发，发展中国家潜在借款者(无论是市场主导型还是政府主导型企业)的收入禀赋都是相对较少的，

---

① Ben Bernanke & Mark Gertler, “Financial Fragility and Economic Performance,” *the Quarterly Journal of Economics*, February, 1990, PP. 85—114.

而且随着现代企业规模的不断增大,企业的利益与向企业提供贷款的贷款者利益的偏离就更大;另一方面,因为投资是一个跨时期的长过程,投资项目的最终成功取决于公司内部人(insiders)采取的行动,而这些行动不可能由公司外部人完全观察到。另外,随着这个过程的发展,内部人将会获得有关投资质量的更优势的信息。从外部融资要求的程度来说,这种信息不对称产生的代理问题相当严重。也就是说,内部人有将外部贷款者的资金投向负的现值项目的激励。考虑到发展中国家的信息(特别是有效经济信息)薄弱的现实,发展中国家的金融脆弱性非常突出。

上述表明,金融发展理论是在近一个世纪的争论与研究中成长、成熟起来的,这一过程中,对于金融发展与经济增长之间关系的认识越来越透彻,金融发展与经济增长之间的关系客观存在,金融发展对经济的促进是具体的、有条件的作用过程。可以概括为以下几点:

1. 发展中国家的金融落后本身限制了金融主体的微观经济行为,抑制了发展中国家私人储蓄投资的形成,因此,发展中国家必须通过金融自由化来放松金融抑制,促进金融发展和推进经济增长。

2. 金融发展与经济增长之间是双向的作用关系。一方面,金融发展对经济增长有促进和影响作用;另一方面,经济增长对金融发展有推动和制约作用。这种相互作用将通过经济体系内部诸因素的内生综合作用表现出来。

3. 金融发展的确对经济增长与发展有促进作用,而且这种作用具有长期的效果。尽管金融发展使得金融的各个组成部分及其特点越来越复杂,但是没有金融的发展,其经济成本是巨大的。

4. 由于金融发展以及金融对经济关系的双重“非均衡性”,因此必须处理好金融发展与金融之间的关系。金融发展不同于金融活动本身,严格地说,只有有利于实体经济的资源优化配置的金融活动才是真正的金融活动;如果金融发展没有真正的金融与之协调、合理配合,结果只能是金融资源脱离实体经济而退回金融体系,形成体内循环或沉淀。经济活动则因缺乏金融的支持而停滞或萎缩。

5.金融发展与经济增长的关系中,不同侧面的特征指标彼此之间是对立统一的。很明显,不同的侧面指标对于经济作用的效果存在着很大的差异性;但是股票市场流动性与经济之所以具有强的相关关系,可能是以其他指标不发生负面影响为条件的。而且不同的特征指标有时是可以相互转化的,如波动性与流动性之间就会由于波动周期的长短而相互转化。再者,金融发展对于经济增长的影响有总效应与净效应之别,只有正的总效应也同时变大,才是金融发展的真正目标。

6.国别因素在金融发展过程中应该给予重视。金融发展与经济增长关系的研究是以具体的国家发展为目的的。如果忽视了国别上的差异,很可能会脱离实际。金融发展的不同特征在美国和德国所产生的效果就存在着巨大的反差,这点在菲利普·阿莱斯提斯和潘尼克斯·德米切得斯的单个国家的金融发展与经济增长关系的时间序列分析中得以充分反映。

7.发展中国家金融深化过程中的内在金融脆弱性矛盾的存在和发展,是发展中国家金融深化与金融国际化矛盾的又一根本原因。

第二章　区域金融成长

将金融置于区域范畴，分析金融在空间上的结构形态与作用机制是金融发展理论的中观层次。区域金融成长与区域经济增长的关系是金融发展与经济增长关系在空间上的具体化。金融成长的区域性与经济发展的区域性是相对应的。将金融发展与经济增长的关系置于区域环境中进行具体探讨，增强了理论在实践中的应用性。

一　区域金融与区域金融理论

既然金融发展与经济增长之间具有相互促进的关系，并且环境差异会异化两者的作用机制，那么在承认区域差异的基础上，自然可以得出这样的结论：不同区域内金融发展（成长）与经济增长的关系将表现出不同的特点，区域经济与区域金融必然成为相伴生的概念。

（一）解析“区域金融”

区域金融，是指一个国家金融结构与运行在空间上的分布状态。区域金融这一概念的提出是有一定的必然性和必要性的，其实质就是将金融落实到地域环境中进行研究。只有从不同的经济区域出发，才能更清楚地认识金融的意义。否则，很可能从总量的经济分析中撇去金融现象。实践证明了区域经济发展程度愈高，金融的作用愈强的命题。[①] 区域金融是现代市场经济条件下大国金融发展的一种客观现象，也是一种十分普遍的社会经济现象。由于金融资源的供给与需求在空间分布上的不平衡，金融运行必然具有区域性的不平衡特点。以往区域经济理论研究的重点主要集中在物质资源的区域化运行与配置规律上，而对于资金的区域化运行问题并没有给予足够的重视。事实上，随着现代市场经济的发展，价值流引导实物流运行是经济发展的一种必然趋势，因而区域经济与区域金融的互动关系更加复杂和日益重要。

区域金融的属性在于：

1. 时空性。区域金融表现为一个相对完整的地理单元，金融是其内容，地域是其空间表现形式。这种空间表现形式会随着时间的变化而发生变化。区域金融的重要特征就是要把金融运行和发展置于一定的时空范畴加以考察，研究一国金融结构与运行在空间上分布的状态和特点，从而探讨金融发展空间结构变动的规律。显然，由于自然条件、经济条件、社会条件和技术条件的地域差异，经济地域运动呈现出明显的不平衡性和地域性。金融作为区域经济发展的重要推动力，不仅要直接反映经济的区域性特征，而且经济发展的区域性很大程度上要借助于金融的区域化运行得以实现。

2. 层次性。区域金融理论是从空间角度研究金融结构发展的理论。不同经济区域的发展水平决定区域金融结构和发展水平的层次不同。金融在区域经济发展中不仅具有区域资本形成的特殊的聚合

---

① 例如各国的金融中心总是布局在经济最为发达的地区或城市，世界金融中心的分布也是如此。

功能，对区域经济结构还具有显著的结构调整功能。不同经济区域发展水平的差异在客观上为区域金融功能的发挥奠定了不同的基础。区域金融差异的核心表现为金融结构与发展水平的差异。其中金融结构是从质的方面反映区域金融差异问题，包括金融机构、金融工具、融资方式、融资机制和金融行为的不同特点；金融发展水平则是从量的角度反映区域金融差异问题，包括金融资源与金融交易数量的差异以及货币化与金融深化的程度不同。

3. 吸引与辐射性。在区域金融形成发展过程中，金融中心（中心城市）起着核心作用，金融中心吸引与辐射功能的大小是决定该金融区域吸引范围和层次地位差异的重要因素。发挥金融中心的核心作用主要是通过加强中心城市的吸引（极化）作用和辐射（扩散）作用来实现的。吸引作用主要是加强中心城市的金融实力与凝聚力和对周围区域的渗透力与带动力；辐射作用在于使整个区域金融结构与发展水平不断提高。在一个金融区域内，金融中心的吸引与扩散作用是同步进行的，但在发展前期通常以吸引作用为主，只有当金融中心达到相当实力时，其辐射与扩散作用才能明显地表现出来，金融中心的渗透和带动作用才能明显加强。金融中心的吸引与辐射功能是引起金融资源空间流动和区域金融结构变动的重要力量。①

4. 环境差异性。金融在现代经济发展中发挥着愈来愈重要的作用，已经成为社会经济发展的关键性约束条件。而不同经济区域的社会经济环境对区域金融的运行与发展有着重大的影响，是构成区域金融不同特点的基础。区域金融的环境可分为硬环境与软环境两个方面。硬环境主要指区域经济条件，包括区域内产业部门的发展水平、区域经济规模、区域经济结构、区域经济货币化与信用化程度、

① 参见陈才著：《区域经济地理学》，科学出版社 2001 年版。

区域经济效率、区域信息条件等；软环境主要包括区域金融创新环境以及区域的市场化进程等。

（二）区域金融理论

区域金融发展理论作为金融发展理论的重要组成部分，仍处于理论研究的最初始状态，尚未形成系统完整的体系。因此，对区域金融理论的研究必须建立在对金融发展一般理论和区域经济理论分析的基础上，从学科的形成发展可以看到三者间的内在联系。同时，区域金融理论、金融发展理论和区域经济理论又是不同的概念，有各自的研究领域。

1. 区域经济理论——反映经济地域空间差异的范畴

区域经济是大国经济发展非均衡的表现。一个国家的经济之所以会出现地域空间上的差异，形成不同的专业化产业和分工、经济结构和水平相异的区域，有其内在的、本质的必然原因，由此形成区域经济理论产生和发展的客观基础。表现在：[①]

(1)自然禀赋的差异性。自然禀赋的差异性包括自然条件的不同性、资源的稀缺性、生产要素分布的不均衡性和不完全流动性。人类经济活动的地域空间经过亿万年的巨大变迁，自然条件千差万别。由此产生了区域差异、区域优势或区位的不同，这可以理解为自然形成的区域“极差地租”；相对于人类需求的无限性，无论自然资源、人力资源，还是社会经济资源及社会财富，都是有限的。稀缺的资源，即使分布均匀，由于区位效应的作用，也会向某些地区聚集。由此产生了对资源进行优化配置、使经济发展质量达到最大化的生产力布

① 参见张敦富著：《区域经济学原理》，中国轻工业出版社1999年版。

局这一区域经济的基本理论。倘若资源不是稀缺的，而是无限的，那么区位将失去优势，区域差异消失，区域经济就成为无本之源了；生产要素分布的不均衡性和生产要素的不完全流动性，使得人类的经济活动不可能形成空间均衡化。

(2)经济活动的极化性。自然禀赋的差异可以导致区域经济差异，但并不是自然禀赋完全一致时就不产生差异。自然条件的不同、资源的稀缺性、要素分布的不均衡性和不完全流动性只是解释区域经济差异存在的一个必要条件，而不是充分条件。从不均衡性来看，它是流动性产生的前提条件，只有不均衡才会产生流动的需要，但要素的不完全流动性阻止了要素均衡的实现途径，产生了区域差异；从均衡条件看，即使要素分布完全一致，理论和现实都证明经济的空间格局也将不完全一致。但区域经济的差异实际上还有更深刻的因素在发挥作用。自然因素如不通过人类有目的的经济活动作用转化为经济因素，资源优势不能变成经济优势，优越的自然条件不能转化为现实的生产力，自然条件的价值也就无从体现。无论在自然条件均质的情况下，还是在自然条件不均质的情况下，区域经济差异产生的更为根本的因素是人为因素，这就是人类经济活动的极化性。表现为规模经济和集聚经济，是由经济本身的趋利性和节约性而导致的。在经济规律的作用下，要素总是流向趋向于使其增值或提高效率的方向。一个企业生产规模在一定限度内增大，一般可获得节省单位产品成本和提高效率的好处，这就是企业的规模经济。若干个企业集中一个地点，能为各个企业带来成本节约等经济利益，这就是集聚经济。规模经济和集聚经济使得各生产要素和经济单位集结在一定空间上，形成极化点或经济增长极，这些极化点、增长极在极化效应的作用下，不断壮大、强化，从而形成以城市为极化中心的区域经济。

(3)空间距离的不可灭性。人类的经济活动离不开地域空间，有空间就有距离，既然要进行经济活动，就会产生运动，产生位移，就要克服空间的距离限制，支付距离成本。在均质的条件下，距离的远近也会导致费用成本的不同，因而经济活动也会因空间距离因素而发生分异。距离因子是区位论的重要研究内容。尽管现代科技和现代交通、通信业的发展使空间距离对人类活动的限制越来越少，但距离成本仍对区域的自然禀赋优势的发挥和空间集聚经济的实现产生极为重要的影响，使得经济活动局限于一定的地域空间范围内。

综上所述，自然禀赋的差异和空间距离的不可灭性是区域差异的基础，这是自然力形成的，靠人力是难以改变或消除的，人类只能顺其自然，趋利避害，加以利用。这不仅是区域经济多样化、区域分工的前提，也恰恰是区域经济理论研究的中心内容。经济活动的极化性，是人类经济活动对区域条件的利用、改造，它既有扩大区域经济差异方面的作用，也有缩小区域经济差异方面的影响，而区域经济理论研究的目的与任务即是使所有区域在发挥各自优势、尽可能获得进一步健康发展的条件下，走向更高层次的均衡，使人类的物质生活条件趋于均等化。上述三个方面构成了区域经济存在和分异的重要基础，围绕上述三个方面的研究，也就相应构成了区域经济的重要理论支柱。

区域经济理论既揭示区域经济的总体运行趋势规律，又探讨区域各组成要素、各经济因素的相互作用及其变化规律；既研究在国家宏观经济体系中区域经济的地位与功能的变动规律，也研究区域之间的分工协作以及区域内部经济结构与变动规律；既研究各经济因素在不同区域的不同组合规律，也研究不同区域条件对经济因素的作用与效率规律等。其主要研究内容概括如下：

(1)研究区域经济演变规律,尤其是探索在市场经济条件下生产力的空间分布及发展变化规律。

(2)研究在国家范围内建立多层经济区域体系,在发挥各地区优势的基础上实现资源优化配置和整体经济效益的最佳途径。

(3)研究区域经济增长、产业结构转换升级、区域政策和效应规律。

(4)研究区际经济关系发展变动规律,主要包括区际的均衡与国民经济总效率的关系、区域分工与经济技术协作、区域差异与区际关系的调整等。

(5)研究运用现代科学技术手段和相关学科成果,完善区域经济研究方法和开拓区域经济研究领域。

2. 金融发展理论——描述金融自由化轨迹的框架

金融发展理论既是关于金融自身如何发展的理论,又是关于金融发展如何作用于经济发展的理论。就其现实的表现来看,金融发展表现为发展中国家的金融深化过程和发达国家的金融创新过程。这两种发展形式是内在一致的,也就是金融自由化过程,这构成了金融发展理论的研究对象。就其发展形式和内容来看,金融自身的发展一般是从金融工具和金融机构两个方面来衡量的,而金融在这两个方面的多样化发展,就孕育了金融功能的扩张以及金融政策的相应调整,表现出金融发展对经济发展的越来越复杂的作用过程,这就构成了金融发展理论的研究内容。

金融发展理论是货币经济走向金融经济、货币外延扩大和金融功能扩张这一背景下的货币理论,本质上是货币非中性思想在现实金融发展中的印证和具体化。回顾金融发展理论的历史,在古典学派的货币中性理论的传统中,货币的交易媒介功能是金融唯一的经济功能，货币主要指现金。在魏克塞尔开创的货币经济理论①中，货币除了媒介交易外，还可以媒介资本积累和转移，货币的外延中包含了银行储蓄的形式，银行作为信用载体的作用得到体现，金融具有促进投资的功能，利率成为货币作用机制的核心。在弗里德曼现代货币数量论②及其后的货币理论中，更能反映现实的实证主义的货币定义得以确立，使货币外延进一步扩展。货币有了许多替代的形式如证券化工具，经营这些替代货币的非银行金融机构和金融市场的作用逐渐被人们所重视。通过提供多样化金融资产及其交易市场，金融具有为整个社会经济资源进行定价和配置的功能，多样化资产带来的分配效应和财富效应取代利率成为货币传导机制的核心。从货币外延的扩大、金融机构和市场作用的增强、金融功能的扩张三个角度表述的以上过程，既是金融发展的历史路径，也反映了货币理论的演进脉络。金融发展理论就是货币理论在现实条件下的一种演进，其理论研究的重心是货币替代形式的发展以及由此带来的金融资产、金融机构的多样化扩张和金融政策的适应性调整。

---

① 魏克塞尔是瑞典学派的经济学家，以其著名的“累积过程理论”向货币数量论提出强有力的挑战。他在20世纪初率先将货币理论的研究从一般价格水平扩展到相对价格体系，论述了货币对经济均衡的重要意义，第一次明确提出，就货币的媒介职能而言，货币是中性的；但就货币的储藏职能而言，货币在媒介资本借贷的过程中会促进储蓄向投资的转化，因而是非中性的。他以其经济的累积过程学说表明，货币会通过货币利率与自然利率的背离首先影响商品的相对价格体系，进而对一般价格水平产生影响。这就是说，货币对一般物价水平的影响是间接的，其间接作用的过程也就是货币对经济均衡的作用过程。经济均衡是一种货币均衡而非实物均衡。

② 现代货币数量论是以米尔顿·弗里德曼为首的货币学派对传统货币数量论的发展与升华。以1956年的“货币数量论——重新表述”一文为起点，弗里德曼首先建立起货币需求函数，并对之进行了实证分析。其结果表明，货币需求函数是极其稳定的。名义收入与物价水平的波动主要取决于货币需求函数与货币供给函数的相互作用及其均衡状态。既然货币需求函数是极其稳定的，因而，货币供给及其决定因素就成为收入与物价波动的研究重点。在此基础上，弗里德曼提出了国民收入决定的货币分析模型——名义收入的货币理论。此外，关于滞胀问题的分析也构成弗里德曼货币理论最精彩的部分之一。

3. 区域金融理论——探索金融结构空间运动规律的体系

区域金融理论主要研究金融增长与金融发展空间结构变动的规律，反映金融结构与金融运行的空间差异和具体分布状态。区域金融理论实质上就在于找出决定一区域金融结构的主要经济因素，并阐述这些因素怎样通过相互作用而形成金融发展。一国内不同区域的金融结构存在差异，金融结构的转变往往是一个渐进的过程而不是突变的过程。

相对于金融发展理论，区域金融理论探讨的核心应是金融发展与经济增长的相互关系在区域上的表现，或者说是对区域金融发展与区域经济增长间互生共长关系的研究。在前面的论述中，金融发展理论阐释了金融发展与经济增长的相互促进，莱姜与任格尔斯的理论模型则进一步刻画了两者的因果关系；莱文与佐罗斯从银行业的发展与股票市场发展两个侧面设计指标，对各差别性指标与经济增长间关系进行深入分析，揭示了金融发展对经济增长的长期贡献。特别是菲利普·阿莱斯提斯和潘尼克斯·德米切得斯两位经济学家的国别分析，精确地反映了诸如金融系统的结构、政策制度与政府的有效管理程度等单个国家的环境因素差异对金融发展与经济增长间作用机制的异化效应。

实践已经证实，对一国而言，金融中介体和金融市场形成之后，其发展水平会随该国内外条件的变化而变化。这也是金融中介体和金融市场的发展水平在不同国家或同一国家不同区域、不同时期之所以不同的原因。

如果将国别分析的尺度再次缩小，研究便立足于区域或中观层次了。

(1)从区域经济的历史来看，世界各国特别是大国，基本上都遵循了非均衡的发展模式。各个区域沿不同的路线，采用不同的开发模式，形成了各异的区域形态。从根本上讲，区域形态差异的形成，是受区域因素制约的结果。区域经济的差异直接形成了区域金融活动的差异；区域金融成长率又直接决定了区域经济的差异性。由于金融发展程度在不同地区是存在差异的，这就决定了实物资本的金融化进程存在差异，从而引起金融资源的区域间流动，打破了区域间资金供求关系的静态均衡，使得不同地区的经济增长获得不同的金融支持，区域经济发展的差距不断扩大。区域金融在区域经济形成过程中的贡献以及区域经济发展中对区域金融成长的促进作用理应纳入理论研究的视野。

(2)从区域经济的前景来看，区域金融发展(成长)形态成为区域经济发展的内在禀赋之一。区域金融发展(成长)的程度，制约着区域经济发展模式选择以及区际合作与竞争的方式。并且，区域金融所能提供的区域经济发展的支持力度，在一定程度上决定了区域经济发展的空间。

在采用非均衡发展模式的国家，区域经济发展具有相对独立性的前提下，区域金融与区域经济相互作用机制同宏观领域中金融发展与经济增长的关系具有极大的相似性，因此，区域金融理论是宏观金融发展理论在中观领域的延伸。

首先，区域金融成长与区域经济发展具有双向作用关系。一方面，区域金融发展对区域经济增长有促进和影响作用；另一方面，区域经济增长对区域金融发展有推动和制约作用。这种相互作用将通过区域经济体系内部诸因素的内生综合作用表现出来。

其次，区域金融体系中各组成部分对区域经济增长的贡献是不同的，同时，各金融因素对经济增长的作用是非同步、非均衡，甚至在某些情况下，是非同向的。

再次，对区域金融成长与区域经济增长之间关系及作用机制的探讨，必须立足于区域这一特定的范畴，要考虑各个区域不同的区域环境以及区域间差异。

最后，区域金融的研究是中观层次的研究，那么，各区域尽管在经济发展过程中表现了竞争与合作并存的经济关系，但这种竞争与合作的程度又不同于国家间的竞争与合作。这不仅表现在竞争与合作的利益分配中整体利益所具有的一致性上，更为重要的是，微观经济主体的行为与关系更为复杂：国家作为经济宏观调控者，可以从中央财政方面进行更为有效的协调；地方政府在区际金融与经济合作中拥有更强大的控制能力；尤其是区际金融合作更为方便，其对区域金融成长的贡献也更值得重视。

4. 区域经济理论、区域金融理论与金融发展理论的内在联系

(1)区域金融存在的基础是区域经济的存在，或区域经济赖以存在的客观基础同样诠释了区域金融产生与发展的逻辑前提。同时，区域金融成长与区域经济发展存在着大致平行和制约的关系，区域经济中的金融成长与经济发展紧密相关，金融成长会促使被抑制的经济摆脱停滞的局面，加速经济增长，但是如果金融本身被压抑的话，就会阻碍和制约经济的发展。

(2)区域金融理论从根本上说属于金融发展理论范畴，区域金融理论、微观金融理论和宏观金融理论成为金融发展理论的重要分支。尽管目前还没有形成区域金融的分析框架和理论体系，但金融发展的一般理论和分析方法构成了区域金融的理论基础和方法论基础。

金融发展理论对金融发展与经济增长关系的探讨是宏观层次的一般概括，金融发展的一般机制在空间地域上的具体表象则构成了区域金融这一中观层次理论的分析对象。区域金融理论不是区域与金融的简单叠加，而是将区域与金融作为一个有机整体来观察，分析其产生、发展、运动的规律。区域界定了金融成长的特定的中观范畴,从而区域体系内一切因素,包括自然的、人为的、客观的、主观的,都成为金融主体活动、金融资源配置、金融结构协调、金融制度安排及金融效率提高的决定或影响因素。

(3)区域经济有其特殊的运动规律,在金融发展理论一般性规则指导下,形成了区域金融的作用机制及运动方式。纷繁的经济活动、经济现象总是落脚在特定的地域空间,形成经济活动与地域空间的相互作用,金融也是如此。因此,将金融置于区域范畴内考察区域金融成长的一般规律是更具有实际意义的。

二 区域金融成长与区域经济发展

有的经济学家把经济增长(economic growth)和经济发展(economic development)这两个概念并列起来使用;有的认为尽管这两个概念存在某些区别,但可以交换使用。[①] 但在大多数经济学家看来,经济增长与经济发展是具有重要区别和明显界限的两个概念,它们表明不同层面的经济事物和现象。

在经济学家熊彼得看来,经济增长本身不构成经济的发展过程,

---

① 雷诺兹(L. C. Reynolds)认为,除了已计算出来的增长与之相联系的结构变化外,人们还可以给"发展"一个特殊的意义:它表示在增长导向下经济和政治体制的系统变化。然而,历史资料表明(传统定义的)经济增长和体制变化是紧密联系的。某些最低限度的政治—经济组织结构也许是增长加速的"先决条件"。但体制现代化也可以看成是持久增长的伴生物或附庸产品,两者来源于朝气蓬勃的政治领导……由于这些理由,我们把增长和发展视为可以互相替代使用的两个名词。参见雷诺兹著:《经济发展的理想与现实》1977 年英文版,第 4—5 页。

因为它只是一种“自然数据”的量的变化，而没有“在质上是新的现象”；[①]而经济发展是质的变化过程，经济发展的实质在于现存资源从事新事业，而不在于资源是否增长。金德尔伯格和赫里克认为，经济发展包括更多的产出和这种产出所依赖的技术和体制安排上的变革，而经济增长则仅包括前者。[②] 此外，霍塞利茨、哈根、波克、希金斯等也持类似观点，发展意味着增长加上变化，尤其是道德规范和制度变迁。[③] 基里·格里芬也认为：发展的实质就是体制改革，库兹涅茨在强调一国的人均产值增长同时，对增长率的含义与增长过程必然伴随的结构变化、“取得人均产值增长的社会和制度条件的变化”也表示关注。[④]

一般而论，在经济学中，经济增长是指一国或一地区在一定时期包括产品和劳务在内的产出的增长。经济发展则意味着随着产出增长而出现的经济、社会和政治结构的变化。可见，经济增长的内涵较狭，是一个偏重于数量的概念，而经济发展的内涵较广，是一个既包含数量又包含质量的概念。经济增长是手段，经济发展是目的。经济运行的实质在于经济发展。经济增长是经济发展的基础，经济发展是经济增长的结果。没有增长是不可能发展的。赫里克和金德尔伯格曾作出过这样的结论：很难想象没有增长的发展。功能的变化总是自然而然地包含规律的变化。一国的经济除非能够生产超过它生存所需要的东西，否则作为发展标志的产出构成的变化是不可能出现的。总之，虽然我们可以描述有增长而无发展的现象，我们都认

---

① 熊彼得著：《经济发展理论》，商务印书馆 1990 年中译本，第 71 页。

② 参见赫里克、金德尔伯格著：《经济发展》，上海译文出版社 1986 年中译本，第 5 页。

③ 参见 G. M. 迈耶等著：《发展经济学的先驱》，经济科学出版社 1988 年中译本，第 4—5 页。

④ 参见查尔斯·K. 威尔伯著：《发达与不发达问题的政治经济学》，中国社会科学出版社 1984 年中译本，第 5、45 页。

为发展过程几乎必然依赖于某种程度的同时发生的经济增长。①

只是在极个别情况下，有时才会出现没有经济增长而有经济发展。②

基于发展经济学围绕经济增长与经济发展的讨论的启发，国内学者提出了金融成长的概念③。根据既有的金融增长和金融发展理论，金融增长一般指的是金融资源存量与流量的相对规模，表现为金融资产规模相对于国民财富的扩展；金融发展指的是金融资源配置效率与使用效率的高低，表现为金融结构的变化和金融市场的完善。不难判断，只有与金融发展一起考虑，金融增长才能够对一国或一地区金融运行状况作出正确的价值评定；同时金融发展也必须表现为一定规模的金融增长，金融成长是金融增长和金融发展的有机统一体。比如，它不仅包括金融市场的完善、金融结构的升级，还包括金融结构的空间差异、金融观念的转变、金融制度的变迁等含义。那么，金融增长一定是金融成长量的规定性，金融发展则代表金融成长质的规定性。正如人类强调成长包含了两层意思：增长是着眼于身高和体重，发展注重于机能——素质的提高，任何一方的不完全都将成为成长的障碍。

---

① 参见赫里克、金德尔伯格著：《经济发展》，1983年英文第4版，第22页。

② 吉利、帕金斯、罗默等发展经济学家曾以古巴为例说明无增长而有发展的特殊情况。据统计，古巴在1960—1970年、1970—1975年两个阶段，实际增长率各为－0.6%和1%。但自1959年起，古巴的收入不均程度有所缩小，教育比过去普及，医疗卫生条件普遍改善，广大居民的健康水平有很大提高。这些是由于社会经济急剧变革所带来的结果。

③ 金融成长即是对金融增长与金融发展概念的一种综合，它本身包含增长与发展两重内涵。它并非对既有理论中有关概念的简单加总，而是对已被赋予纯经济内涵的理论概念的适当补充，并在非经济内涵上作了拓展，而且这些拓展了的内涵是原有内涵与更深层次的决定因素。如果我们把金融资源规模的大小看做金融成长的量的规定性，把金融资源配置结构与配置效率以及与之相对应的文化基础归纳为金融成长的质的规定性，金融成长本身就是质与量的有机统一体。参见张杰著：《中国金融成长的经济分析》，中国经济出版社1995年版，第13—18页。

区域经济是现代市场经济条件下大国经济发展的一种客观现象。非均衡运动是经济地域运动的总规律。经济地域运动的不平衡性主要是由于自然条件、经济条件、社会条件和技术条件的地域差异所造成的，由于有了自然、经济、社会、技术几个梯度，才必然形成诸要素的流动，并促进其向条件好的地区流动。[①] 由于经济地域运动的不平衡性，使经济运行和发展呈现出明显的区域性特点。金融作为一国经济发展的主要推动力，必然要直接反映经济的区域性特点，从而金融结构与金融运行本身会呈现出明显的区域性和不平衡性，同时，金融的区域化运行在一定程度上进一步促成了经济发展的区域性和不平衡性。把金融置于区域加以考察和运用，就会得出区域金融成长的概念。区域金融成长主要研究金融增长与金融发展空间结构变动的规律，反映金融结构与金融运行的空间差异和具体分布状态。

区域经济发展一般受到历史、自然等客观因素的影响以及制度变迁、政策方针等一系列复杂背景的制约，但这些因素需要依靠金融的联合推动，才能最终实现聚合功能。所以，戈德史密斯强调“经济与金融的发展之间存在着大致平行的关系”。一方面，区域金融成长内含于经济状态的形成与变化过程，不同的经济状态为区域金融成长提供了截然不同的成长条件和成长空间；另一方面，区域金融成长水平和能力无疑为区域经济发展提供了内生动力。

（一）增加区域的资本投入：金融成长从量上的扩张

1. 区域金融成长促进储蓄总量增长

区域资本的形成、积累在经济发展中发挥着至关重要的作用，而

---

① 参见陈才著：《区域经济地理学》，科学出版社2001年版，第62页。

资本的累积在很大程度上依赖于本地区储蓄的增长。

按照哈罗德—多马模型，在假定短期内资本产出比不变的情况下，经济增长率主要取决于资本形成率(储蓄率)，也就是说，资本积累的高低决定了经济增长的快慢。罗斯托指出，一国的经济起飞的先决条件和重要前提是投资率，即资本积累率达到10%以上，并认为这是适合于各个国家的、具有历史必然性的普遍规律。纳克斯的“贫困恶性循环”理论和纳尔逊的“低水平均衡陷阱”理论认为，发展中国家经济停滞衰退，人均收入水平极低的根源在于缺乏资本和投资，资本稀缺(低储蓄能力)是经济发展的障碍与约束条件。罗森斯坦-罗丹和利本斯坦从资本形成率在经济增长中的决定性作用与资本稀缺对经济增长的制约正反两方面，强调了资本形成对经济发展的重要性，提出了发展中国家提高储蓄率、增加投资和促进资本形成的战略。

可见，“高储蓄率→高投资率→高增长→高收入”这是一个互动机制。世界上几乎所有国家的发展进程都印证了储蓄对经济起飞的支持能力，发展中国家更为重视储蓄。从世界银行发展报告中看到，在1960—1990年的30年间，发展中国家(包括中国、印度、印度尼西亚、泰国、新加坡、韩国)的平均储蓄率从20%上升到24%，并且各个时期变化情况与经济发展指标基本吻合。

区域金融成长之所以能够促进区域内储蓄总量的增长，主要基于两方面原因：一是从国民收入分配角度看，在居民收入分解为消费和储蓄的过程中，二者的比例关系有它内在的决定因素，但消费总是有最低的基本消费和一定程度的可能消费，储蓄也总是会有必不可少的基本储蓄和一定程度的可能储蓄。也就是说，在既定的国民收入水平下，消费与储蓄之间总存在着一个弹性区间。弹性区间的存在使真实的消费和储蓄比例可能因许多因素而改变。发达的金融业使得储蓄转变为未来的消费变得十分容易，居民就可以更多地储蓄，使得储蓄的比率更高一些，扩大了信贷的可利用规模，从而为资本投入量的增加提供了源泉。二是从众多分散的储蓄主体那里动员储蓄要花费大量成本，这包括从分散的储蓄主体那里集中储蓄时发生的交易成本和为克服信息不对称性，使储蓄主体放心地放弃他们对储蓄的控制权而支付的信息成本。因此，金融制度的完善、金融机构和金融市场的发展能够加速货币储蓄对实物储蓄的替代。而储蓄主体的投资渠道和方式的多样化，可以有效地减少在动员储蓄过程中不可避免的交易成本和信息成本，分散储蓄风险，从而实现储蓄总量的扩充。

2. 区域金融成长提高了资本形成的效率

在一国的经济发展中，资本形成起着至关重要的作用，而资本形成在很大程度上又是由储蓄的规模以及储蓄向投资转化的效率决定的。在这里，储蓄并非居民的储蓄存款，而是泛指任一经济主体（一个国家及其企业、居民、政府）在一定时期内的可支配收入用于当期消费后的余额。而投资也并非广义上的投资（包括实物投资和金融资产投资），而是仅限于实物投资。一国的国内储蓄总额作为一定时期未被消费的收入，构成了该国可供投资的资金来源，而实物投资则会形成一定的实质资本，增加一国的生产能力，提高一国的产出水平，从而促进一国的经济增长，因此，如果一国的储蓄能够迅速而有效地转化为投资，就会保证经济持续、快速地增长。

任何经济社会，在储蓄量既定的条件下，投资的数量取决于储蓄向投资转化的能力，也就是资本形成能力。作为投资主体的企业，作出投资决策（包括是否投资、投向何处、规模大小的决策）时要比较投资的收益率和取得资金的利息率。收益率的高低由宏观的经济发展状况和企业的经营管理水平来决定，一般来说，属于长期因素；在短期内，投资的数量完全决定于取得资金的利息率，利息率越低，投资的数量越大，反之则投资的数量越少。在现代社会，资金从盈余部门向赤字部门的转移即储蓄向投资的转化，是通过金融机构和金融市场进行的，储蓄向投资转化的能力大小和方向的选择必须依靠一系列的金融中介部门（金融机构、金融市场）的形成和发展。这是由于信息不对称特征随储蓄主体与投资主体的分离而出现，储蓄主体与投资主体在资金供求上存在差别（如期限、风险、收益等）所决定的。赤字部门取得资金的利息率等于盈余部门提供资金时所收取的利息率加上金融中介的平均利润率和经营成本。在其他条件不变的情况下，如果某一地区的金融业发达，一方面能够形成以利益为导向的互补与竞争并存的多元化储蓄—投资渠道，凭借反映资金稀缺度和收益报酬率的利率杠杆和多样化的金融资产有效地分配储蓄，引导储蓄流向高收益投资项目；另一方面，通过提高金融机构的业务能力和金融市场的运用效率，降低金融中介的交易成本，保持资金供给价格在较低水平上，企业取得资金的利息率也就较低，企业投资的数量就会增加，刺激投资主体竞相投资，从而缩短储蓄—投资转化的周期，促进有效的实质资本的形成。

随着经济运行日趋市场化，我国金融结构发生了深刻的变化。储蓄主体由政府变为居民，居民部门已经成为最大的储蓄者，居民的资产主要是金融资产（其中主要是国有银行的存款）。这一特定金融结构的形成和发展，显示了我国整体金融结构已经发生了巨大的变化。改革开放以来，我国居民一直保持了相当高的储蓄水平，个别年份的储蓄率甚至达到40%，为我国的经济持续发展提供了雄厚的资金来源。但是，高储蓄并不能保证高质量的经济增长，更为关键的问题是要降低储蓄向投资转化的成本，提高储蓄向投资转化的效率。

储蓄只有转化为生产资本并且增值，才是真正意义上的储蓄资本，才发挥了储蓄的作用。从经济运行的角度看，如果能够高效率地促进储蓄向投资的转化，储蓄的使用效率越高，经济增长的质量将越高，社会资金运行状况就更为健康。

从国际范围来看，美国仅依靠较低水平的储蓄率，就能够维持和提高居民生活水平，支持美国经济持续增长，这主要因为在美国金融运行中，储蓄向投资转化的效率相当高，储蓄的使用效率非常理想。经济学家们曾经就储蓄的高使用效率问题在美国、德国和日本等几个主要工业化国家之间进行了一个比较研究，结果表明美国比日本和德国平均高出三分之一。这主要是由于美国的资本市场发达，银行体系运行效率高，进而增加了储蓄向投资转化的渠道，大幅度降低了储蓄向投资转化的成本。由于美国的储蓄使用效率高，其储蓄向投资转化的效率也高，即便是较低的储蓄率也能够支持经济持续增长。也就是说，高储蓄率只是经济增长的一个必要条件，储蓄能否用较低的成本顺利实现向投资的转化，关键还是取决于储蓄向投资转化方式的选择。

我国社会资金从储蓄向投资的转化，主要是通过在金融体系中占据垄断地位的、以国家信用作为后盾的国有银行，实际上是一种由国有商业银行主导的储蓄—投资转化机制。这一机制实施的前提是，国有银行对社会资金的垄断和国家对利率的管制。在我国的金融体系中，居民个人储蓄存款构成国有银行的最大负债，换言之，国有银行是居民个人储蓄转化为投资的主导金融中介；银行资产结构十分单一，贷款占有过大比重。这种以居民储蓄、银行负债为主导的垄断性单一模式越来越不适应社会资金配置效率的提高，暴露出多方面的缺陷。这种缺陷主要包括：在居民转变为主要的储蓄主体时，相应的投资机制没有随着这种储蓄者和投资者分离的原则而及时调整;金融资产总量中银行占有过大的比重,银行资产中贷款又占有过大的比重;金融资产整体市场化程度低,影响了不同种类金融资产之间的变换和流动性,从而影响了金融资产配置效率的提高。由于银行的主要贷款对象——国有企业经营效益低下,自我约束能力差,使得银行的信贷资产质量恶化。尽管如此,银行的信用一般不会出现危机,原因在于国有银行居于主导地位和政府的信用支持以及大量增加、居高不下的储蓄存款支撑。①

(二)提高区域的要素生产率:金融成长在质上的反映

1. 经济货币化、金融化推动科技进步

在各国金融成长的初始阶段,通常以“经济货币化”的指标(M_2/GNP)来衡量经济与金融的融合程度。经济货币化的意义即在于扩大通过货币交换的产品在社会总产品中所占比重,以此克服原始市场上的物物交换在时间和空间上的局限性,促使商品交易更为便利、快捷和安全。在货币化进程中,储蓄与投资的分离速度加快,促进了货币信用制度的发展,对货币积累产生积极影响,进一步刺激储蓄倾向的提高,活跃市场,强化货币拥有的资产功能,最终加强资本的积累、吸纳和产出能力。

20世纪50年代以来,当代金融创新促使经济货币化向纵深演化到经济金融化阶段,反映在统计数据上的不仅是金融资产总量占经济总量的比值不断上升(说明金融的作用范围和作用力越来越大),而且表现在货币外金融资产迅速增长,货币存量增长相对缓慢。

① 现阶段我国有相当部分的国民储蓄未能转化为有效的实物投资,而存放在金融机构的金库中,被用来支撑那些无法归还的不良贷款和迅速增加的金融机构的经常费用。在这种情况下,一旦储蓄的增量弥补不了不良贷款的增量,金融危机就会发生。

发达国家(M_2/GNP)比值的持续降低,意味着用较少的货币即可实现较多的经济总量,表明货币作用效率正在提高。

技术进步是生产率提高的最主要动力,无论是社会生产力体系中诸要素面貌的重大改变,还是经济结构、产业结构的调整与升级,抑或经济发展速度的增长和产品竞争力的迅速增强,均离不开当代科技进步的巨大作用。科技进步的竞争归根到底是科技投入的竞争,只有对科技发展尤其是高新科技保持高强度的投入,技术创新以及创新成果的应用、推广和普及才有物质保障。金融成长过程客观上推动了经济货币化、金融化进程,从而一方面为金融产业乃至整个社会的技术创新提供更强的资金支持,另一方面帮助科技成果迅速传播、普及,缩短向现实生产力转化的区间。具体表现为:(1)金融产业是现代经济的核心,同时也是社会、经济、技术、文化等的信息中心,其自身发展需要引进科技成果,改造原有设备和技术。(2)健全的金融体系能够加快各种金融信息的传递速度,扩大信息分布范围,促进资本在区域间的流动和国际贸易的发展,为吸引、应用域外科技成果开辟途径。(3)公众的选择大多偏好于种类齐全、服务周到、安全可靠的金融机构,同业竞争能够提高金融服务的质量,拓展金融服务领域,科技成果转化环节的"阻梗"压力越来越小。我国金融成长总体水平与发达国家差距显著,不能够保证科学研究→成果转化→批量生产的每一个环节都有足够的资金投入。据有关资料统计,目前发达国家在科技进步三个环节的投资比例为1∶10∶100,而我国仅为1∶1∶10。这正是导致我国长期以来科技成果转化率低(约占10%—15%左右)的现实原因。

2. 金融市场效率的提高促进金融资源优化配置

金融资源主要是指可以利用的社会资本,它既是金融机构形成负债并赖以生存、发展的基本来源，又是资金短缺部门筹资的主要对象。金融资源的流动、配置是决定各种生产要素配置效果的关键环节。

作为配置金融资源的重要中介，金融市场与商品市场、劳动力市场同是现代经济运行的基本要素市场。从金融市场的运作来看，发达国家与新兴工业化国家都很规范：金融市场上的各类金融商品具有较强的流动性和替代性；金融商品和金融交易方式的创新能力强；市场价格对经济信息的反应灵敏且价格的波动具有内在的稳定机制（市场投机虽然活跃，但市场对投机的约束力很强）；投资者是金融市场活动的主体，市场对投资风险有较强的剔除能力；市场的组织管理能力强，交易成本很低，由此决定了金融市场的高效运作。在高效的金融市场中，金融资源更多地采用市场化、证券化方式配置，随着融资成本的降低，资金短缺部门的融资结构不断升级，外部融资的比重趋于上升，其中间接融资比重逐渐下降，直接融资比重不断提高。

比较而言，我国的金融市场客体较为贫乏，市场组织管理能力较低，投机性强，抗风险能力弱，导致金融资源的整体市场化程度与总体流动性都很低，显然不适应现代市场经济条件下融资多样化的要求，不利于金融资源的合理配置。

三　区域金融成长差异的环境因素

区域金融成长的差异是区域金融理论产生和发展的客观基础。而这种空间差异的形成根源在于区域金融成长差异的环境因素。具体表现在硬环境与软环境两个方面。

(一) 区域金融成长的硬环境——区域经济条件

在商品经济与货币金融运行的相互作用关系中，遵循这条基本原则，那就是商品是第一性的，金融是第二性的，经济决定金融，金融能动地服务于经济。因此，经济本身的运行情况决定金融运行及其效率。从区域来看，某一区域的国民收入在一个初始经济中分割、配置以及流动状况是决定该区域初始金融状态的一个关键点。初始经济及其后续发展形成特定的区域经济条件对区域金融成长的制约与促进作用通过以下方面得以实现。

1. 区域内产业部门的发展水平

在现代商品经济条件下，统一的投资增值过程被资金与实物的分离所替代，并相应分离出独立的金融部门与产业部门，金融处于资金两重支付的第一重支付与两重归流的第二重归流部位，资金增值却必须由产业部门的第二重支付与第一重归流实现。从而金融部门的预付成为增值的第一条件，产业部门的第一重归流则成为增值的第二条件。因此，增值过程必须是金融部门与产业部门的统一。区域产业部门发展水平的客观差异必然导致区域金融成长差异。

2. 区域经济规模

在现代货币信用经济条件下，物质资源或生产要素及生产技术条件不但决定着生产的可能性边界，而且，如果给定了金融交易技术、经济货币化程度和投资者无差异曲线，则金融资源的可支配界限也相应决定了。因为，货币与货币资本是适应物质资源分配需要而产生和发展起来的形式，所以，基本经济情况决定和支配着金融资源的供给、需求与平衡。国民经济运行对金融资源分配的决定作用首先表现为经济规模扩大会引起金融资源供给与需求规模的相应增长。国内学者通过对 1985—1995 年以 M_2 形态存在的金融资源与实际 GNP 进行回归分析发现，我国广义货币金融资源需求与经济规模正相关，实际国民生产总值对社会货币需求的弹性系数为2.36，即实际国民生产总值每增长 1%，便会引起社会对货币资源需求增长 2.36%。[①] 由美国经济学家雷蒙德·W.戈德史密斯首创的金融相关比率是另一个反映金融资源规模与经济规模相互关系的指标，其定义是全部金融资产价值与同期 GDP 之比。金融相关比率的变化可以说明，随着一国经济规模的扩大，其金融深化和金融改革程度也在不断加深。

经济运行规模的扩大不但会使金融资源分配和利用规模相应扩大，而且还会直接影响到金融产业的发展。现代经济条件下，金融交易日益扩大，金融中介机构的种类、数量及其经营规模日趋扩大，出现的各种各样的金融机构，如信托投资公司、租赁公司、金融公司、财务公司、投资基金、互助基金、保险公司、证券交易所、投资银行等，是这一论题的最佳例证。

3. 区域经济结构

经济结构是影响金融效率重要的外部条件之一。经济结构对金融效率的影响大致来自三个方面：

(1)经济结构变化会引起金融资源需求结构变化，从而改变融资结构，影响金融效率。这是经济结构对金融效率的决定作用的首要方面。一个经济体一定时期的金融结构总是与其经济结构相适应的，表现在融资者的融资偏好、融资习惯随着经济结构的改变而发生

---

① 参见王潼著："我国金融业步入发展新阶段"，《中国证券报》1996 年 8 月 31 日。

着相应的变化。比如,现代企业制度的建立和不断完善增强了融资者的预算约束,从而融资者的融资决策将更趋理性。总之,经济结构变化会使融资产品的成本结构和融资者的融资偏好发生变化,从而一方面使融资结构发生改变,另一方面,使融资产品的利率结构发生变化。

(2)经济结构变化改善了国民收入分配状况,从而引起金融资源供给结构的变化,进而影响金融效率。现有金融资源的供给结构决定于国民收入分配状况,而一国现有的经济结构及其变化在相当程度上决定着国民收入及其分配。经济结构决定金融资源供给结构的一个力证是,金融资源供给的地区差异与地区间经济差异具有高度相关性。我国作为一个发展中大国,由于受到地理区域、生产力布局等方面的影响,经济发展非常不均衡,地区差异较大。相应的,经济结构的这种地区性差异决定了金融资源供给的地区性差异。表2-1中通过对长江流域八省市的比较,得出了金融资源供给的地区差异源于经济发展的地区差异的结论。

表2-1 2004年长江流域八省市经济结构与金融结构的对应关系

(单位:%)

项目＼省区	上海	江苏	浙江	安徽	江西	湖北	湖南	四川
工业总产值	100.00	192.75	145.36	28.40	17.17	38.19	27.21	34.64
人均工业总产值	100.00	35.07	41.65	6.17	5.42	8.65	5.49	5.45
出口值	100.00	119.09	79.09	5.35	2.71	4.60	4.21	4.36
银行存款余额	100.00	100.51	95.13	27.85	20.74	38.82	30.36	46.70
人均银行存款	100.00	18.29	27.26	6.05	6.55	8.73	6.13	7.35

资料来源:根据《新中国55年统计资料汇编》中各省数据整理计算。

总之，经济结构的变化必将改变一国国民收入的分配状况，从而使社会不同阶层处于不同的金融地位，这必将改变金融资源供给结构和供给状况。

(3)经济结构变化有可能提高经济效率从而为金融效率提高创造条件。金融效率的实现要求经济结构处于均衡状态。如果经济结构处于失衡状态，即使金融市场资源供给与需求能够达成某种均衡状态，这种均衡亦不反映真实的经济和金融结构，从而也不可能实现真正的金融效率。所以，金融效率首先要求经济内部相互协调、结构合理、均衡发展。

4. 区域经济货币化与信用化程度

货币的产生与存在为市场有效配置资源创造了前提条件。但是，当货币只局限于交易媒介功能时，货币的使用并不必然带来资源配置效率的提高。只有当信用关系在货币关系基础上发展起来之后，随着金融资源的生成与增长，金融资源的分配与配置才成为市场配置物质资源的方法和手段，货币化和信用化也才真正带来资源配置效率的大幅度提高。同时，在货币、信用关系基础上生成和发展起来的金融资源分配为经济资源高效率分配找到了一条捷径。通过金融资源分配进一步提高了经济资源市场化配置的效率。美国著名经济学家雷蒙德·W.戈德史密斯把金融运行称为金融上层建筑，把国民财富的创造称为经济基础结构。他认为，现代经济的基本特征便体现在这种金融上层结构与经济基础结构相互作用之基本关系之中。总结起来，如果没有经济货币化，自然不存在货币和货币资本的分配，从而也就谈不上金融资源的分配。如果在经济货币化的基础上没有发展起信用关系和信用经济，那么也就不存在以信用关系为基础的债权与债务相对应的金融资本，从而也同样谈不上金融资源分配。因此,经济货币化、信用化是讨论金融效率问题的前提。

世界各国经济发展的实践证明,经济货币化、信用化程度较高的国家,其国内企业居民可支配的金融资源也较多,金融资源相对充裕;而那些经济货币化、信用化程度越低的国家,则面临着更多的资金缺乏问题。这种现象在大国国内各区域间也有明显的表征。

5. 区域经济效率

从理论上讲,经济效率决定金融效率。经济效率对金融效率的决定关系可以从如下几个方面进行理论剖析:

(1)金融效率是经济效率的延伸,是经济效率在货币信用经济条件下的特殊表现形式。经济效率所描述的是经济资源分配满足帕雷托条件时的配置状态;金融效率则是对金融资源帕雷托最优配置状态的概括。由于现代货币信用经济是在实物经济发展的基础上,衍生出货币形态的金融资源,实物资源与金融资源实际上是相互对应的两极。尽管金融活动在现代条件下有着越来越具有独立运动的趋势,但从根本上说,它仍然不能摆脱其生成的母体。金融资源分配在交易总量、交易结构、交易形式和收益源泉上均决定于经济资源的分配总量、分配结构、分配形式及其分配效率。所以,经济效率决定、制约着金融效率。

(2)经济效率状态一般表现为经济结构合理,总体经济运行健康、持续、稳定。所以,如果总体经济运行是有效率的,那么,由现有经济规模、经济结构和经济运行所决定的金融资源配置状态更容易达到帕雷托最优配置的效率状态。也就是说经济效率有利于金融资源分配的效率状态。特别是在货币信用经济条件下,经济效率的低下往往首先表现为金融资源的大量闲置、损失和浪费,然后才表现为物质资源的闲置、损失和浪费,或者两者至少同时发生。

(3)经济效率的实现总是包含着经济效益的理想化结果，而经济效益的提高又主要是通过经济成长实现的。这样，经济效益的提高一方面表现为金融商品投资者可获得更多、更稳定的投资收益；另一方面表现为融资者，即动员和使用金融资源的商品生产者和经营者能够保持合理的债务结构，保证良好的偿还能力和持续的赢利能力，从而能够源源不断地提供一部分资源用于金融资源的交易。从总体经济上则反映为信用秩序良好并经常得到维护。

(4)如果没有经济效率，即没有物质资源的帕雷托分配，金融资源分配和金融运行可能会在某些特定时点上或者某些特定部分上取得暂时的均衡，但是这种均衡由于得不到实质经济的支持和保证，因此是不能长久的，这种均衡最终会由于经济失衡、经济低效率而打破。

总之，经济效率的提高在保证国民经济稳定增长的同时，会改善金融交易者包括金融资源供给者和金融资源需求者的交易地位，使金融市场的投资者和融资者的满意程度均不同程度地提高，从而提高金融效率。

6. 区域信息条件

在现实金融活动中，有关金融交易的信息一般是不完全的，而且完全的信息不是免费的，获得信息需要支付成本。信息的不完全性和相应发生的信息成本，会影响到市场机制的正常运行及其结果，从而影响到金融市场的均衡状态和金融效率。① 金融信息从多个方面

① 对信息不完全和信息成本的研究正是20世纪60年代以后发展起来的信息经济学的主要内容，它对新古典主义市场经济理论产生了重要影响。将其引入金融资源的分配关系中，对于解释现代市场经济条件下，金融资源分配的无效率或低效率有着极大的帮助。

影响、束缚或促进着金融资源配置效率得以改善。首先，从金融资源的供给来看，由于金融资源的供给主要来自金融资产的投资者，因此，金融信息是否完全影响着投资者的投资偏好、理性决策以及投资者金融商品投资需求的价格、利率、收入弹性和交叉弹性。其次，从金融资源的需求来看，由于金融资源的需求主要来自发行各种金融工具的企业、政府或金融机构等的融资偏好、理性融资决策、融资成本等金融行为，并最终影响着金融资源和社会物质资源的分配，因此影响着某种经济和产业结构的形成与发展。最后，从金融制度建设与金融市场监管的方面来看，某种金融制度在长期内的缓慢形成和发展正是适应特定经济、技术和社会发展条件下的金融信息传递、加工和使用的需要的。而金融监管方式、手段、制度的建立也同样是为克服金融信息传递过程中存在的诸多问题而进行的制度安排。由此，我们相信，金融信息的完全性是影响金融效率形成的关键因素。发达国家经济之所以发达，而不发达国家经济之所以不发达，从金融资源配置的方面来看，正是因为经济金融信息传递渠道的通畅与不通畅、信息质量的高或低。

（二）区域金融成长的软环境

软环境主要包括区域金融创新环境以及区域的市场化进程等。

1. 区域金融创新环境

区域创新环境小组①(Groupement de Recherche Eupopeen sur les Milieux Innovalieurs，简称 GREMI)认为：环境是一种发展的基

---

① 区域创新环境小组，是一个由法国、意大利、瑞士的区域科学家组成的重要的欧洲学派。他们的主要概念是社会文化环境(Milieu)。这个概念把产业的空间集聚现象与创新活动联系在一起，使该理论流派有重大的影响。

础或背景，它使得创新性的机构能够创新并能和其他创新机构相互协调。创新环境往往被描述为在诱导创新的区域中由制度、法规、实践等组成的系统。1985 年，GREMI 首先指出区域创新环境对区域内企业集聚发生的强大作用，并认为，欧洲和北美的一些新产业区之所以保持发展和竞争的优势，关键在于区域内形成了创新的环境。20 世纪 70 年代以来，在世界范围内掀起了金融自由化改革浪潮和金融创新的实践。"金融创新就其实质来说，就是为了提高和改善金融资源分配效率，在金融交易结构、交易制度、交易组织、交易技术、交易工具和交易方法等方面发生的创新和变革。"①从根本上说，金融创新是金融资源分配规模不断扩大、金融需要不断多样化和金融效率不断提高的客观要求，是金融迅速发展的内在动力，它反映了金融资源供给与需求双方不断变化着的市场需要和供求关系，反映了金融资源分配效率不断提高、帕雷托最优条件动态地不断得到满足的过程。作为创新形式的一种，金融创新的程度客观地决定于金融创新环境。从而区域的金融创新环境作为区域创新环境体系中的一部分，必然影响到区域金融资源的配置效率以及区域金融成长。

2. 区域的市场化进程

经济货币化、信用化为金融资源的生成创造了条件，但是，通过金融资源的分配来实现物质资源的动员、分配与组合必须建立在一定的市场经济制度基础上，才能提供真正的金融市场环境并造就真正的市场主体。只有在市场经济条件下，金融资源才能随着货币信用关系的发展，独立生成为一种特殊的资源，并在经济资源分配中发

① 王振山著：《金融效率论——金融资源优化配置的理论与实践》，经济管理出版社 2000 年版，第 262 页。

挥引导作用。金融效率的实现只能以市场经济体制为基础。世界各国经济金融发展的实践证明，当把计划经济作为一种制度安排时，只会使经济资源配置变得更加低效率，而通过金融资源配置达到提高经济效率的目标更难以企及。

从世界范围来看，各国、各地区之间市场化进程是有差别的，甚至在一国内，各区域之间的市场化也是一个渐进的过程。市场化进程快的区域，由于具备了金融资源高效配置的经济制度安排，从而可以更好地实现金融成长。

四 区域金融成长机制

区域金融成长的基础在于微观经济主体(居民和企业)拥有国民收入的重要份额，并能够对由此形成的储蓄进行自主的支配。只有在这种情况下，金融市场才能不断得以拓展和完善，金融中介部门才具有更加重要的意义。

由于不同区域经济规模和创新能力的差异，决定了不同区域人均货币收入的差异，导致人均储蓄能力的不同，这就必然影响到不同区域经济发展中资金积累水平的差异。区域经济活动提出了不同的资金供给和需求，资金流动也就产生了区域差异，形成了不同层次和功能的区域金融市场，区域金融进行的金融创新与深化也不同。区域经济的非均衡性决定区域金融的非均衡成长。

区域金融的成长可划分为五个阶段：极化前期阶段、加速极化阶段、极化扩散阶段、加速扩散阶段、均质阶段。区域金融成长在时间上的运行曲线呈 S 型，具体反映了区域金融由低级阶段向高级阶段发展的运动轨迹(如图 2-1 所示)。

(1)极化前期阶段(t_0t_1)。在区域金融成长的极化前期阶段，由于社会经济发展落后，人均收入水平低下，人们不得不将收入的绝大部分用于生活消费，而用于储蓄的部分很少，储蓄与投资很难形成一定的规模，对金融交易需求少，区域货币资金流动性差。因此各区域经济增长的速度不同，经济活动的空间分布不均衡现象的出现，将使经济增长不断地围绕着最新出现的增长点或增长极集中，从而突破极化前期经济增长停滞的状态，为经济增长极化效应的出现奠定基础和提供条件。

(2)加速极化阶段(t_1t_2)。由于区域社会经济的快速发展，居民和企业部门收入明显增加，储蓄和投资规模不断扩大，区域增长点逐渐形成核心区(增长极)，核心区对周围地区的吸引力不断加大，区域金融由极化前期进入加速极化阶段，在加速极化效应的作用下，资金迅速向核心区集聚，金融在核心区的作用日益增强，对核心区的增长发挥着愈益重要的作用。

(3)极化扩散阶段(t_2t_3)。核心区的储蓄和投资规模达到一定程度，区域金融在加速极化的同时，开始作用于周围地区，极化效应与扩散效应并存，区域金融由加速极化逐渐转换为减速上升，在资本边际效益递减规律的作用下，区域金融的扩散效应开始替代极化效应。

(4)加速扩散阶段(t_3t_4)。当核心区金融集聚程度达到最大值时，核心区金融发展速度减慢，在扩散效应的作用下，开始向周围地区加速扩展，资金流向边缘地带，区域金融差异缩小，区域金融空间结构更趋均衡状态。

(5)均质阶段。随着金融资源向边缘地区的加速扩散，使区域金融空间结构逐步实现均衡状态。这种无差异的均衡状态的形成，即标志着均质阶段的到来。这是区域金融成长的最高阶段，是区域金融成长实现整体金融发展的终极目标。区域间金融结构普遍完善，金融资源的空间分布实现帕雷托最优状态。至此，金融资源将沿着平缓的轨迹平稳、均衡发展。

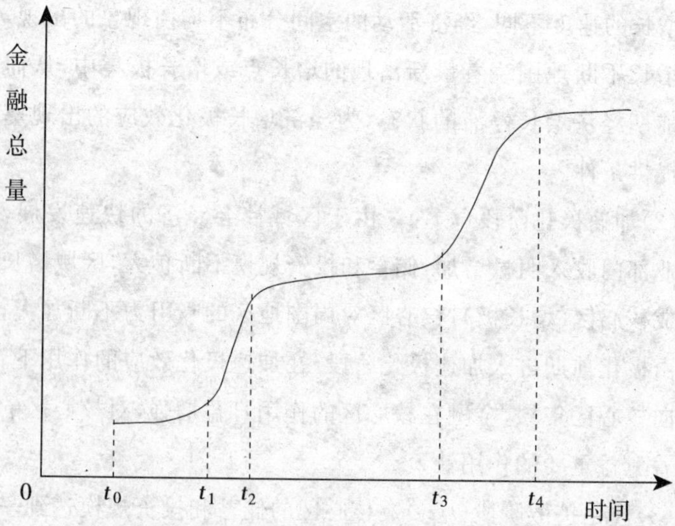

图 2-1 区域金融成长的运行轨迹

区域金融的空间运动曲线描述了现实经济生活中区域金融成长的轨迹：区域经济发展的非均衡与区域金融成长的非均衡是相互伴生的。那么，在区域经济发展的过程中，金融资源首先有一个局部累积的过程，这种局部累积既有自身资本的形成，也有对外部资金的吸引，即极化过程。极化的结果是金融增长极的形成。当金融增长极达到一定程度又有了资金外溢的需要，这是金融资源寻求最大增值的结果。由此进入金融资源的扩散过程直至实现均质分布。金融资源在空间上的极化与扩散既在同一区域内的不同部分间进行，以形成区域增长极，并带动区域整体金融的成熟，也要在不同区域间进行，形成区域金融资源流动。总体上讲，区域金融运动及由此形成的金融资源空间分布状态是金融资源在要素可以自由流动前提下，在地域上寻找资源配置动态均衡（实现帕雷托最优）的过程及结果。

第三章　区域金融结构

区域金融结构研究是区域金融研究的重要组成部分。前面的章节着重从总体上界定了区域金融及其理论，本章将从结构的角度研究区域金融，并对区域金融在经济发展中的贡献机制作出结构方面的解释。

一　金融结构理论发展概述

（一）金融结构的含义

金融结构是与金融总量相对而言的一个比较宽泛的概念，其内涵由于各国货币化和信用化程度不同而呈现差异性。美国经济学家雷蒙德·W.戈德史密斯最早提出了金融结构的经典概念："各种金融工具和金融机构的形式、性质及其相对规模共同构成一国金融结构的特征"①。他把各种金融现象归纳为三个基本方面，即金融工具、金融机构与金融结构。各种金融工具与金融机构的相对规模构成一国的金融结构。戈德史密斯认为金融结构会随时间的变化而不

---

① 〔美〕雷蒙德·W.戈德史密斯著：《金融结构与发展》，中国社会科学出版社1993年版，第20页。

断变化，各国之间的金融结构也不相同。他认为把握金融结构应着重考虑三个方面的关系，即金融资产总额和有形资产总额的关系；金融资产和负债在金融机构与非金融机构间的分配；金融资产和负债在不同经济部门中的分配。日本学者铃木淑夫于1986年提出金融结构应包括三方面内容，即金融的范围（金融制度）；金融交易手段的充足程度（金融机构、企业、个人等经济主体在一定金融制度条件下金融交易行动的模式或倾向）；金融交易条件和经济的基础性条件。虽然他和戈德史密斯的定义是从不同角度进行的阐述，但二者在本质上并无区别。

近些年，我国学者在金融结构演进与金融发展和经济增长的关系的基础上，结合经济和金融改革实践，在深入的研究中，使金融结构概念有了新的拓展：认为金融结构是现存的金融工具、金融机构、金融市场和金融制度体系的总和，反映出各种现存的金融工具、金融机构和金融市场的性质、种类、绝对数量、相对规模、经营特征、经营方式以及金融机构和金融市场的集中化程度，金融结构是金融发展状况的具体体现，在一定程度上反映着金融与经济发展的层次和经济金融化的深度。

随着经济的发展，金融结构有不断分化和复杂的趋势，其定义也将随之不断拓展。更加复杂的金融结构将不断完善金融功能，提高金融效率，并最终促进经济更快地发展。

（二）国外关于金融结构的研究

国外对金融结构的研究始于20世纪50年代。1955年和1956年美国两位经济学家约翰·G.格利和爱德华·S.肖合作发表了“经济发展的金融方面”和“金融中介机构与储蓄—投资过程”两篇论文，1955年美国雷蒙德·W.戈德史密斯也发表了“发达国家的金融结构与经济增长——关于金融形态的比较实验”一文，这些文章可视为研究金融结构的开山之作。

随后，格利和肖又于1960年合作出版了《金融理论中的货币》一书，将整个经济划分为盈余部门（即收入大于支出）、平衡部门（即收入与支出相等）以及亏损部门（即收入小于支出）。他们认为，在整个储蓄—投资过程中，盈余部门是储蓄者，亏损部门是投资者，只要经济部门之间存在着亏损和盈余，投资者从外部筹集资金便不可避免。格利和肖认为，外部筹集资金有两种形式，即直接融资和间接融资。由盈余部门购入亏损部门发行的初级证券而进行的融资是直接融资；由盈余部门购入金融中介机构发行的间接证券而进行的融资是间接融资。金融中介机构可以分为货币系统和非货币的中介机构两种，前者供应货币，后者提供非货币的间接证券。这是格利和肖在金融结构理论方面的贡献。

金融结构理论的主要代表人物是戈德史密斯，他在对长达百余年的金融发展及当代几十个国家的金融结构现状进行比较研究的基础上，于1969年出版了《金融结构与金融发展》一书，该书奠定了金融发展理论的基石。戈德史密斯把各种金融现象归纳为三个基本方面：金融工具、金融机构和金融结构。他认为，金融结构是一国现存的金融工具和金融机构之和，并将金融工具分为债权证券和股权证券两类，将金融机构分为负债为货币的金融机构与负债不是货币的金融机构两类。戈德史密斯指出，研究金融发展就是研究金融结构的变化过程和趋势，金融发展的实质是金融结构的变化，世界各国的金融发展都是通过金融结构由简单向复杂、由低级向高级方向的变化来实现的，并且都沿着一条共同道路在前进，金融发展与经济增长之间存在明显的正相关关系。

戈德史密斯创造性地提出了衡量一国金融结构与金融发展水平

的存量和流量指标，如金融相关比率(FIR)①等；第一次对各国金融发展的差异进行了数量研究和比较研究；对决定金融结构和金融发展的基本经济因素以及这些因素之间的相互作用进行了开创性的研究。在戈德史密斯看来，“金融领域中，金融结构与金融发展对经济增长的影响如果不是唯一的一个最重要的问题，也是最重要的问题之一”。

戈德史密斯将世界各国的金融结构划分为三种基本类型。第一类金融结构的特点是：金融相关比率比较低(约为 0.2—0.5)，债权凭证远远超出股权凭证而居于主导地位，在全部金融资产余额中金融机构所占比例比较低，商业银行在金融机构中占据突出地位。这类金融结构是金融发展初级阶段的特点，在 18 世纪至 19 世纪中叶的欧洲和北美洲出现过。第二类金融结构的特点是：金融相关比率仍然比较低，债权凭证仍然大大超过股权凭证，银行仍然在金融机构中居于主导地位，其与上一种金融结构的区别在于政府和政府金融机构发挥了更大的作用，从而体现出这些经济社会具有混合型特色；它的储蓄率与投资率似乎比较低，而金融中介比率则比较高。这类金融结构在 20 世纪上半叶普遍存在于大多数非工业化国家内。第三类金融结构的特点是：金融相关比率较高，约在 1 左右，有时也可能上升到 2 的水平；尽管债权仍占金融资产总额的 2/3 以上，但股权证券对债权证券的比率已有所上升；金融机构在全部金融资产中的份额也已提高，金融机构日趋多样化，这导致了银行体系地位的下降以及储蓄机构和私人及公共保险组织地位的上升。这类金融结构自 20 世纪初期以来在工业化国家较为常见。戈德史密斯指出，由于一

---

① FIR 等于某一时点现存金融资产总额与国民财富(实物资产总额与对外净资产之和)之比。

种金融结构随时间的变化而存在差异，参与金融活动的人们之间的关系也存在差异，因此，不仅三种类型的金融结构之间具有很大差异，就是属于同一类型的不同国家的金融结构也不完全一样，甚至同一国家不同时期的金融结构也不相同。于是他得出了这样的结论：世界上只存在一条主要的金融发展道路，在这条道路上，金融结构的变化呈现出一定的规律性，即金融相关比率有提高的趋势，金融机构在金融资产总额中的比重一般呈上升态势，但银行系统在金融资产总额中的比例会趋于下降。只有战争和通货膨胀期间例外。

进入 20 世纪 70 年代以来，美国经济学家罗纳德·I. 麦金农和爱德华·S. 肖各自发表了具有深远影响的两部著作——《经济发展中的货币与资本》与《经济发展中的金融深化》，分别从“金融抑制”和“金融深化”角度得到了基本相同的结论。他们的分析可以看做是戈德史密斯金融相关比率分析的深化与发展。

最近十多年来的内生金融发展理论为金融结构研究注入了新的活力。之前，戈德史密斯从统计上分析了金融相关比率会随着人均收入的增长而增加，而随着收入的增长，金融结构也会发生相当大的变动。但戈德史密斯没有分析这种变动的内在机制是什么。而内生金融发展理论分析了金融发展及其结构变动中的资金盈余部门的需求的内在机制及约束条件。格林伍德和约万诺维奇（Greenwood，Jovanovic，1990）通过引入固定的进入费用和固定的交易成本，借以说明金融中介机构和金融市场是随着人均收入和人均财富的增加而发展的。

除了传统金融结构理论对金融发展的过程及规律进行描述和分析之外，另一种理论就是现在流行的“两分法”，即根据金融体系中银行部门和金融市场所起的作用大小不同，将金融体系分为以金融市场为主导的金融结构（market-based system，以美英为代表，下面简称MS)和以银行为主导的金融结构(bank-based system,以德日为代表,下面简称BS)。MS与BS的比例被称为融资结构(financial structure)。考察金融结构与经济增长的关系,实际上是试图回答:不同的金融结构在经济中的作用如何?从这一分法出发产生了几种不同的观点:(1)BS优越论。该论点认为MS型的融资结构无法很好地履行获取信息、监督管理者等方面的功能,不利于资源配置和经济发展(Stiglitz,1985)。与之相比,银行就不会存在类似的缺陷。另外,虽然证券市场能设计出各种套现风险的金融产品,市场却是不完善的,在某些情况下(例如跨期分担风险),BS型的融资结构在提供减小金融风险服务方面更具优势(Allen & Gale,1999)。(2)MS优越论。这种针对BS的论点认为,BS型的融资结构的弊端在于在这种结构下,金融中介机构会对企业的影响力较大,并因此而带来负面效应。银行具有天生的谨慎倾向性,使得BS型融资结构不利于公司创新和增长(Weinstein,1998)。另外,MS型的融资结构在提供大量的风险管理工具上具有优势,可以根据不同的情况设计不同的金融风险产品,而BS型的融资结构只能提供最简单、最基本的风险管理服务。(3)金融服务论。一些学者不赞成把BS型和MS型金融结构对立起来。金融服务论的观点认为,银行也好,证券市场也好,其基本功能都是为企业和产业的发展提供金融服务。金融服务主要体现在储蓄的动员和转移、项目评估、企业监控和风险管理等方面。首要的是金融服务的可得性及质量,而非金融体系的结构。在提供金融服务上,银行和市场两者之间是互补而非替代的关系。例如,证券市场的存在减少了企业对银行的过分依赖,同时使投资者获得一条退出通道。(4)法律主导论。它与金融服务论相近,同样反对单方面推崇BS型或MS型的金融结构,但是与金融服务论不同的是,该观点深入到一国法律体系的渊源及其特征与各国的金融发展及金融结构之间的联系上，认为金融结构的差异与各国法律体系的渊源有着密切的联系；各国的制度环境，尤其是法律制度决定了金融体系所能够提供的金融服务的内容和质量以及金融体系的结构差异。

（三）国内关于金融结构的研究

我国学者有关金融结构的研究开始于20世纪的80年代，对金融结构的认识也经历了一个由简单到复杂的发展过程。在早期，有些学者认为“金融结构就是它们（指货币与货币信用）赖以构成一个整体并能充分发挥各部分机能的存在方式、组织方式和基于人们物质利益而建立起来的调整机制”①。具体说来，金融结构包括以下几个方面：第一，金融形式结构。这种结构也可以称为金融业务内部结构（也就是国外学者所说的金融工具结构），包括两个层次：第一层次即较高的层次，主要是信用形式结构，也就是通常所说的金融工具的类别结构；第二层次是金融工具结构或者叫做信用工具结构。第二，金融组织机构结构。这种结构包括两方面：其一是金融组织机构的种类结构；其二是同一金融机构内部的组织结构，包括组织体系及组织之间的关系，特别是其中的利益关系。这两方面构成完整的组织结构体系。第三，金融调节机制结构。其核心内容是利率问题，包括利率体系和利率政策。第四，金融从业人员结构。它在全部金融结构中占主导地位。第五，金融市场结构。早期学者深入分析了上述金融结构的五个方面，认为整个金融结构的几个方面完全可以纳入金融市场结构之中，并全面阐述了我国当时的金融结构状况。由于时代的局限，这一时期的研究更多的是从微观入手，研究金融体系中

① 李茂生著：《中国金融结构研究》，山西人民出版社1987年版，第4—5页。

每一个环节的结构，这在对金融机构结构和机构内部结构的研究上可见一斑。但是缺乏宏观视角的分析，没有将金融体系作为一个整体，考察其结构对经济发展的影响，换言之，对金融结构的"技术"性研究有余，而理论上的探讨不足。

随着时代的进步，学者们的研究不断深入，对金融结构的认识程度也不断提高，大多数的研究采取定性研究和初步的定量研究。王兆星(1990)提出，金融结构是各种金融要素有机联系的整体，包含着各种金融要素间质的联系和量的联系；从横向上它是金融主体、客体、形式、工具、价格及市场的有机整体，从纵向上则是微观基础、中观市场和宏观管理的有机整体。

方贤明(1999)在《制度变迁与金融结构调整》一书中，拓展了金融结构研究的领域并将制度经济学引入了金融结构的研究之中。他认为，金融结构依据金融活动所赖以运行的经济机制的不同可划分为三种类型：(1)发达的资本主义市场经济的金融结构。其主要特征是：金融是现代经济的核心，在社会经济生活中居于枢纽地位；实行宏观与微观相分离的二级金融制度；金融创新空前活跃，金融商品(金融工具)种类繁多，突出表现为衍生金融工具的数量、规模和发展速度大大超过传统资金市场和资本市场上的金融工具；健全、完善的金融监管体系成为金融发展与完善的重要标志之一。(2)传统的不发达的社会主义计划经济的金融结构。其主要特征是：社会经济资源由国家统一配置，商品交换和市场关系被限制在极为狭小的范围之内；一切信用集中于一个无所不包的单一银行体制，排斥其他信用关系和金融市场的存在；政府或政府所有的企业的债务在金融资产中占据统治地位；由于经济的社会化、货币化、金融化程度很低，金融规模较小；宏观调控的重点放在对需求影响最大的流通中的现金。(3)社会主义初级阶段计划经济向市场经济转轨时期的金融结构。

其主要特征是:金融在社会经济活动中的地位日益提高,已经成为现代经济的核心;初步建立了以中央银行为领导、国有商业银行为主体、其他金融机构同时并存的金融体系;金融商品多样化,包括抵借、票据贴现、短期债券和国债回购在内的资金市场以及短期外汇市场有了一定程度的发展,但总体规模不大,且发展不平衡;金融手段在宏观调控中的运用日趋频繁,地位凸显。

方贤明认为,我国现阶段金融结构属于第三种类型。与戈德史密斯的金融结构理论相比,他将经济制度作为内生变量引入了金融结构的研究之中,考察了我国经济转轨时期,企业制度、金融制度、财务体制改革等经济运行机制的变革对金融结构所产生的影响,还考察了随着各项改革的逐步深入、经济的不断发展、对外开放的日益扩大,金融结构所发生的变化。而后,在前述研究的基础上,为金融结构变动下货币政策与宏观调控的调整、对外开放条件下防范和化解金融风险和金融监管体系结构的建立提出了政策建议。

韩玲慧(2000)分析了金融结构的变迁与企业制度创新的关系,认为金融结构既反映着企业融资结构的变化情况,也反过来影响着企业的融资结构,由此也就与企业制度这样的重大问题密切相关。李量(2001)从论述资本积累、金融系统与现代经济增长的相互关系入手,对金融结构、金融发展与经济增长的关系进行剖析,然后分析了金融结构影响经济增长的主要途径,剖析了金融市场、金融机构等结构,提出了一系列的战略发展模型,最后分析了作为国内增长重要资源的境外资本,提出了利用外国资本的基本方略和开放经济下的金融战略的宏观调控体系以及危机管理模型。董裕平(2002)从微观主体契约需求的角度阐述了我国金融结构形成的机制。孙伍琴(2004)根据金融与经济增长、金融结构和金融功能等理论,以美、英、德、日等金融业发达国家的不同的金融结构为研究对象,考察多国金融结构的形成及其特征；深入剖析不同的金融结构在实现储蓄向投资的转化过程中发挥风险管理、信息处理和信息不对称下的激励等功能及其途径、优势和约束；探讨不同的金融结构的演进趋势。

二　区域金融结构的一般性分析

（一）区域金融结构研究现状

近年来，区域金融结构的研究日益受到国内学者的关注。张杰(1994)对我国经济的区域差异状况及其特征作了理论描述：金融结构的区域趋同、金融聚集与我国金融成长的历程是一个倒“U”过程，在体制变革阶段应该积极地推进趋异过程，而不是抑制这一过程。同时强调，一国金融成长的水平并不取决于金融机构的简单扩张，而取决于金融资源的配置效率及与之相适应的资本形成水平。

张军洲(1995)认为，在我国经济改革与发展之时，经济结构的急剧变动不仅表现为产业结构的转换，而且表现在区域经济结构的差异和扩大，而后者在很大程度上又与区域金融结构的变动有着密切的联系。因此，要构造新的区域经济发展格局，就必须研究区域金融结构的变动与发展规律问题。区域的金融结构差异、差异互补和相互关联构成一国的区域金融体系，从而明确界定了区域金融研究范畴。他指出，区域金融理论是从空间角度研究金融结构与发展的理论。从本质上看，区域金融之间的差异主要体现为不同区域在金融结构与发展水平的差异。其中金融发展水平是从量的角度反映区域金融差异问题，包括金融资源与金融交易数量、货币与金融深化程度的不同；而金融结构则是从质的方面反映区域金融的差异问题，包括金融机构、金融工具、融资方式、融资机制和金融行为的不同特点等。金融结构与发展水平的差异共同构成决定区域金融差异的关键因素。

殷德生等(2000)在金融结构的基础上,把区域金融结构定义为“区域经济发展的重要变量,是金融工具与金融机构的总和,包括各种现存金融工具与金融机构的相对规模、经营特征和经营方式、金融中介机构中各种分支机构的集中程度等”。在此基础上,又提出了优化区域金融结构的路径。考虑到我国各地区经济统计的现实和区域金融的现实,他认为衡量我国区域金融结构的指标体系具有总体层次指标和区域结构层次指标的双重性质。总体上,殷德生基于区域金融的一般理论分析,考察了不同区域金融主体的行为特征,从区域金融结构、区域货币资金流动与区域资源配置等视角强调了金融因素对区域经济发展的重大影响。

刘仁伍(2003)提出“区域金融结构是区域现存的金融工具、金融机构、金融市场和金融制度体系的总和,反映出各种现存的金融工具、金融机构和金融市场的性质、种类、绝对数量、相对规模、经营特征、经营方式、集中化程度,以及金融机构组织和金融交易的方式、范围、规则、惯例、收益分配和有效性”,并将区域金融结构分为初级金融结构、混合金融结构、高级金融结构、金融一体化和经济金融化金融结构四种类型。他利用海南 1988—1999 年的金融数据和大量案例,再现了海南金融发展历程,总结了海南金融结构畸形和金融发展缓慢的制度性原因,为我国区域金融研究提供了一个比较好的省级案例。

刘湘云和杜金岷(2004)认为,区域金融结构应分为宏观、中观和微观三个层次,其中宏观结构包括区域金融政策目标、区域金融制度等;中观结构包括区域内金融机构及金融市场的构成;微观结构是指区域内金融工具的总规模、种类构成以及在不同行业间的分布和金融资产价格结构。因此，在衡量区域金融结构时也应以微观结构指标为主，同时兼顾中观结构指标和宏观结构指标。在此基础上提出了衡量区域金融结构的一套指标，包括：(1)区域内金融资产总额/GDP(即区域金融相关比率 RFIR)，用来衡量该经济区金融化程度；(2)区域资本形成额/GDP(即区域内资本形成率 CAPI)；(3)区域融资结构(FIN)，用经济区资金来源结构中的国内贷款与自筹资金的比率来表示；(4)区域金融资产的集中度(RA)，是指金融资产在区域内各非金融部门、金融部门、政府部门及住户之间的集中程度；(5)区域金融工具的集中度(RI)，是指区域内各种金融工具(如股票、债券、存款、保证准备金等)分布的集中程度。

(二) 区域金融结构的概念

综合上述的研究成果，提出区域金融结构的概念。区域金融结构是指金融工具的数量状况的区域分布。它包括以下几层含义：

首先，区域金融结构是指在某一经济区域内的金融结构，是金融结构的区域化问题。从区域金融的角度来看，这样界定不但可以从总量上了解区域内的金融状况，还可以从金融与经济总量的结构关系、金融本身内部的各种结构关系的角度更深入地了解金融问题，是对区域金融研究的继续和深化，并可以从时间维度上理解区域金融结构的变化与发展。在研究过程中，应在分析区域内的金融结构问题，探寻它对区域经济影响的基础上，对比不同区域的金融结构，分析区域金融结构差异对区域间经济发展差异的影响，从金融的角度寻找缩小地区间经济发展差距的办法。这两方面是不可分割地紧密联系在一起的。

其次，在界定区域金融结构时，只考虑了金融活动中金融工具这一个因素，而没有将金融机构和金融市场纳入其中。这并不意味着它们不重要或将在讨论之外，主要是考虑到以下几点原因：(1)研究区域金融结构的目的是要了解区域金融活动对区域经济的影响，而解释金融活动和区分不同类型的金融活动最好的工具就是金融活动的客体即金融交易对象——金融工具，强调金融工具在金融结构中的地位，就是要突出研究的目的。(2)讨论区域金融机构的结构，是要研究通过金融机构的间接融资、不通过金融机构的直接融资及不同金融机构在金融活动中的作用，以探讨区域金融活动在区域经济发展中的贡献，对此通过对金融工具的研究是完全可以实现的。同时，一般说来，不同的金融机构所从事的金融活动是有很大区别的，即使是在功能极其相近的金融机构之间，这种差别仍然存在，而区分金融活动最好的标志就是金融工具，金融工具结构就是金融活动的结构，也就是金融机构的结构，因此，金融机构在结构上是蕴涵在金融工具结构之中的。(3)区分金融市场的根据就是金融交易工具不同，金融市场结构也就是金融工具结构。

第三，在定义区域金融结构时，并没有将区域金融制度作为区域金融结构的一个方面。主要是因为，在研究区域金融发展时，制度变迁的确是区域金融发展的重要动因，尤其在金融制度供给不足的情况下，这种作用特别突出。但区域金融制度并不对区域经济的发展产生直接的作用，它的作用是通过具体的金融活动来实现的，在区域金融工具结构的变动中，体现了区域金融制度的变迁，由此可以把区域金融制度变迁作为区域金融结构变动的重要解释原因，而不必将其作为区域金融结构内容的一部分。

可以说，金融工具是金融活动最直接的表现，也是认识、分析金融活动最好的手段，通过金融工具的结构就可以表达出金融体系结构的全部内容。因此，将区域金融结构定义为金融工具的区域分布，可以把注意力集中于关键的金融工具结构,有助于更好地进行研究。

(三) 金融工具的确认和计量

既然区域金融结构主要研究金融工具数量状况的区域分布,在对区域金融结构进行定量描述之前,有必要对金融工具的确认和计量进行说明。

2005 年 9 月,财政部发布了《金融工具确认和计量暂行规定(试行)》。该《规定》将金融工具定义为:形成一个企业的金融资产,并形成其他单位的金融负债或权益工具的合同。按照定义,可以把金融工具简单地分为基本金融工具和衍生金融工具。基本金融工具主要包括货币(现金);在银行或类似金融机构的存款;成双成对出现的基本金融工具,比如,应收账款和应付账款、应收票据和应付票据、应收债券和应付债券、其他应收款和其他应付款、长期股权投资和股本等。而衍生金融工具包括金融远期合同、金融期货合同、金融互换和期权以及具有金融远期合同、金融期货合同、金融互换和期权中一种或多种特征的混合工具。

目前,国民经济核算体系(SNA)、货币与金融统计(MFS)、政府财政统计(GFS)和国际收支统计(BOP)等四大宏观经济统计核算体系中,均涉及有关金融工具分类问题,从有关核算体系目的和内容来看,SNA 和 MFS 最具有代表性(庞皓,2002)。在我国,目前由人民银行主持货币金融统计,近年来根据 IMF 的有关统计标准,对金融工具的分类统计不断进行改革,更有利于学者对金融工具的研究逐步和国际接轨。

(四) 区域金融结构的定量描述

区域金融结构的定量描述可以采取三种方法,三种方法选取角度不同，其实并无本质差别。

第一种方法侧重于金融结构中各类金融工具的绝对数量、相对重要性与其他领域数量参数关系的描述。绝对数量可用于各类金融工具的数量描述。相对重要性可用于同一类型参数的数额，如所有金融工具中各种类型金融工具所占的份额。与其他领域数量参数的关系是建立金融结构和经济结构之间关系的桥梁，主要衡量指标有：(1)戈德史密斯的金融相关比率(FIR，金融工具总额与国内生产总值的比例)，区域化即区域金融相关比率(RFIR)；(2)各种金融工具余额在主要经济部门之间的分布；(3)金融机构在金融工具存量中持有的份额。

第二种方法可以把所有衡量区域金融结构的指标分为总体层次指标和区域结构层次指标。总体层次指标包括：(1)区域金融相关比率(RFIR)，即某一时点上现存的区域金融工具总额与国内生产总值的比值；(2)区域资本形成率(CAPI)，即区域资本形成额与国内生产总值之比；(3)国有金融相关比率(SOFIR)，即国有商业银行存贷款额与国内生产总值之比；(4)全部金融相关比率(TFIR)，即全部金融机构存贷款额与国内生产总值之比。区域结构层次指标主要包括：(1)区域金融工具集中度，即区域内各种金融工具(如股票、债券、存款、保证准备金等)分布的集中程度；(2)区域金融工具的行业集中度，即区域内各种金融工具在各非金融部门、金融部门、政府部门及住户之间的集中程度；(3)银行集中指数，即区域内四大国有商业银行存款占同期金融机构存款总额的比重；(4)区域融资结构，即直接金融工具与间接金融工具的比值。

第三种方法把考察指标分为规模指标、行为指标和效率指标三大类。规模指标用于检测相对于经济规模的水平，包括：(1)金融中介规模，用金融机构存款余额/GDP作为检测的指标；(2)银行部门总规模，用银行资产/GDP指标表示，在我国，由于统计资料限制，可用各地区存款货币银行贷款规模/GDP代替；(3)股票市值/GDP，用来衡量金融市场规模。行为指标主要考察银行系统的市场化程度，用存款货币银行在私人部门贷款/GDP指标，这个指标排除了对公共部门政府及公共企业的信贷。存款货币银行对私人部门贷款包括国家银行对农业、乡镇企业、三资企业及私营企业、个体的贷款。关于金融中介效率指标，罗斯·莱文(Ross Levine，2002)提出用一般管理成本(overhead cost)(用银行一般管理成本与银行总资产的比率表示)和银行净利差(用银行利息收入减去利息支出再除以总资产)来衡量。由于我国可能出现缺乏地区统计资料的情况，可以通过考察银行体系的集中程度来衡量银行体系效率，因为一般而言，竞争性强的体系效率更高。此外，可用国内股票交易市值/GDP，检测股票市场的行为，同时可用来衡量市场效率。

三　区域金融结构的功能

区域金融结构的功能主要体现在探讨区域金融结构在经济增长和经济发展中的地位和作用，主要回答区域金融结构如何对经济结构产生影响，如何引导储蓄向投资转化，如何提高金融资源的配置效率以促进经济增长和经济发展的问题。

戈德史密斯认为，金融就是金融结构静止状态的综合反映，金融发展就是金融结构的变迁，理解金融就必须了解它的结构。从这个意义上说，区域金融结构对区域经济发展作用的分析就是区域金融对区域经济发展作用分析的具体化。

(一) 区域金融结构对区域经济的影响路径

假定其他因素不变,即经济增长只与资本一个因素有关,那么:

$$g=\Delta Y_t/Y_t=(\Delta Y_t/\Delta K_t)\times(\Delta K_t/Y_t)=(\Delta Y_t/\Delta K_t)\times(Q_tS/Y_t)$$
$$=E_tQ_tS_t \tag{3-1}$$

其中,g 为经济增长率;Y_t 为 GDP;K_t 为资本存量;$E_t=\Delta Y_t/\Delta K_t$,是资本的边际生产率(或投资效率);$Q_t$ 为储蓄转化为投资的比例,代表了储蓄向投资的转化效率;S_t 为储蓄率。

公式(3-1)清楚地表明,储蓄率 S_t、储蓄向投资的转化率 Q_t 以及资本的边际生产率 E_t 构成了经济增长的决定因素,影响这三个变量的任何因素都将影响经济的增长。区域金融结构可以通过对上述三个变量的影响,对区域经济的增长发挥重要作用。

根据马克思经济学理论,区域金融结构也属于价值运动范畴,处于分配与流通环节。在生产与分配的相互作用中,它主要作用于分配,进而作用于生产;在资金分配与其他生产要素分配的相互作用中,它主要作用于资金分配;在资金存量与资金流量的相互作用中,它主要作用于资金流量。通过上述传导渠道,最后将作用于储蓄与投资的结构和总量,进而作用于社会供求的结构和总量,从而对经济增长产生重要影响。

优化区域金融结构可以产生优化总量和结构的双重效应,其主要传递过程可描述如下:(1)优化区域金融结构→优化储蓄、投资结构→优化资金流量结构→优化资金存量结构→优化生产要素配置结构→优化生产及产业结构→优化社会供求结构、促进社会供求平衡;(2)优化区域金融结构→促进储蓄与投资的平衡→促进信贷收支和货币供求的平衡→促进社会供求总量平衡。

（二）区域金融结构的经济增长效应分析

区域金融结构是一个相对独立的系统，但它同时又是区域经济乃至国民经济系统的子系统。不同的区域金融结构将产生不同的经济增长效应，因而成为经济增长的重要因变量。其效应主要包括：

1. 储蓄与投资效应。在一个经济区域中，经济主体（包括居民、企业及政府）将可支配收入用于消费、储蓄或投资。然而，居民和企业部门是否将收入用于投资或储蓄以及收入中有多少用于投资和储蓄，则主要取决于投资及储蓄的风险及收益，同时也取决于投资和储蓄金融工具的可选择性。也就是说，区域金融结构状况将直接或间接地影响该区域内居民和企业的储蓄与投资。

2. 资金配置与结构调整效应。麦金农（McKinnon）认为，“在欠发达经济环境中，减少低效率的资金使用，本质上同增加新的净储蓄一样重要。”在企业自主权日益扩大、收入分配结构趋于多元化和分散化、金融日益成为资金融通和分配主渠道的情况下，区域金融结构优化将促进资金在区域内及不同经济区之间的优化配置和区域经济结构的协调。按照麦金农的理论，在金融资产和实物资产都具有收益性的情况下，由于资产结构不同，其收益率也不同；在不同收益率的比较下，可能形成由互补到替代的转换效应。总之，区域金融结构不仅影响区域内储蓄和投资流量，而且影响储蓄流向和投资结构，从而影响到资金使用效益。

3. 约束与制衡效应。无论经济发达地区或欠发达地区，都存在一种内在的经济扩张性，其结果是高投入与低产出、高速度与低效益以及各经济区的重复建设，从而造成生产资源的严重浪费。因此，要保持区域经济的协调、稳定发展，必须对这种经济扩张性形成有效的约束和制衡；而在以金融调控为中心的宏观经济管理体系中，健全的金融结构及区域金融结构会产生内在的调节与稳定功能。

4.增长与稳定效应。根据哈罗德—多马经济增长模型，经济增长率取决于边际产量与资本比率和边际储蓄倾向的乘积。而优化区域金融结构能够促进区域内储蓄与投资的增长，并能优化区域内及不同经济区域之间的资金配置结构和提高投资效益。也就是说，区域金融结构可以影响资本产出系数和边际储蓄倾向，从而促进区域经济增长，即存在经济增长效应。

（三）区域金融发展水平(RFIR)对区域经济增长的影响

采用模型来说明这一问题。如图 3－1 所示，横轴表示周期 1 的收入或初始财富及消费，纵轴表示周期 2 的收入或消费。周期 1 的投资即消费的剩余会增加周期 2 的收入流量，从而增加周期 2 的消费。这时投资者会面临周期 1 和周期 2 之间消费数量的选择问题。I_1 和 I_2 是周期 1 和周期 2 消费的无差异曲线，曲线的斜率表示两个周期之间消费的替代关系，即放弃周期 1 的消费所需要在周期 2 增加的消费数量，这种替代比率即曲线斜率也就是在周期 1 的投资所期望获得的投资收益率，这里假定两个周期边际消费倾向不变。T_1T_1'代表传统生产技术条件下的投资收益关系，在此生产技术条件下的投资，会出现从 T_1 开始逐步递减的收益；该曲线也表明了在未发生重大技术创新条件下，投资者在减少周期 1 消费以增加周期 2 消费之间的实际替代关系。T_2T_2'代表比 T_1T_1'更高的生产技术水平下的投资收益关系，该生产技术条件下的初始投资数量较大，只有当初始投资达到 T_1T_2 时，这种生产技术才可能发挥作用。同时它代表更高的投资收益率，并且只有当其进入第二象限时，收益才开始递减。两曲线斜率表示实际的投资收益率。Y_1 是投资者最初拥有的资金，它包括以前消费剩余下来的可消费资本和周期 1 的当期收入。如果周期 1 未发生投资，Y_2 可以被解释为周期 2 的自然增长，这样 Y_1 或 T_1 到左边的距离就表示动用初始资金进行当期投资的水平。T_1T_1'和 T_2T_2'两条曲线都延长至第二象限并相交于 A 点，此时对应的投资水平为 A_1，表示投资水平在 A_1 以内时，T_1T_1'优于 T_2T_2'；当投资水平超过 A_1 时，T_2T_2'优于 T_1T_1'，这是因为新技术的采用需要很高的当期固定投入。

理性投资者的当期最优消费与投资(未来消费)决策的均衡条件是:不存在外源性融资的条件下，投资的实际收益率等于期望的投资收益率；有外源性融资的条件下筹资的利息率等于投资的实际收益率，同时等于期望的投资收益率。

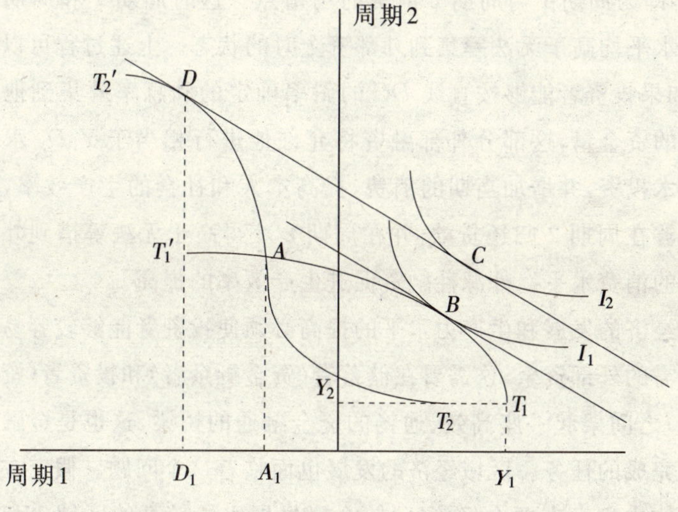

图 3-1　金融发展水平对生产技术选择的影响

如果投资者因外部融资不力，投资只局限于自有资金，有限的初始资金会使投资者在 T_1T_1'和 T_2T_2'的选择上发生偏离。只有当投

资者选择了 T_1T_1'所代表的传统的技术水平，投资者在周期 1 和周期 2 的消费才能最优，均衡点为 I_1 与 T_1T_1'相切的点 B。如果投资者选择了 T_2T_2'，在保持周期 2 消费水平与选择 T_1T_1'时的水平相同的情况下，周期 1 的消费水平必为负，这在经济生活中是不可能的。可以想象，这个影响生产技术水平选择的消费约束在贫困经济中将更加突出。

在图中描述的情形中，消费约束和有限资金将投资者封闭在 B 点的低级技术中了。可是，如果能够筹集到外部资金，投资者就可以打破上述的消费约束，选择从事更高技术水平的生产。此时选择的生产技术曲线就为 T_2T_2'。假定与借款利息率相等的投资收益率位于 D 点，即与 T_2T_2'相切于 D 点的直线的斜率，此直线与 I_2 相切的点 C，即为周期 1 与周期 2 消费的均衡点。这时周期 1 和周期 2 的消费水平均高于无法筹集到外部资金时的状态。上述过程可以概括为：如果投资者能够按直线 DC 的斜率确定的利息率筹集到他希望获得的资金量，这部分外部融资将允许他进行相当于 Y_1D_1 水平的新技术投资，并增加当期的消费，提高本人和社会的生产效率，也使他能够在周期 2 归还贷款，并在周期 2 获得高于无法筹措到外部资金时的消费水平。外源性融资促进生产效率的提高。

经济的发展和生产力水平的提高必须使投资者能够较容易地获得所需的外部资金，这需要在储蓄者（资金剩余者）和投资者（资金亏损者）之间架起一座高效、通畅的资金融通的桥梁，这也是金融发展所要完成的任务。区域经济的发展也面临着这个问题。假定在一个经济体内部存在两个经济区域，金融发展水平较高的区域 1 和发展水平相对较低的区域 2，经济体没有区域间的资金流动。因为区域 2 的金融发展水平低，投资者获得外部资金的难度大、成本高，将迫使投资者选择技术水平低的 T_1T_1'曲线，降低区域内的投资收益水平；在资金可在区域间自由流动的条件下，资金会从区域 2 流向区域金融发展水平较高的区域 1。在区域 1 内，投资者可以较容易地获得外部融资，可以选择技术水平较高的 T_2T_2' 曲线，获得较高的收益。区域 2 内金融发展水平较低导致资金外流，会进一步恶化区域 2 内资金供求状况，投资者获得资金的难度会进一步加大，资金会因收益水平的继续下降而加快外流。相反，区域金融发展水平较高的区域 1，资金会越聚越多，经济发展水平越来越高，这就是所谓的“马太效应”。这种资金的流动将持续到区域 1 高技术水平下的投资在边际收益递减规律的作用下，收益降低到与区域 2 传统技术水平投资收益率相等时为止。如果经济体是开放的，会有外部的资金流入，这部分资金大多会流向获利水平高的区域 1，资金所附带的新的生产技术、先进的管理经验、人才也就相应地流入了区域 1。两个区域间的经济发展差距会进一步拉大。可见，RFIR 的水平对区域经济的发展有着非常重大的影响。

（四）区域融资结构对区域经济增长的影响

1. 金融体系所要完成的五项功能

内源性融资的不足，需要外源性融资予以补充，由此产生了对金融的需求。古时民间的高利贷就是初期的金融活动。[①] 它适于发生

① 在我国，由于农村金融发展相对滞后，这种民间的高利贷借贷行为仍然存在，对于它在农村经济中所起的作用，意见并不统一。人们大都认为，它是带有剥削性质的金融活动，它的存在扰乱了正常的金融活动秩序，给社会增加了不稳定的因素。但从融通资金的角度看，这种借贷行为不应被打上某种生产关系的标记，它只是一种较为原始的融资方式，与较低的生产力的发展水平相适应，带有的也只是生产力的标记，它的高水平利率充分反映了农村的资金供求状况。在存在金融抑制、资金供不应求、利率水平低于均衡水平、资金供应采用配给制的条件下，高利率可以有效地改善资金的供求关系，并提高资金的使用效率。应该关注的是如何改善农民融资难的状况，通过金融深化，把它逐步纳入到正规的融资渠道中来，而且在金融深化的过程中，可以借助于民间融资的低交易成本来推动金融的健康发展。

在较小的范围内，借贷双方都彼此了解、熟悉，发生借贷活动时，双方的相关信息都是充分的，交易的成本也比较低。原始的金融活动形式是与自然经济相适应的。随着科技的进步，生产力迅猛发展，社会分工越来越细，经济活动的范围不断拓展，经济组织的资金缺口不断增大，有资金剩余的单位也越来越多，原有的简单的融资活动已经不能适应经济发展的需要了，金融能否向前发展，成为经济发展能否持续的关键。在古典经济学理论的假定条件下，信息是充分完全的，交易成本为零，金融只是被动地适应经济发展的需要，它并不会成为经济发展的障碍。但事实恰恰相反，分工的细化，交易范围的扩大，致使金融交易双方的信息越来越不对称、不充分，交易成本也越来越高，经济活动的摩擦不断增大，经济效率的损失越来越多。基于此，金融创新不断涌现，出现了各种各样的金融工具、金融机构和金融市场，即由它们所组成的金融体系不断扩大，作用不断提升。金融活动的目的就是要在储蓄者和借款者之间架起桥梁，以最小的交易成本使资金配置的效率最高。为了达到降低交易成本、提高融资效率的目的，金融体系必须完成以下五项功能：改善风险管理；获取信息和配置资源；监督经营者；动员储蓄；便利交换。不同的金融结构完成上述五项功能的程度有差别，由此对经济发展所起的作用也就不同。可以利用图 3－2 来概括金融结构在经济发展中的作用机制。

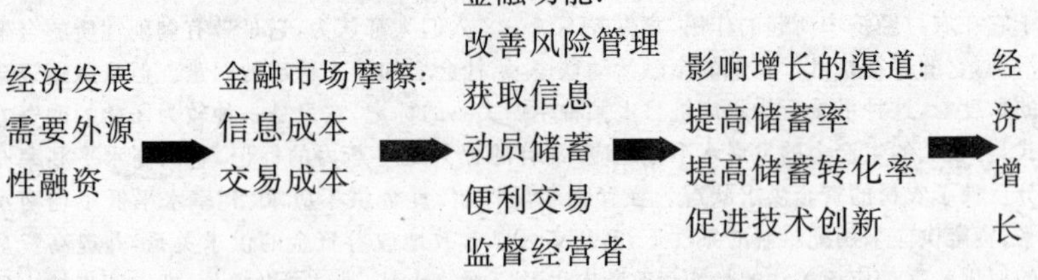

图 3－2 金融结构的作用机制

下面具体分析金融活动所要完成的五项功能。

第一，改善风险管理。在信息和交易成本存在的情况下，金融体系有利于融资以及避免和分散风险。这里主要考察流动性风险。

流动性是指代理人按约定的价格将资产转化为购买力的便利程度和速度；或者说是代理人将资产转化为购买力时的便利程度和速度与价格损失之间的替代关系。约定的价格可以理解为由市场供求所决定的均衡价格，在该价格确定的条件下，转化的便利程度越高、速度越快，资产的流动性就越好。所谓价格损失，是指实际成交价格与市场均衡价格之间的差距。流动性越强就意味着以越小的价格损失，可以带来越高的便利程度和速度。流动性风险就是资产转化为购买力时便利程度的高低，速度的快慢，或是价格损失的大小。流动性越强，风险也就越小。信息的不对称和交易成本的存在，会妨碍金融交易的进行，增加金融工具(金融资产)的流动性风险，因此需要发展金融机构和金融市场，创新金融工具，改善金融结构，力求把金融工具的流动性风险降到最低。

金融工具的流动性风险与经济增长之间的关系是由于一些高回报的项目投入产出的周期长，需要有长期资本的供给来满足投资的需求。由于储蓄者不愿意长时间放弃对储蓄的控制，或者由于某种原因需要提前收回储蓄，因此储蓄者往往要面临着流动性风险。出于对风险的厌恶，储蓄者对投入产出周期长的高回报项目的资金供给就会不足，这就会引发前述的外源性融资不足的问题，整个社会的投资会被局限于期限短、技术水平低、回报率低的项目，资本产出能力大大降低，经济增长速度减缓。金融体系要通过降低金融工具的流动性风险，增加社会对长期项目的投入。

第二，利于获取投资的信息。评估企业获利能力、发展前景，判断经营者经营能力和道德水平，对市场发展状况作出正确的分析等对于缺乏相关专业技能的个人投资者来说相当困难而且代价很高。储蓄者不会在没有任何可靠信息的项目上投资，或对缺乏了解的项目投资要求更高的利益回报。结果，较高的信息成本可能会妨碍储蓄者的投资，也很可能造成投资的低效率。金融体系必须要在降低信息成本方面发挥作用，促进投资的增长和提高投资的效率。

第三，监督经营者。除了事先减少获取信息的成本外，金融契约、金融市场和金融中介还能结合起来减少获得金融信息、实施事后金融监督的成本。"事后"指投资行为发生之后，事后的监督是储蓄者为了保障自身的权益而采取的监督经营者活动的行为。缺少这种监督，会产生企业经营上的道德风险，降低资金的使用效率。此外，没有或缺乏对经营者的监督，很难判断企业的经营状况是由经营者的经营能力、经营者的道德风险还是由企业所处的客观市场环境所造成的，可能会导致错误的决策。企业相关信息的缺乏会增加企业的融资成本，不真实的信息会错误地引导资金流向，降低资金的配置效率。

第四，动员储蓄。通过动员储蓄聚合资金是金融体系所有功能实现的基础。没有众多的储蓄者，许多生产过程将会被限制在没有经济效益的规模和较低的技术水平上。如何有效地聚合资金，提高全社会的储蓄率，是金融体系必须解决的基本问题。从储蓄过程本身的角度来讨论，储蓄者在现有的条件下（确定的流动性风险、收益风险、监督力度等）如何更好地把意愿储蓄集中起来并转化为投资，需要有更多的储蓄工具供储蓄者选择，以满足其不同的需要。家庭部门是整个经济活动的资金供给者，而单个家庭所能提供的储蓄数量较少，通常无力单独进行高投入、高回报项目的投资。在这种情况下，金融体系应提供足够的小额金融工具，用以聚合众多的家庭小额储蓄，并投资于投入产出周期长、资金投入高、回报率高的项目，提高生产效率。动员分散的小额储蓄进行投资的成本是很高的，需要付出交易成本和信息成本，这就需要金融体系作出相应安排，减少金融活动中的摩擦，降低聚合资金特别是聚合分散的小额资金的成本，提高储蓄率。

为了节约交易中的成本，聚合分散的小额资金的任务可以由金融中介机构来完成。金融中介机构的出现可以节约储蓄者搜寻投资机会的成本，储蓄者只要把剩余资金存入金融中介机构就可以完成储蓄，同时也可以大大节约企业寻找意愿储蓄者的时间和成本。在储蓄和投资不可细分的情形下，企业与储蓄者之间的直接融资行为，容易出现意愿储蓄量与资金需要量的不相符，储蓄量或小于或大于资金的需要量，达成交易具有一定的难度，金融市场的扩大和金融中介机构的发展可以极大地改善这一状况。作为专门的从事资金配置的金融中介机构，在金融交易过程中可以建立良好的声誉或取得政府的支持，吸引更多的储蓄者乐于将存款委托给金融中介机构，从而大大降低资金的配置成本。

在动员储蓄、聚合资金方面，效率较高的金融体系能深刻地影响经济增长，这种影响除了体现在可以对资本积累产生直接的影响之外，还能充分动员闲置的资金而改善资源配置和促进技术进步。

第五，便利交易。除了有利于动员储蓄，降低交易成本之外，金融体系还能促进分工，刺激技术创新，推动经济增长。探讨便利交易与分工、创新以及经济增长之间的关系是《国民财富的性质和原因研究》的核心。亚当·斯密认为劳动分工是生产力进步的主要因素，分工越细、专业化程度越高，人们越能发明较好的机器或生产过程。“劳动生产力最大的增进，以及运用劳动时所表现的更大的熟练、技巧及判断力，似乎都是劳动分工的结果”①，必要条件是分工所带来

① 〔英〕亚当·斯密著：《国民财富的性质和原因研究》，商务印书馆 1981 年版，第 5 页。

的效率收益要大于由于分工所带来的交易数量增加、范围扩大所需支付的交易成本。经济运行中的交易成本的高低就成为制约分工程度的基本要素，如何降低交易成本，就成为促进分工、推动经济增长过程中所必须解决的问题。货币的出现，相对于易物贸易而言，大大降低了经济交易中的成本，极大地促进了分工的发展和技术的创新，扩大了经济活动的范围，成为经济增长的重要推动力量。①

总之，金融体系的活动可以用最小的成本、最大限度地实现上述五项功能，有效提高储蓄率、储蓄—投资转化率和资本—产出比率。

2. 不同的金融工具在实现上述五项功能中的作用

(1) 间接融资金融工具的作用

间接融资金融工具的作用是通过金融中介机构来实现的，它的重要性可以通过金融机构所发行或持有的金融工具总额在全部金融资产中所占的比例来衡量，该比例关系同时反映了金融机构在整个金融体系中所处的地位。戈德史密斯认为，这一比例会随着经济的发展而不断上升，这是世界各国金融发展过程中的必然规律。金融机构是社会分工的产物，是生产专业化的表现。从金融功能的角度来看，它凭借自身的专业技能优势，较单个投资者具有非常大的优越性，可以大大降低金融体系完成五项功能的成本。

首先，金融中介能提高流动性和减少风险。假定观察个人接受冲击的成本太高而无法进行，那么，要出具与动机一致的仅由状态而

---

① 〔英〕亚当·斯密著：《国民财富的性质和原因研究》，商务印书馆 1981 年版，第 20—26 页。

定(即无交易成本)的金融契约是不可能的。在这种情况下,银行可提供活期存款给储户并且通过一种投资组合,即流动性好但回报率低的投资与流动性差但回报率高的投资组合,来提高流动性和降低风险。通过提供需要的存款以及选择合适的流动性好和流动性差的投资组合,银行在观察金融市场震荡并作出判断后分配资本达到均衡状态。由于消除了流动性风险,银行可增加在回报率高但流动性差的资产方面的投资,从而促进经济的增长。

除减少整个金融体系的流动性风险外,金融中介还可以减少与单个项目、企业、行业和国家等有关的风险。高回报率项目对储蓄者具有较强的吸引力,但高回报率项目的高风险又超过了个人投资者的承受能力,这会阻碍资金流向具有较高技术水平的项目。金融中介能提供交易和分散风险的工具,可以将众多储蓄者的资金集中起来,然后把它投向高回报率、高风险项目,由众多的储蓄者共同承担风险,可能发生的损失在个人的承受能力之内,而成功后又都可以分享到高回报率项目的高利润。

其次,单个储蓄者信息的低效率和高成本促使了金融中介的出现。例如,假设存在一种获得生产技术信息的固定成本,如果没有金融中介,每一个投资者都必须付出固定成本。但是,鉴于这样的信息成本结构,由个人组成的群体可能形成(或联合使用)金融中介来节约获取和处理投资信息方面的成本。不需每个人具有评估技术和单独进行评估,金融中介能替代所有成员做此工作。除了认定最好的生产技术外,金融中介还能通过判定具有最好的机会、能成功地开发新产品并投入生产过程的企业来提高技术创新率。

第三,金融中介能减少监督成本。如果债务人必须从债权人那里融资,金融中介能减少监督成本。金融中介能动员大量分散的储蓄,并将这些资源借给项目业主。因为债务人是由金融中介而不是单个的储蓄者进行监督,所以这种代表性的监督安排节约了累积的监督成本。除了减少重复监督外,便于联合控制的金融系统也能使企业的所有权与经营权有效分离成为可能。根据比较优势原则,这反过来又有利于生产的有效分工。但是代表性的监督安排导致了一个潜在的问题:谁监督监督者?不过,如果金融中介持有分散的证券组合,而且经纪人能较容易地证实金融中介的证券组合是分散的,储户无须监督金融中介。利用合理分散的证券组合,金融中介总能支付存款利息给存款者。所以,通过降低监督成本,合理分散的金融中介能培植有效投资。此外,当金融中介和企业发展了长期的合作关系后,还能进一步降低信息成本。

第四,金融中介机构可以降低动员储蓄的成本。因为动员储蓄存在交易成本和信息成本,所以金融体系大量的金融安排是为了减少这种摩擦,便利聚集资金。特别是,动员资金涉及在募集资金的生产单位和有剩余资金的经纪人之间建立多边契约。联合证券公司中许多个人投资于新企业,就是多边动员资金的典型例子。为了节约与多边契约有关的交易和信息成本,聚集资金可以通过金融中介进行。在这里,数以千计的投资者将其财富委托给金融中介,金融中介再投资于数以百计的企业,动员储蓄的成本会大大降低。

第五,可以便利交易。现代的金融中介通过以下三个渠道把降低交易成本的作用向前推进了一大步。其一,金融中介机构的结算功能。货币现金在交易中存在着许多的不足之处,如大额交易时现金携带的不安全、不方便,清点时的繁琐,远距离交易时这种不足更加突出。这些不足会极大地限制交易的空间范围、金额和交易的次数,不利于经济发展。金融中介机构所提供的非货币化结算则使交易的速度大大加快，极大地拓展了交易的空间范围并突破了金额的限制，降低了交易成本，促进了社会分工。其二，金融中介机构的信用创造功能。在交易过程中经常出现延期支付的问题，交易双方之间经常会因为所获资信信息的不可能或高成本（国际贸易中该问题更加突出）而导致许多交易难以进行，限制了交易的范围和数量，或因为错误的资信信息造成信用供给者的利益损失。金融中介机构的出现能在很大程度上改变上述状况。作为资金流动中枢的金融中介结构，对企业或个人的资金状况、信用的历史记录等方面信息掌握相对比较充分，能够比较准确地判断一笔即将发生的信用可能存在的风险。金融中介机构可以把这些信息提供给信用供给者，帮其更好地作出决策，这时的金融中介机构相当于一个信息中介；它也可以为它认为有较好信用状况的企业或个人提供信用担保或是直接提供借贷，促成交易的完成。总之，金融中介机构会通过自己的活动，减少交易中的不确定性，降低交易风险和成本，扩大交易的范围和数量。其三，金融体系经历一个从无到有、从小到大、从简单到复杂、从一国范围到整个世界的发展历程，它的出现本身就是社会分工的结果，它的发展是社会分工深化的一个重要方面。同时金融体系的出现和发展本身也促进了整个社会的分工，大大加快了资金融通的速度，并运用专门的知识技能推动金融向更深、更广的方向发展。金融体系的出现也大大便利了整个经济的交易，促进了社会分工和生产专业化的发展，提高了生产力的发展水平。

（2）直接融资金融工具的作用

直接融资包括股权融资和债券融资，这里主要讨论股票融资，并认为它们都是可以在股票市场上进行交易的。因此，对直接融资的讨论可以转化为对证券市场的讨论。

首先，证券市场的存在具有一定的必要性。

一方面，是因为金融市场上存在着逆向选择①。一个很好的例子说明了逆向选择导致了银行信贷配给行为：借款人有两个投资项目，用 $P(n)=A$ 代表收益为 n 的概率为 A，其收益的概率分布如下：项目 1，$P(0)=\frac{1}{3}$，$P(15)=\frac{1}{3}$，$P(30)=\frac{1}{3}$；项目 2，$P(0)=\frac{4}{5}$，$P(40)=\frac{1}{5}$，由于对于借款人而言，借款合同意味着损失有限，而收益却可随投资项目而变动，因此借款人有投资于高风险项目的内在激励。但作为外部人，仅从事固定利率贷款。设借款人的投资回报为 R，支付给银行 D，若 $R \geqslant D$，则支付 D 是可行的；若 $R<D$，支付则仅为 R，此时对银行来说重要的是将 D 设置在哪一水平上，因为 D 变化的同时借款人的选择也在变化，这就给银行施加了外部性。当 $R \geqslant D$ 时，企业的收益为 $(R-D)$；当 $R<D$ 时，企业的收益为 0。若 $D<15$，企业将选择项目 1，因为，$\frac{1}{3}\times 0+\frac{1}{3}\times(15-D)+\frac{1}{3}\times(30-D)>\frac{4}{5}\times 0+\frac{1}{5}\times(40-D)$；若 $40>D>15$，企业将选择项目 2；若 $D=15$，则无所谓。这说明，银行索要的利率越高，企业将会选择风险越大的项目，为了避免这种情况，银行宁愿进行信贷配给，也不愿提高利率。这样，可以支付高利率的高风险项目可能很难获得资金支持，因此会阻碍经济的增长。具有高度流动性和分散风险能力的证券市场可以提供资金满足这部分项目的需求。

另一方面，金融中介特别是银行体系在处理流动性风险时存在

---

① 金融市场上的逆向选择是指：贷款者和借款者之间存在着信息的不对称性，即有关借款者的信誉、担保条件、项目的风险与收益等，借款者比贷款者知道更多，具有信息优势。这种情况使贷款者在借贷市场上处于不利地位，为了消除不利影响，贷款者只能根据自己所掌握的借款者过去平均的信息来设定贷款条件，比如作为贷款者只能根据全体借款者的平均风险水平确定利率，而不是根据某个借款者风险程度的高低确定利率。这样就会对那些高于平均条件的优良的企业不利，后者就会退出信贷市场。这一过程的不断重复，信贷市场上的借款者整体素质就会下降，这就是所谓的逆向选择问题。

着缺陷，公开直接融资市场可部分弥补银行体系的缺陷。银行资金来源的特征是期限性，且期限一般较短，而贷款期限则通常要长一些，因为投资项目总是有一定的投资周期，这种期限的不对称性（也即流动性的不对称：负债的流动性较资产的流动性差）易使银行陷入估计不足的流动性困境中，流动性的不足又会在整个银行体系迅速传播，造成系统性风险。下面的模型可以给予解释。消费者可分为两种类型，类型1指仅关心当期消费（用时期1代表）的消费者，类型2指当期储蓄、在时期2消费的消费者。消费者可将其初始禀赋以基本的技术进行投资（即直接贷款给借款人）。在没有银行的情况下，投资者有两种选择：投资于流动性工具（没有生产性储存即没有收益）或非流动性工具（有生产性即有收益），这两种融资合同都不具有公共信息。投资于流动性工具的消费者就属于类型1，他们不得不在当期进行全部消费，投资于非流动性工具的消费者属于类型2，他们的投资属于直接投资，这种投资没有为时期2的流动性需求提供任何保险。有银行存在时情况则有所不同，银行可以为早提款者在提供流动性的同时提供大于0的收益，而为晚提款者提供少于其直接投资的收益，从而为早提款者提供了一种保险。为了保证利息的支付，银行必须将一部分资金投向不流动但有生产力的项目。因此，如果银行低估了早提款者，将没有足够的钱支付给类型2的提款者，因为存款合同隐含地规定了存款支付的时间优先原则，此时类型2的提款者将提早抽回资金，由此就会出现银行的流动性风险。这是导致银行体系脆弱性的一个原因。另一个原因是信息不对称问题的存在，包括银行与借款人之间的信息不对称和银行与监管机构之间的信息不对称。银行与借款人之间的信息不对称容易导致逆向选择和道德风险①,使银行的信贷质量下降,从而增加金融体系中的危险因素。鉴于银行在经济中的特殊地位(货币创造者),一家银行的倒闭会引致连锁反应并可能致使整个经济系统崩溃,央行通常会对整个商业银行体系予以显性的(如存款保险制度)或隐性的担保(最后贷款人),并且为保证金融体系的有效运行,央行要对商业银行体系进行严格监管,但在监管的实施过程中明显存在银行与监管机构之间的信息不对称。商业银行因央行提供担保而易产生败德行为,降低对贷款安全性的控制条件,投资于一些高风险项目,加之信息的非公开性,使外界很难正确估计银行非市场化贷款的真实价值,从而使监管失去效力,风险得以在金融体系中积累。

以上分析表明,随着风险在金融体系中的积累,银行和企业都需要新的可替代的流动性,信息公开的直接融资市场可部分满足这种流动性需要,其二级市场的交易连续性创造了很好的流动性来源,缓和了金融体系的风险。

其次,证券市场存在具有重要意义。

一方面,它可以大大降低流动性风险。经济学家近期建立了证券市场因流动性风险而产生的模型,并且研究了证券市场是怎样影响经济增长的。他们认为,投资者通过在两种投资(即流动性差但回报率高的项目和流动性强但回报率低的项目)之间作出选择来应对市场震荡。在流动性差的项目尚未生产前,承受冲击的投资者可能想变现其投资,这种风险便引发了一种投资于流动性好但回报率低的项目的刺激。这个模型假定检验另一个人是否会承担冲击的代价是很高的。这种信息成本假设产生了一种证券市场出现的

① 金融市场上的道德风险是指借款者取得贷款后,可能改变原来的承诺,从事高风险投资或者故意逃废债务,致使贷款不能归还。

刺激，这种证券市场是个人能发行和交易证券的市场。承受冲击的储蓄者能将其利润高但流动性差的生产技术型股票卖给其他人。但由于市场参与者不能证实其他人是否接受冲击的风险，所以他们只能简单地在不记名交易所进行交易。这样，在有流动证券市场的条件下，股票持有者能随时卖出其持有的股份，同时，企业能长期持有最初股票持有者投入的资金。通过便利交易，证券市场降低了流动性风险。

另一方面，证券市场可以降低获取信息的成本。直观地讲，在具有较强流动性的市场，经纪人更容易将已经获取的信息秘而不宣从而赚钱。这样，规模大而流动性强的证券市场能产生获取信息的刺激，而且充分利用好公司的信息能在经济增长的意义下有力地改进资源配置。对于那些流动性强且效率高的大证券市场在提供和传播有关企业信息方面的重要性目前仍有争议。证券市场通过公布价格从而聚集和传播信息。即使经纪人因成本昂贵而不从事公司、经营者和市场条件的评估工作，也能观察到其他人搜集的反映信息变化的证券价格。但是，这样披露信息而显示的公共产品是事实发生后的公共产品，也就是当价格真正发生了上涨或是下跌，人们才能通过价格的变化获取相应的信息。而此时，对于经纪人来说，投资的机会及获利的可能已经失去了。在市场信息获得方面领先一步，预先判断价格的走势是经纪人必须去做的。而证券市场的高透明性和敏感性能够很好地反映经济生活中出现的各种情况对经济增长的影响和作用，可以以低成本向投资者传递信息。

此外，证券市场也可以改善对经营者的监督，强化联合控制。例如，在有效地反映企业信息的证券市场，公开交易股票能允许所有者将管理补偿和证券价格联系起来。将证券运作和管理补偿联系在一起有利于使管理者的利益与所有者的利益相一致。与之相似，如果在发达的证券市场,接管更为容易,那么通过对这种经营不善公司的轻易接管,较好的证券市场有可能加强联合控制。被接管的危险将有利于对经营者和所有者都产生刺激。

尽管证券市场在金融体系中发挥着重要作用,但它并不能代替金融中介特别是以银行为核心的间接融资。这主要是因为,以银行为基础的间接融资和以市场为基础的直接融资在处理信息不对称问题方面有着不同的优势和劣势,从而决定了两者并存的金融结构特征。但银行在此方面较具优势,因为银行为社会提供支付清算服务,拥有有关企业的详细信息,并且银行的经营存在规模经济。此外,银行还受其资金来源短期化和资本金所占比例较小的约束,这使其有足够的动力去收集信息,监督企业的经营行为,利用较股权合同更有约束力的债权合同约束借款人,并由此有效地防止借款人的逆向选择和道德风险问题。而在直接融资市场上,虽然对内部信息的公开披露有严格的要求,但信息不对称问题要比间接融资严重得多,个人获取信息的成本高昂且会产生"搭便车"问题,也没有足够的动力去监督借款人。尽管信息不对称问题在股权市场上没有逆向选择问题,但会使代理成本极为高昂,从而使该市场的融资功能受到限制。因此,资金在融资双方之间的转移不会仅通过公开融资市场进行,银行信贷体系仍将占有一定位置。直接融资市场还有较高的进入壁垒。对于个人和小企业来说,公开市场融资要求的基本成本(如为提高声誉所必需的宣传、担保、抵押等成本)太大而难以承担。此外,为保证一个均衡交易价格的产生,披露足够的信息(小企业一般难以达到规范的会计准则的要求)以及可交易规模达到一个最低限度是必要的,通过公开市场融资的方法对这类筹资人而言并不可取,而从银行获取信贷反而更具成本优势。

四　我国区域金融结构的改善

（一）我国东西部区域金融结构的比较研究

我国中部地区和西部地区金融发展都表现为发展相对速度较快，但增长的质量非常低，并有阻碍经济增长的隐忧。它们和东部地区金融发展的差距远大于中西部地区之间的差距。在此，考虑到国内区域金融结构差距分析的必要性和数据的可得性，主要考察东部和西部金融结构的差异。

考虑到获取数据的容易程度和数据本身的质量，在此选择了对区域金融结构进行定量描述的第三种方法，即用规模指标、行为指标和效率指标来比较东部和西部金融结构的差异性。在此，主要选取了以下几个指标：(1)金融机构存款余额/GDP，用于衡量金融中介规模；(2)银行贷款余额/GDP，用于衡量银行部门总规模；(3)股票市值/GDP，用来衡量金融市场规模；(4)存款货币银行在私人部门贷款/GDP，用于考察银行系统的市场化程度；(5)银行集中指数，用四大国有商业银行存款在国内同期金融机构存款总额比重来表示，用于衡量银行体系效率，按照一般规律，竞争性强的体系效率更高，即银行集中度越小，银行体系效率就越高；(6)国内股票交易市值/GDP，用于股票市场行为的检测，同时可用来检测市场效率。

在此选取了东西部23个省市的数据。东部包括北京、天津、河北、辽宁、上海、江苏、浙江、福建、山东、广东、海南11个省市，西部包括广西、内蒙古、重庆、四川、贵州、云南、西藏、陕西、甘肃、青海、宁夏、新疆12个省市区。表3-1中数据的选取时间段为1996年至

2001年，由于统计资料限制，时间不一定一致，取时间段内的平均值，以求能够反映地区间的排序及地区间金融结构的真实情况。

表3-1 东西部金融结构描述指标

地区	人均GDP（元）	金融机构存款余额/GDP	银行贷款余额/GDP	股票市值/GDP	存款货币银行在私人部门贷款/GDP	银行集中指数	股市成交额/GDP
东部	13 552.72	1.45	0.78	0.24	0.07	0.61	1.82
西部	3 909.04	1.14	1.00	0.18	0.03	0.73	0.95

资料来源：《中国金融年鉴》、《中国金融统计》、《中国证券期货统计年鉴》、《中国股票市场统计分析》。

首先，在规模指标方面，从表3-1中对金融中介规模和金融市场规模进行检测的两大指标可看出，金融机构存款余额/GDP和股票市值/GDP的检测结果均显示：以东部地区人均GDP远高于西部地区为背景，东部地区金融中介和金融市场的规模更大。与此相反的是，东部地区银行部门总规模小于西部地区。其次，从衡量银行行为的指标——存款货币银行在私人部门贷款/GDP来看，东部为0.07，而西部为0.03，明显低于东部，表明东部银行的行为更市场化。第三，从效率指标来看，衡量银行体系效率的银行集中度指标显示，东西部均呈现出较高的集中度。一般认为，银行集中指数≤40%，为低集中度；40%≤银行集中指数≤60%，为中集中度；60%≤银行集中指数≤80%，为较高集中度；银行集中指数≥80%，为高集中度。虽然东部和西部地区的银行集中度均较高，但东部的集中程度明显低于西部，表明东部银行体系竞争性较强，银行体系效率较高。从股市成交额/GDP指标来看，东部值1.82，明显高于西部值0.95，表明东部股票市场更活跃，流动性更好。

综合来看,东部地区和西部地区比起来,金融中介和金融市场规模更大,银行的行为更市场化,银行体系效率更高,金融市场更活跃,流动性更好。这也印证了区域经济发展水平与区域金融结构发达程度相适应的观点。

这一结果从一个侧面显示出我国区域金融结构基本上是以银行业和间接融资为主、以直接融资和资本市场为辅的金融结构。但这并不能表明我国形成了类似德、日的银行主导型的BS金融结构,我国各地区的金融结构应该被称为"一个特殊的政府主导型金融结构",而其特殊性主要表现在政府与绝大部分企业对银行形成刚性依赖的同时,证券市场较之西方发达的金融市场相去甚远,信息不对称现象比较严重,而且政府的管理不够完善和有力。

(二)我国区域金融结构的改善

帕累托式改进是指在保证其他群体的利益不受损害的条件下,通过调整和改进可以增加某一群体的利益。反之,如果某一群体的利益增加必须以另一个群体的利益牺牲为代价,就不存在帕累托式改进空间,所作的调整就是非帕累托式的。在我国区域金融结构的调整中,金融市场化这一世界范围内普遍性的金融发展规律在我国的经济发展和金融深化中也开始发挥作用。在金融市场化的大趋势下,区域金融结构的调整路径是直接融资比重相对上升,而间接融资比重相对下降。这种调整是否是一种帕累托式的调整?也就是说,银行业是否会在区域金融结构调整中受损,是否应该缩小银行的边界来支持直接融资的发展?

一方面,我国实体经济增长促生了大量金融服务需求,引导直接融资比重相对上升。金融体系是为实体经济的发展服务的,它对经济发展和增长的作用,只能通过它是否满足了实体经济的需要来判断。从这一层面上来说，区域金融结构调整的总量空间是由区域经济社会对金融服务的需求决定的。区域实体经济的高速增长而引起的对金融服务的潜在需求，足以为我国金融结构的帕累托式改进提供广阔的空间。

另一方面，在金融市场化进程中，商业银行和资本市场可以形成有效互补，不会导致银行业在区域金融结构调整中受损。商业银行可以为资本市场创造新的金融产品交易市场，并且增加现有市场的交易量；而资本市场也能为商业银行创造的金融产品提供标准化的交易市场，从而降低其交易成本。

具体说来，我国区域金融结构的改善措施可以归纳为以下几点：

1. 区域金融结构调整的主线是推进直接金融工具的多元化和金融市场的分层化，进而构建功能更为强大、向实体经济渗透力更强的直接金融体系。在我国间接金融发展已经相对成熟、自身功能有限的条件下，区域金融结构调整所依靠的主要手段是发展直接金融。可以不断探索和创新直接金融的发展路径，如支持股票市场发展的存量与增量空间，推动企业债券市场发展，开发新的直接金融工具等。

2. 建立多层次的专门为中小企业服务的中小资本市场体系。一方面，为了满足达不到二板市场资格标准的中小企业资金需求，应发展区域性小额资本市场，通过推动如产权交易市场、私募资金等各类低端资本市场的发展，形成区域性市场和全国性市场有机结合的资本市场体系。另一方面，要加紧制定风险投资的法律、法规、政策，完善资产评估体系，尽早解决建立、完善风险投资组织机构和风险资本市场退出机制的问题。

3. 各金融部门应努力提升向区域经济渗透的能力。虽然各种金融市场、金融机构、金融工具都会受惠于区域经济增长与经济货币化、金融化带来的好处，获得绝对规模拓展的空间，但是，区域内各金融部门之间的竞争替代仍然存在，关键的问题是各金融部门能否在这个过程中通过有效的金融市场创新、金融工具创新、金融服务创新以及其他制度创新来吸引和发掘潜在的金融服务需求，提升向区域经济渗透的能力。

第四章　区域金融市场

作为区域金融研究重要组成部分的区域金融市场，不仅起到了优化区域金融结构的作用，而且为区域金融中心的形成创造了良好的条件。但目前我国的区域金融市场还不够成熟，发展的空间还很大，建立、健全区域金融市场体系是构造新型金融组织体系和市场化金融运行机制的重要内容。因此，我国在向社会主义市场经济体制转轨过程中，必须适时、适度发展区域金融市场。本章首先论述了区域金融市场的理论基础——金融市场，并界定了区域金融市场理论的基本内涵，然后借鉴国外先进经验，结合我国实际，分别探讨了区域金融市场理论中的区域利率差异和信贷资金的区域化配置问题。

一　金融市场与区域金融市场概述

（一）金融市场概述

1. 金融市场的概念

金融市场是指资金供给者与资金需求者从事资金融通活动的场所。由于资金融通是通过便利资金转移的金融工具来进行的，所以，金融市场又是以金融工具或金融资产为交易对象的资金供给者和需求者相互汇合，依照竞争原则共同决定价格（利率或收益率），最终完成资金交易的场所。[①] 金融市场有狭义和广义之分。狭义的金融市场仅指以有价证券和票据为交易对象的融资活动。广义的金融市场则是指各金融机构之间、金融机构与客户之间、客户与客户之间进行的所有资金交易，包括存贷款、票据抵押、贴现、股票债券买卖、保险、信托和租赁等全部的金融活动。

2. 金融市场的特点

（1）金融市场实质是把货币资本作为商品来买卖的市场

金融市场的交易对象是单一的同质性的资金，是为了获取收益而使用的货币资本，是以利率为价格的金融商品。

（2）从交易场所来看，金融市场是一种不受固定场所限制的市场

在发展的最初阶段，金融市场一般都是有形市场，即有固定的地点和工作设施。随着金融交易活动的频繁发生以及经济和科学突飞猛进的发展，计算机、电传、电话和网络等高新技术使金融交易突破地域的限制，将整个人类世界联系成一个巨大的金融市场，金融市场由有形转为无形。

（3）高风险与高收益并存

金融商品以利率为价格，利率的变动主要取决于货币商品供求状况，它不同于物质商品的价格以价值为中心波动的情况。金融商品的价格波动很剧烈，而且波动幅度也很大，可能远超过平均利润率，也可能降为负利率。

---

① 参见何国华、韩国文、宋晓燕著：《金融市场学》，武汉大学出版社 2003 版，第 1 页。

3. 金融市场的参与者

金融市场的最初产生仅仅是一些资金盈亏的企业、个人和简单的金融中介机构间的相互借贷。随着金融市场和经济的发展，金融中介机构也丰富和发展起来，成为包括商业银行、中央银行、证券投资公司和保险公司等在内的庞大而复杂的金融系统。不仅如此，现代金融市场的参与者已扩大到经济生活的各个部门，还包括工商企业、个人、政府机构和各种基金会等，充当金融市场中的资金供应者、资金需求者、金融中介人或管理者等身份。

4. 金融市场的分类

（1）按金融交易合约性质的不同，分为现货市场、期货市场和期权市场

现货市场是指立即进行交割的交易市场。期货市场是指交易协议达成后，在以后某一约定时间交割的交易市场。期权市场是期货市场的延伸和扩展，期权市场买卖的是标准化合约。期权的持有者有权在某一确定时间以某一确定价格购买或出售标的资产，也可以放弃这个权利。

（2）按金融工具上约定的期限的不同，分为货币市场和资本市场

货币市场是以期限在一年以内的票据和有价证券为交易对象的短期金融市场。资本市场是指期限在一年以上的金融资产交易市场，又可分为银行中长期存贷款市场和有价证券市场。

（3）按金融交易中金融中介机构发挥的作用不同，分为直接金融市场和间接金融市场

直接金融市场是指资金供给者直接向资金需求者进行融资的市场，包括企业向企业、企业向个人的直接资金融通，还包括企业通过发行债券和股票方式进行的融资。即使是企业的直接融资,也常常经由金融中介机构代理。间接金融市场是指以银行等信用中介金融机构为媒介来进行资金融通的市场。

(4) 按交易标的物分为票据市场、证券市场、外汇市场、黄金市场等

票据市场是以各种票据为媒介进行资金融通的市场,按照票据的种类,又可分为商业票据市场、银行承兑票据市场和大额可转让存单市场。证券市场是股票、债券(中长期)的发行和买卖场所,包括证券发行市场(一级市场)和证券交易市场(二级市场)。外汇市场的交易对象是各种外币或以外币计价的票据及有价证券。另外,还有黄金生产者和供应者同需求者进行交易的黄金市场。

(5) 按成交和定价方式不同,分为公开市场、议价市场、第三市场和第四市场

公开市场上金融资产的交易价格由众多市场主体以公开竞价拍卖的方式形成,并且只卖给出价最高的买主。议价市场上金融资产的交易通过私下直接谈判成交,又称场外交易。第三市场是指在场外市场从事已在证券交易所挂牌的证券交易。第四市场指作为机构投资者的买卖双方为降低交易成本,通过网络报价寻找买方和卖方,不通过中介人直接进行交易的市场。

(6) 按金融市场作用范围的不同,分为区域金融市场、全国金融市场和国际金融市场

区域金融市场活动较为集中、频繁,是自然形成的或由政府事先制定的金融市场。国内金融市场是指全国性的金融资产交易市场。国际金融市场是指各种国际金融交易活动的场所。

5. 金融市场的功能

(1) 聚敛功能，即将储蓄转化为投资的功能

这是金融市场最基本的功能，其他各种功能都是它的派生。金融市场创造了金融资产的流动性，资金需求者可以很方便地通过金融市场直接或间接地获取资金，而资金供应者也可以通过金融市场找到满意的投资项目。此外，金融市场上多样化的融资工具也为资金供应者提供了多种融资渠道，来实现所投资金效用的最大化。

(2) 分散风险的功能

企业、个人可以通过储蓄来进行“自我保险”，即持有一定的金融资产，以应付未来发生损失的风险。金融市场上出售名目繁多的保险单，可以分散个体的风险。这些风险通过金融市场分散到某些企业单位、某些行业甚至分散到不同的经济地区乃至国家，从而保证了投资者的利益。

(3) 实现借贷资金转换

当商业银行有超额储备时，可以在货币市场上随时拆出或购买短期证券或票据；在资金不足时可随时收回，变成现款。另外又表现为短期资金接续成为长期资金。有价证券具有的可分割性和流动性，使各种短期资金可以大胆地用来购买长期证券，在急需现款时，又可在金融市场上将其出售来获得现款。

(4) 信贷功能

各种有资金需要的经济实体都可以在金融市场上获得及时的资金融通。如消费者贷款购买房产、日用品、汽车等；企业融资以购置原材料，建新厂房，发放工资以及派发股息等；政府部门借债进行公共设施建设，弥补财政赤字等。

(5) 为经济活动提供信息参考

金融市场上资金的供求状况决定利率的水平，利率水平的升降

就成为社会资金供求状况的最灵敏的指示器：当资金供不应求时，利率上升，相反，当资金供过于求时，利率则相应下降。金融市场发出的这种金融信息，可以影响企业的投资方向，并作为中央银行和国家金融决策的参考。

（二）区域金融市场

1. 区域金融市场的内涵

对于区域金融市场的内涵，目前国内外还没有比较确切的界定。为此根据国内外相关文献的记载以及国内外区域性金融市场的主要特征，对区域金融市场的概念作出如下描述：区域金融市场是指金融市场在空间上的区域化分布。这一概念应从以下几方面加以理解：

(1)区域金融市场是在金融市场的基础上产生的。区域金融市场具有与金融市场相同的某些特征，如市场的参与者相同，市场结构相同，作用相同等。

(2)它带有区域性色彩，即在各个地区或区域会出现不同程度的差异性。

(3)由于区域金融市场是属于中观层次的金融市场，既区别于宏观性的金融市场，又不同于微观主体的金融市场。因此它研究的是某一特定范围内金融市场参与者的特点及区域性市场状况，而不探讨宏观金融市场的共性，也不仅仅反映市场的某个或某些微观参与者的情形。

2. 我国区域金融市场的划分

按区域划分不同，区域金融市场可以有不同的划分。结合我国东、中、西三个板块的划分，可将我国的区域金融市场分为东部区域金融市场、中部区域金融市场和西部区域金融市场。而若按照八大经济区来划分，我国的区域金融市场可以分为：南部沿海区域金融市场、东部沿海区域金融市场、北部沿海区域金融市场；东北地区区域金融市场；长江中游区域金融市场、黄河中游区域金融市场；西南区域金融市场和西北区域金融市场。

目前，国内外学术界对区域金融市场的研究还未成熟，还没能形成一个比较科学、完善的系统或体系，研究的视角也不尽相同，但普遍都以区域利率差异、区域信贷市场和决定区域信贷可用性的因素等问题为主要研究内容。

二 区域利率差异的国际比较

（一）美国的区域利率差异

对区域利率差异的研究始于19世纪末期，相关的文献大都是关于美国的区域利率差异的研究，这些文章可分为三大类。

1. 区域利率和国家利率间的关系，即有效市场方法

凯莱赫（Keleher）估计了美国1965年1月到1977年12月新房与旧房的担保贷款和1967年1月到1976年4月企业贷款（长短期银行贷款及信贷银行的贷款）的区域利率决定模型，得出结论：区域金融市场为一体化。金融资产的成本、风险和同质性的不同是区域利率差异存在的原因。

2. 检验区域间存款的流动对区域利率差异的敏感性

策布拉和扎哈罗夫（Cebulla and Zaharoff，1974）利用美国1950—1971年的金融数据构造了区域利率模型，得出区域存款对区域利率差异不敏感的结论。然而，这并不意味着金融市场必然被分割，而是区域间风险和成本的差异会导致区域间存款转移不可能赢利。

3. 影响区域利率差异的因素

影响区域利率差异的因素主要包括市场结构因素（如机构数量、集中率、利率上限等）、存款压力等需求因素；银行经营不善、银行失败等供给方的风险和违约等需求方的风险因素；区域间交易成本的差异因素；与中央货币市场的距离（距离的远近会影响银行获取信息的数量和质量）。

以上诸多影响区域利率差异的因素中最重要的是：成本因素或风险因素。亨德森（Henderson，1944）分析了这两个因素对美国19世纪20、30年代区域利率差异的影响程度，认为影响区域利率差异的因素主要是成本因素，而不是风险因素。而罗克夫（Rockoff，1977）分析美国1870—1914年间某些区域的利率差异，认为之所以存在较大的利率差异主要是由银行经营不善等风险因素导致的，而不是成本因素。

爱德华兹（Edwards，1964）则认为区域信贷市场的集中率是影响区域利率差异的主要因素。他发现美国1955—1957年地方银行市场集中率和区域利率差异有直接的关系。阿斯平沃尔（Aspinwall，1979）也认为市场结构因素是影响区域利率差异的主要因素。

一些学者则认为区域间的利率差异是由各种因素综合作用的结果。沙夫(Schaaf,1966)利用美国1964—1974年10年间的数据检验需求因素、风险因素与中央货币市场的距离因素对区域担保利率差异的影响程度。但是温格(Winger,1969)认为沙夫用借款/价值比率作为风险测定指标是不合理的,因为不同的贷款人对相同风险的反映和资产偏好都不同。

(二) 英国的区域利率差异

在对英国的区域利率差异的研究中,麦基洛普和哈钦森(McKillop and Hutchinson,1990)发现中小企业贷款的区域利率差异是存在的。但大企业的区域利率差异是不存在的,并指出这是银行间竞争力增强的结果。他们认为,通常情况下孤立区域的利率比较高,但个人融资则正好相反。他们得出的结论是:利率费用在这三个区域(英格兰和威尔士、苏格兰和北爱尔兰)[①]大体相等,或者英格兰和威尔士较高。但这仅限于利率费用,并没有考虑与银行费用和担保要求相关的贷款过程中的其他费用。

(三) 意大利的区域利率差异

在对意大利南部和北部的区域利率差异的研究中,达米科等(D'Amico,1990)发现这两个地区间的利率差异是存在的,并认为区域利率差异是由人均GDP的不同和贷款人的部门和规模不同造成的。这两个变量可以解释意大利1969—1988年区域利率差异的90%之多。

① 英格兰和威尔士算在同一区域中。

三 我国区域利率差异

(一) 区域利率差异的基础——利率市场化

1. 利率市场化的概述

利率市场化是指利率的决定不是由中央银行直接管制,各商业银行可根据金融市场上的资金供求状况和中央银行的间接指导性信息,即主要通过市场机制和价值规律机制的作用,来确定以及调整利率。

利率市场化具有以下特征:

(1)利率的数量结构、期限结构和风险结构由市场因素主导。

(2)资金交易的主体享有利率决定和调整权。资金借贷双方有权按照其资金交易的规模、使用期限、担保能力强弱等实际情况来确定借款成本——利率的高低,还可以根据条件的变化提高或降低利率。

(3)将短期国债利率或同业拆借利率作为金融市场利率的基本标准。这是因为短期国债和同业拆借是金融市场上交易量最大的两项业务,关于它们的信息曝光程度也最大,所以这两者的利率是最具代表性的市场利率。

(4)中央银行影响金融市场利率的方式是间接的。因为中央银行自始至终都是金融市场的宏观调控者,它具有各种中观和微观层次的市场参与者所不可能具有的作用,所以利率市场化也同样不能促使中央银行放弃对金融市场的任何操作,只是将直接的管制弱化为间接的调控，如通过公开市场业务影响金融资金的供求状况，间接影响利率水平。

2. 区域利率差异的基础

从利率市场化的含义和特征中可以看出，利率市场化会带来利率的灵活性和多样性，也同样会带来利率的区域化。因为特定区域的金融市场中的参与者所面临的市场条件是相同的，虽然每个参与者的担保能力和风险偏好等不尽相同，但也会形成有地方特色的利率决定与调整方式。各个区域间则会存在差异，而且区域利率会与国家利率有所差异。如果利率未市场化，由中央银行直接管制并确定区域间的统一标准，区域间利率就会相同，区域利率等同于国家利率，就不会存在区域利率差异了。

（二）我国的利率市场化

1. 我国利率市场化的提出

我国政府非常重视我国的利率市场化改革。1993 年，党的十四大《关于金融体制改革的决定》提出，我国利率改革的长远目标是：建立以市场资金供求为基础，以中央银行基准利率为调控核心，由市场资金供求决定各种利率水平的市场利率体系的市场利率管理体系。

党的十四届三中全会《中共中央关于建立社会主义市场经济体制若干问题的决定》中提出，中央银行按照资金供求状况及时调整基准利率，并允许商业银行存贷款利率在规定幅度内自由浮动。

2003 年，党的十六大报告提出：稳步推进利率市场化改革，优化金融资源配置。

党的第十六届三中全会《中共中央关于完善社会主义市场经济体制若干问题的决定》中进一步明确“稳步推进利率市场化，建立健全由市场供求决定的利率形成机制，中央银行通过运用货币政策工具引导市场利率。”①

人民银行将在利率市场化方面加大工作力度，利率市场化改革将加快进程，这对商业银行的发展将产生深远影响，同时也将对各地区的经济发展产生不可估量的影响。

2. 我国利率市场化的实行

(1) 我国利率市场化的基本思路

根据十六届三中全会精神，结合我国经济金融发展和加入世贸组织后开放金融市场的需要，人民银行将按照先外币、后本币，先贷款、后存款，存款先大额长期、后小额短期的基本步骤，逐步建立由市场供求决定金融机构存贷款利率水平的利率形成机制，中央银行调控和引导市场利率，使市场机制在金融资源配置中发挥主导作用。②具体内容如下：

第一，以货币市场的利率市场化为突破口。货币市场的主体是各金融机构，货币市场的利率容易受货币当局的监管和控制，而且由于其示范性较强，因此以其作为利率市场化改革的突破口，可以加强货币政策意图的传导。

第二，先外币、后本币，即先放开外币存贷款利率，后放开人民币存贷款利率。这是因为外币利率的形成机制受该外币发行国的市场供求的影响，对于我国中央银行来说是一个外生变量，所以我国央行

① 摘自中国人民银行网：“利率市场化介绍”。

② 同上。

不能无视该外币发行国的市场供求，对其实施人为的管制，这在我国资本账户开放以后必然会形成资本的外逃。这一步骤已于2000年9月21日实施。

第三，先贷款、后存款。贷款利率先于存款利率放开是因为我国商业银行自我约束力差，如果存款利率先放开，非常容易引起银行间提高存款利率的恶性价格竞争，加大金融风险，危及金融系统的安全。而银行贷款竞争的激励程度受借款人借款愿望的约束，竞争的程度相对减弱。

第四，先大额、后小额。大额存款利率市场化要先于小额存款利率市场化是因为大额客户的市场选择机会较多，很容易向市场化利率的金融产品转换，如果仍被管制的大额存款利率低于已被放开的小额存款利率，那么大额存款就会通过迅速转换为小额存款利率来规避管制。而小额客户的市场选择机会较少，对银行的经营影响较小。

第五，先长期、后短期。长期存款利率市场化先于短期存款利率市场化是因为短期存款向长期存款转换需要受到流动性的限制，而长期存款转换为短期存款很容易。如果短期存款利率提高会导致长期存款向短期银行存款转换，将会加大银行的流动性风险。

(2) 我国利率市场化的改革进程

1996年6月1日人民银行放开了银行间同业拆借利率。1997年6月放开银行间债券回购利率。1998年8月，国家开发银行在银行间债券市场首次进行了市场化发债。1999年10月，国债发行也开始采用市场招标形式，从而实现了银行间市场利率、国债和政策性金融债发行利率的市场化。

1998年，人民银行改革了贴现利率生成机制，贴现利率和转贴现利率在再贴现利率的基础上加快生成，在不超过同期贷款利率(含浮动)的前提下由商业银行自定。再贴现利率成为中央银行一项独立的货币政策工具,服务于货币政策需要。

1998 年、1999 年人民银行连续三次扩大金融机构贷款利率浮动幅度。2004 年 1 月 1 日,人民银行再次扩大金融机构贷款利率浮动区间。商业银行、城市信用社贷款利率浮动区间扩大到[0.9,1.7],农村信用社贷款利率浮动区间扩大到[0.9,2],贷款利率浮动区间不再根据企业所有制性质、规模大小分别制定。2004 年 10 月 29 日,金融机构人民币贷款利率基本过渡到上限放开、实行下限管理的阶段,并允许存款利率下浮。扩大商业银行自主定价权,提高贷款利率市场化程度,企业贷款利率最高上浮幅度扩大到 70%,下浮幅度保持 10%不变。在扩大金融机构人民币贷款利率浮动区间的同时,推出放开人民币各项贷款的计息、结息方式和 5 年期以上贷款利率的上限等其他配套措施。

1999 年 10 月,人民银行批准中资商业银行法人对中资保险公司法人试办由双方协商确定利率的大额定期存款(最低起存金额 3 000 万元,期限在 5 年以上不含 5 年),进行大额长期存款利率市场化尝试。2003 年 11 月,商业银行农村信用社可以开办邮政储蓄协议存款(最低起存金额 3 000 万元,期限降为 3 年以上不含 3 年)。

2000 年 9 月 21 日,放开外币贷款利率和 300 万美元(含 300 万)以上的大额外币存款利率;300 万美元以下的小额外币存款利率仍由人民银行统一管理,开始积极推进境内外币利率市场化的进程。2002 年 3 月,人民银行统一了中资与外资金融机构外币利率管理政策,实现中外资金融机构在外币利率政策上的公平待遇。2003 年 7 月,放开了英镑、瑞士法郎和加拿大元的外币小额存款利率管理,由商业银行自主确定。2003 年 11 月,对美元、日元、港币、欧元小额存款利率实行上限管理,商业银行可根据国际金融市场利率变化,在不超过上限的前提下自主确定。中国人民银行累计放开、归并或取消的本外币利率管理种类为119种，目前，人民银行尚管理的本外币利率种类有29种。[①] 2005年7月21日宣布人民币与美元脱钩。

2005年3月17日，经国务院批准，金融机构在人民银行的超额准备金存款利率由现行年利率1.62%下调到0.99%。

2005年5月24日开创短期融资券市场，实行注册制，完全放开短期企业融资券利率管制。

（三）我国区域利率制的实行

新中国成立以来，我国一直在调整对利率的管制。中共十一届三中全会以后，党中央、国务院强调要自觉运用各种经济杠杆工具管理经济，中共十四届三中全会《关于建立社会主义市场经济体制若干问题的决定》指出："中央银行按照资金供求状况及时调整基准利率，并允许商业银行贷款利率在规定幅度内自由浮动。"可以看出，我国的利率改革在向利率市场化的方向不断迈进。但是，我国是地区经济水平和资源分布都极不平衡的国家，党和政府早在制定十年规划和"八五"计划时就提出了地区经济政策。目前我国各地区还是不可以根据自身特点自由浮动利率的，这与区域经济不同发展水平不相适应。统一的利率使利息负担不合理，经济不发达的地区和基础产业集中的地区利息负担偏重，资金成本高的偏远地区银行存、贷利率倒挂的负值更是无力承受。利率不能正常发挥其调节经济运行的功能。因此，有必要实行区域利率制，以便使利率能更好地促进区域经济乃至全国经济的发展。

针对目前我国经济发展现状以及各区域金融市场的状况，可以

---

① 摘自中国人民银行网："利率市场化介绍"。

建立以中央银行基准利率为中心，并在国家规定的范围内，分级分层制定和调整利率的区域利率制度。

1. 以不同资金收益率和信贷资金成本为依据确定区域利率水平

(1)中国人民银行的各级分行与同级的物价和金融等部门相互配合，定期测算各区域的信贷资金收益率，并根据各区域金融部门的资产负债状况，测算出信贷资金成本，向社会公布各区域信贷资金的收益和成本。中国人民银行总行以此为根据，制定全国再贷款、再贴现利率，各级分行以此为中心，结合当地信贷市场状况，制定再贷款、再贴现利率。

(2)根据当地人民银行公布的资金利润率，参考本地区资金总供求状况以及各行业的利润水平和组织资金的成本，区域专业银行(除基层专业银行外)在国家规定范围内，制定出适应本地区金融和经济发展需要的区域利率和各行业、各产品的浮动利率。

(3)构建区域利率决策机构，由当地的政府、财政厅、计划委员会、中国人民银行分行、专业银行等负责人组成。其职责是有效地在利率上贯彻国家的方针政策，使区域利率能够准确地制定和调整，并兼顾利率制定过程中上、中、下各级和信贷资金的供给双方的利益。

2. 明确各级各层管理职责

(1)始终坚持中央银行基准利率的中心地位不动摇。区域利率并不是按各地区意愿自行制定出来的，它必须建立在国家基准利率的基础之上。中央银行是全国金融市场的主导者，它只能相对下放部分管理权，而不是全部权力。中央银行应站在宏观的角度，搞好再贷款、再贴现利率和政策性贷款利率的制定、执行和调整，充分发挥其对整个金融市场乃至国民经济的间接调控作用。不仅如此，中央银行还要对各区域的利率情况进行指导、监督和检查，及时纠正偏误，使之走上正确的发展道路。

(2)除县一级分行外的中国人民银行各级分行和专业银行总行、省(市)分行的职责主要是参与区域利率决策，在认真贯彻执行上级银行金融宏观调控中有关利率的指令，不违反国家规定的利率政策，制定区域利率水平的同时，根据本区域金融市场的发展状况(如信贷资金的成本和利润、供求关系以及民间借贷利率水平等)，制定出本区域和不同行业的差别利率和加罚息标准，并根据金融市场的变化对其作相应的动态调整，确保各基层行在微观金融活动中更好地贯彻和落实区域利率。

(3)基层专业银行和县一级人民银行的职责主要是执行和反馈。虽然它们并没有区域利率的制定权，但它们要把上级制定出的区域利率灵活地贯彻到每个贷款企业甚至每笔贷款中去，必要时，也可在上级规定的小幅度内根据情况加息、罚息。它们是区域利率最直接的执行者，所以对区域利率的影响情况和存在的问题也最了解，如果发现区域利率对区域金融和区域经济的发展不起作用甚至起到了负面作用，应及时向上一级金融部门反映情况，并提出相应的调整意见。

四　区域信贷可用性

区域信贷可用性研究的是区域间金融市场是否存在金融资产的流动、流动的条件以及流动的程度等。决定区域信贷可用性的因素，在方法上可分为三类：新古典一般均衡理论、新凯恩斯信贷配给理论和后凯恩斯区域货币和信贷理论。

（一）新古典一般均衡理论

新古典一般均衡理论将金融资源的区域间流动仅仅看做是为了找寻最有利的投资契机，对区域经济增长并无实质性的影响。

穆尔(Moore)和纳格米(Nagumey)假设，给出一定基础货币，通过乘数效应得出的资金供给量与主要由利率决定的区域资金需求量均衡，即资金供给方的利率交易成本之和不高于资金需求方的需求利率，这样不仅保持了有效的区域金融资源的配置，还导致货币没有区域的意义。相反，货币只有在市场不完全的条件下才有区域意义。

罗伯茨(Roberts)和菲什金德(Fishkind)研究了利率的区域波动幅度，用它来识别区域信贷可用性的因素。他们认为有三个因素可以导致区域市场分割。

(1)区域间金融资产在流动性、到期日和风险等方面不具有同质性，使得进行区域间金融资产的比较变得十分困难。

(2)要获得区域外金融市场的各种信息，必然会导致一定的成本发生，若这种成本较高，资金的区域间流动就变得无利可图，金融套利便不会发生，结果造成信贷市场的区域分割。而且，信息成本越高的区域就越孤立，最孤立的区域最可能遭到信贷市场的分割。

(3)流动性偏好和风险承受力的区域差异，引起金融资产的供给和需求对利率敏感性的不同。

区域利率可能不等同于国家利率，既可能高于国家利率，亦可能低于国家利率，但是区域利率是围绕国家利率波动的，反映了国家银行同地方银行以及区域银行间的成本差异；孤立区域利率波动的幅度较大，因此利率的区域差异性就较高。因为越是孤立的区域，金融信息的成本就越高，导致金融交易的成本就越高，区域信贷可用性也

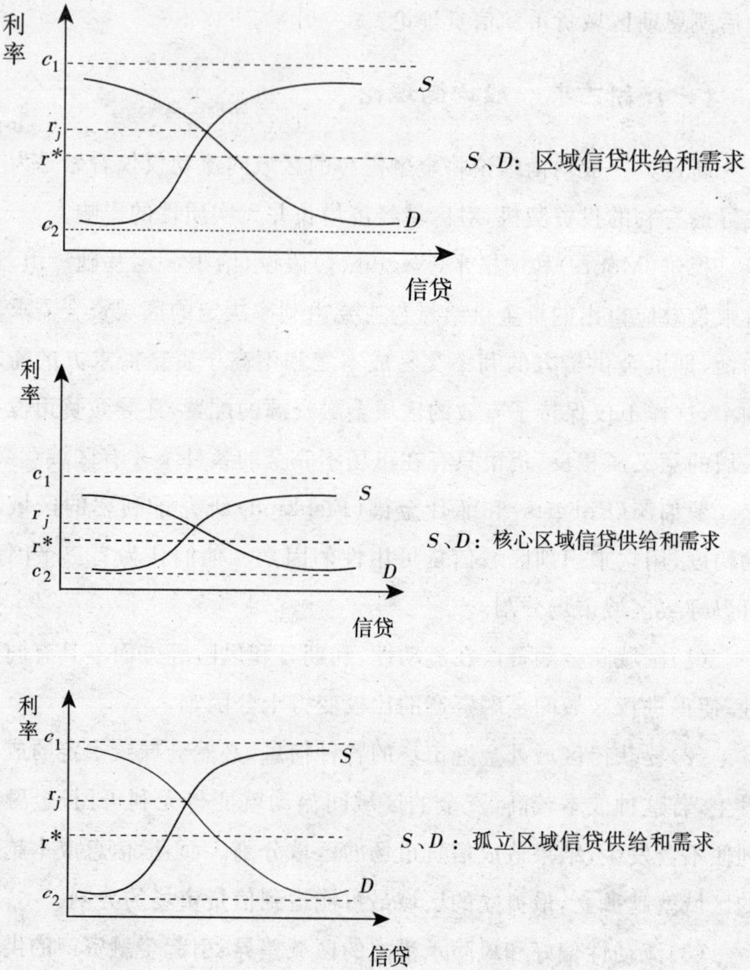

图 4－1 Roberts-Fishkind 模型

注：c_1 和 c_2 是区域利率波动的上限和下限，r_j 和 r^* 分别是国家利率和区域利率。

就越低。区域越孤立，金融资产的供给和需求越缺乏弹性。供给越缺乏弹性，银行的风险就越高，对孤立区域越难以进行风险的监督和管理；需求越缺乏弹性，借款人对地方银行的依赖程度就越高，因为当地借款人多数是家庭和小企业，它们孤立于中央金融市场。与孤立区域相比较，核心区域利率的波动幅度就较小。

穆尔(Moore)和希尔(Hill)认为，区域金融资金的供给是在区域存款的基础上乘以货币乘数得到的，因此区域信贷供给区域上会存在一段无弹性部分，即图 4－2 中的 AB 部分。当区域信贷需求超过区域信贷供给时，超额部分由区域外的资金流入满足，这时区域资金的需求相对独立于区域资金的供给。国家市场利率水平上的区域超额信贷需求就只能由地方银行贷款或从区域外借款来满足。但是，区域市场和国家市场之间的这种套利不是完全的，因为还存在着一些地方借款人和贷款人即一些小型企业、家庭与地方银行，由于彼此缺乏信息，没能利用国家市场，便会产生更高的区域利率 r_2。

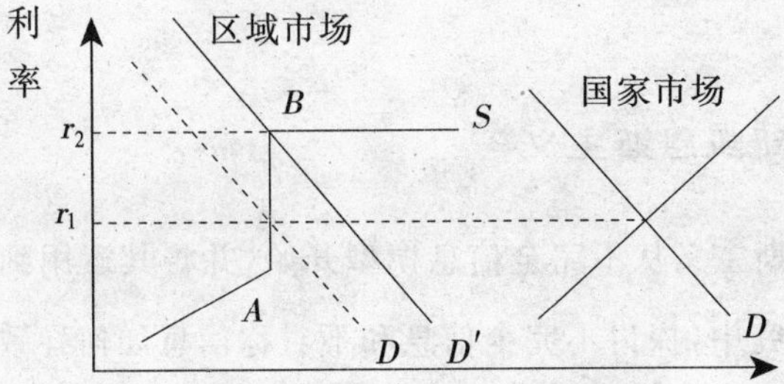

图 4－2　Moor-Hill 模型

麦基洛普和哈钦森(1990)研究出英国存在区域利率差异，与此同时，他们也考虑了北爱尔兰是否存在区域信贷可用性。他们将北爱尔兰清算银行同英格兰银行 1977 年、1980 年、1982 年、1985 年和

1987 年的资产和负债进行比较,用以检验北爱尔兰银行相对于英格兰银行是否具有成比例的较低的存款基础、较高的流动性以及较低的银行贷款。他们的结论是区域信贷可用性是成立的。尽管与中央市场的距离较远,尽管有着特殊的政治和金融背景,北爱尔兰金融市场仍然是一体化金融市场的一部分。

拜厄斯(Bias,1992)研究美国的区域市场时发现美国存在某种程度的区域分割。他试图确认利率敏感性的区域差异以及美国 12 个州 1967—1986 年间金融市场的区域分割。

阿莫斯(Amos,1992)发现,美国 1982—1988 年银行停业和某些区域经济结构规制有密切关系,即美国存在某种程度的区域信贷市场的分割。阿莫斯和温吉德(Wingender)(1993)在对美国 50 个州的研究中发现,至少有 32 个州的银行信贷和区域收入之间存在强相关关系,进一步证实了美国区域信贷市场分割的存在。

(二) 新凯恩斯主义

新凯恩斯主义从不完全信息模型开始,并将其运用到区域信贷可用性的研究中,探讨不完全信息和不对称信息如何导致区域资本流动性降低,进一步引起金融资源的不合理配置和效率低下的区域信贷配给。

由于存在区域信贷市场的分割,地方银行的资金供给作为决定银行贷款能力的基础,必然成为解释区域信贷配给的决定性因素。与区域外银行相比较,地方银行获取区域金融市场信息的能力必然会强于区域外银行,监督成本较低,使得区域内的借款人主要依赖地方金融机构，而较少依赖区域外金融机构。

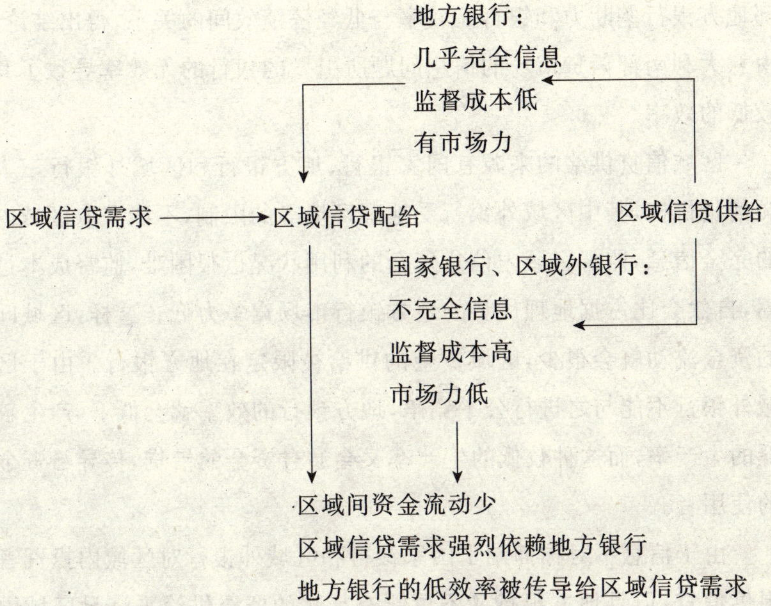

图 4－3　新凯恩斯主义理论

莎米里克（Samolyk，1991）提出了一个模型，前提假设是信息成本的存在使一些财务拮据的区域有信贷约束而财务殷实的区域则没有，这个模型用于检验美国各个州的银行条件和效率间的关系。他检验了 1983—1990 年美国各个州的收入增长率和区域信贷条件之间的关系。区域信贷条件指数包括国家贷款的实际增长率、商业银行净收入与股权资本的比率、贷款损失准备的实际增长率、不良贷款比例、破产企业平均负债数量。他又分别检验了不良贷款高和低的州的收入增长率和信贷条件的关系的差异，并比较了收入增长率高和低的州的信贷条件的差异。他得出的结论是：区域银行贷款质量差的州的地方银行部门条件解释了较高的实际收入的增长率。

法伊尼(Faini,1993)和梅索尔(Messorl,1993)检验了意大利南部地方银行垄断力和银行无效率与低经济绩效间的关系,得出结论,由意大利南部信贷市场的信息问题所引发的银行的无效率导致了其较低的效率。

区域信贷供给的来源有国家银行、地方银行和区域外银行三大类信贷机构,其中区域外银行受地理环境等的限制,不能获取区域内的完全信息,监督区域内信贷资金的利用状况也很困难,监督成本过高,自然会比占据地理优势的地方银行市场竞争力低。这样,区域间的资金流动就会很少,区域资金的供给被限定在地方银行。由于区域外银行不能与之进行公平竞争,地方银行的效率就会低下,产生较低的生产率,而这种较低的生产率又会通过资金的借贷,传导给资金的使用者。

由于信息不对称抑制了国家银行和区域外银行对区域内投资者提供信贷,但是地方银行又不可能有足够的资金供给来满足区域内所有的信贷需求,那么国家银行在存在信贷约束的区域可以在多大程度上克服这种信息的不对称就存在问题,波蒂厄斯(Porteous,1995)认为,对孤立区域投资者的监督成本问题应采取一种混合银行结构,其中小额资金需求由小型地方银行满足。

(三) 后凯恩斯主义理论

以道(Dow)为代表的后凯恩斯主义认为区域信贷市场的不完全是正常的,着重研究了区域信用创造的形式和为什么区域间的信用创造会存在差异,利用了凯恩斯主义的流动性偏好原理和奇克(Chick)的银行发展阶段理论。

新凯恩斯主义理论主要研究了不完全信息如何分割区域信贷市

场的供给方，认为区域信贷配给的产生是国家银行和区域外银行不愿意为区域内投资者提供贷款的结果，因为信息不对称导致了较高的交易成本和监督成本。后凯恩斯主义理论则不仅研究区域信贷市场的供给方，还研究需求方，认为区域信贷配给也可在某种程度上用需求方的因素来解释，因为毕竟区域信贷资金的数量是供给和需求相互作用的结果，两者的功能相互依存。

道(1987)在穆尔和希尔(1982)的基础上着重研究了其他三个问题：

(1)区域信贷需求中流动性偏好很强的投机需求，对区域信用创造的影响很大。由于区域信贷需求对区域经济发展预期的变化，导致区域信贷流动性偏好的变化，进而引起区域信贷资金内生程度的变化，最终会引起区域收入的变化。

(2)区域信贷供给和区域信贷需求两者的功能是相互依存的。道认为，不仅仅公开市场业务和区域金融流动，而且区域货币基础也要受到区域信贷需求的影响。

(3)银行结构的重要性，尤其是分行制在多大程度上能改变单一银行制存在的问题。其结论是：采用分行制的区域信贷资金供给曲线是水平的。因为区域分行的贷款可以超出存款基础，那么区域信贷的可用性便成为必然，只要区域信贷资金供给的利率在高于国家利率的某个水平上是完全弹性的即可。虽然如此，但我们也不能假设区域信贷资金是完全弹性供给的。虽然区域信贷资金的供给有内生性，但区域信贷可用性的研究仍然是必要的。

道(1992)提出了著名的防御性金融行为。防御性金融行为指区域信贷配给是区域内所有金融部门(包括地方投资者、地方储蓄者和地方银行等)的区域歧视行为(如图 4-4)。这种行为会引起信贷资金的不均衡配置。

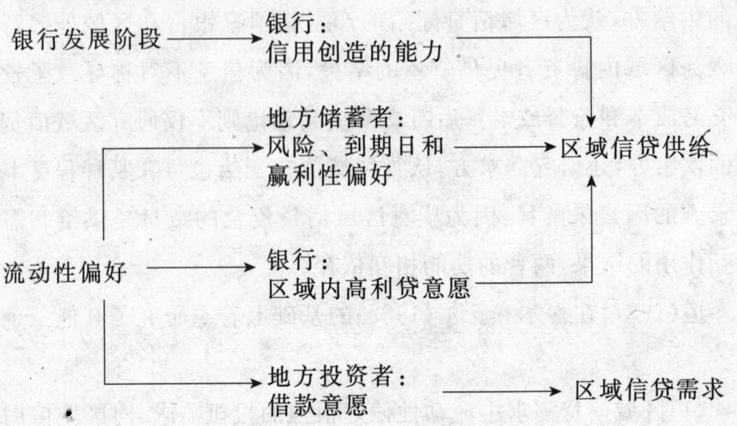

图 4-4 后凯恩斯主义理论

对区域信贷可用性的研究还可以从对区域信贷供给和区域信贷需求方面的影响因素进行更详细的探讨。

1. 对区域信贷供给的影响因素主要是银行发展阶段和区域流动性偏好

银行贷款的能力不是由其存款基础决定的，即与信贷供给的内生程度无关，而是由银行发展阶段决定的。银行发展阶段越低，货币乘数效应越明显。那么发展阶段越低的银行所在的区域，越能受到储蓄率低或存款率低的制约。因此，银行发展阶段低的地方银行与国家银行或区域外银行相比处于竞争劣势，信用创造能力低。

流动性偏好会影响区域信贷供给者银行和储蓄者的行为。

(1)如果银行得到的金融信息中包含区域内可评估的风险很高或者进行风险评估很困难时，流动性偏好将使地方银行降低贷款。

对区域信贷资金进行风险评估要受到银行主观察觉的不确定性和贷款人与投资者之间的距离[①]等的影响。因而,银行的流动性偏好要受到其对所在区域收入增长状况和区域不稳定性等预期的影响,还要受到国家银行创造的金融大环境的影响。

(2)储蓄者的流动性偏好越高,他就会越多地采用流动性强的资产组合,那么这些资产就更可能由区域外的银行或国家银行来提供。因此,孤立区域储蓄者的流动性偏好的增加会引起金融资本流入核心地区,从而削弱区域内信贷资金的可用性。

2. 区域信贷需求主要受流动性偏好的影响

投资者的流动性偏好越高,代表他对区域经济的预期越不看好,就越不愿意向银行借款,越愿意持有流动性较强的金融资产,那么区域信贷需求就越低。相反,如果投资者的流动性较低,就会促进区域信贷需求的增加,进而促使银行信贷超过其存款基础,从而促进区域信贷供给的增加。

区域信用创造的形式不是稳定的。这是因为它是以不确定的非物质形态的信用为基础的,所以创造出的信用资金的多少也具有不确定性。由此,研究的重点由贷款总额是否会超过存款基础以及区域内的信贷资金在各区域间的分配状况,转向信用资金如何在区域内创造或在区域外创造。当对区域经济预期看好时,信用会增加,不仅银行愿意贷款,投资者也愿意借款,此时信用/存款比率会提高。但是当对区域经济的预期不看好时,情况是不确定的。正如上文所说的,此时银行和投资者的流动性偏好都会很高,预期信用的供给和需求都会降低。如果地方银行没能提供流动性更强的金融资产,资

---

① 这个距离是由空间距离或文化差异等引起的。

金就会流出区域外，此时信用/存款比率的大小由区域信贷需求、区域信贷供给和资金外流程度的大小共同确定。

五　我国信贷资金的区域化配置

优化信贷资金的区域化配置，不仅影响商业银行的经营效率、质量和效益，而且关系各地区经济发展、人民生活水平差异，甚至关乎整个国家经济的发展。下面针对我国信贷资金区域化配置过程中存在的问题，以商业银行信贷资金的区域化配置为主，阐述信贷资金区域化配置的思路及措施，最后谈谈我国东北地区信贷资金的配置。

（一）我国信贷资金区域化配置过程中存在的问题

在以银行融资渠道为主的条件下如何通过有效配置信贷资金促进区域经济发展，成为今后我国经济发展必须高度重视和着力解决的重大问题。

1. 信贷资金过度向发达地区集中

客观条件的差异以及改革开放步伐和力度的不同，导致我国区域间经济发展存在着较大的差异。我国经济呈现由东部向中西部阶梯走弱的特征，在很大程度上反映了我国金融资金配置的区域性失衡。东部地区由于地理优势和政策倾斜，发展较早、较快，中西部地区因为基础设施薄弱、信息接收较缓等原因，经济仍然比较落后。正是这种经济发展的不均衡性决定了信贷资金配置的不均衡。随着经济的发展，我国的金融业已经得到了长足的发展，但这种发展的地区差异性还很大。在计划经济时期和改革开放初期，国家为数不多的信贷资金大部分投向了东部沿海地区，中西部的信贷资金投放量很少，使得西部经济欠发达、贫困落后地区甚至出现了银行只吸收存款、不发放贷款或多吸收存款、少发放贷款的超负荷运行现象。贷款发放少，必然派生存款少，银行创造信用的功能便不能很好发挥。近年来，国家加大力度振兴中部和西部，大量信贷资金流入中部和西部地区，但是根据商业银行的赢利性，资金流向回报率高的发达地区具有其客观必然性，这样会产生富者愈富、贫者愈贫的“马太效应”，加大信贷资金配置的区域差距，甚至导致经济社会发展的不平衡性。

2. 对差别客户和行业的信贷资金“一刀切”配置

商业银行在各区域内的分支机构没有根据本区域的特点对信贷客户及行业进行差别化的细分和选择，而是仅仅由总行根据宏观金融市场走势以及自身发展状况等因素，制定出统一的全年信贷投放指标等，作为全行信贷资金配置的纲领。但在面对我国金融和经济在环渤海、长三角、珠三角和其他区域呈现出的不同发展局势，商业银行在客户和行业的选择上均表现出高度的战略趋同。

3. 个人消费信贷业务开展不好

银行业的个人消费信贷业务发展最好的是先进地区和发达地区，沿海好于内地。这种局面形成的客观原因是后者经济发达程度不高，居民收入水平和消费水平低。至于银行方面的原因，是有的上级商业银行对经济落后的边远地区分支行的下放权力有限，而且有的边远落后地区分支行习惯于批发业务，对零售业务缺乏开拓性和积极性，认为利润太少而且担风险，没有根据当地实际情况主动有效地开展个人消费信贷业务。

(二) 我国信贷资金区域化配置的思路

在信贷资金的区域化配置上应改革单纯按资产负债比例分配的管理方法，以银行行业信贷政策为指导，加强对各区域资源优势、地理状况和金融以及经济发达特点的研究，按照效益最大化的原则，对贷款的投放量实行按区域划分不同的种类，并对各地区行业和客户差别对待，加强对区域产业结构发展趋势的分析，提高信贷结构调整的主动性和超前性。加强区域间的信息交流和共享机制，加强对跨区域集团客户的业务服务和风险监控。

环渤海、长三角和珠三角地区有望成为我国区域经济新的增长点，所以应加大对东部地区的投入力度。尤其是环渤海地区，经济增长速度非常快，资金需求量增加，应当予以重点支持。加大对重点区域的信贷资金投放力度，适当兼顾不发达地区。信贷资金向金融资源丰富、经济环境和客户环境好的重点区域集中，可以提高资金的收益率，并增强贷款的辐射效应。配合西部大开发战略，加大西部地区国家重点建设项目的信贷投放规模，同时加强对工程项目的配套服务，促进信贷资金质量的稳步提高。通过资源技术优势互补、提高利益和效益共享等经济手段，带动不发达地区信贷市场的发展。

(三) 优化我国信贷资金区域化配置的措施

1. 树立正确的信贷资金区域化配置理念。这是由我国经济发展的非均衡性决定的。要结合各地区实际特点，确定不同行业或同一行业中的不同企业的金融风险程度，以此来决定信贷资金的进退机制。信贷资金的区域化配置不是简单的区域优惠或区域倾斜，而是符合区域经济发展的实际，符合我国转型期的市场规律，其本质是更好地反映区域经济运行的实际情况，控制风险的发生，在促进区域经济进一步发展的同时实现商业银行自身的赢利性。

2.完善信贷资金区域化配置的运作机制。强化对区域信贷业务的管理。增强信贷资金配置运作的规范性和有序性。加强贷款项目审批标准的刚性化。即使遇到确实需要变通的情况，也必须经过信贷委员会讨论决定，并同意调整审批标准后，方可进行办理。实行以控制存贷比例为主、控制限额为辅的贷款规模控制体系，制定科学的存贷比例核定、贷款数量分配的定量标准，该标准一年一定，年度中间不变。

3.着重体现信贷政策指导的区域性。要将行业信贷政策与区域产业结构调整联系起来，加快退出区域衰退产业，积极进入优势产业及成长性较好的产业，逐步推行基础设施类行业的区域化信贷政策，通过延长融资期限，适当放宽信贷准入。

4.健全信贷授权制度的区域化。在完善商业银行法人治理结构的过程中，通过建立差别化的信贷授权机制，加大区域授权的差别化；通过区域优质客户的分布状况及不良贷款存量情况来测算区域化的授权权限，逐步建立分行业和客户类别的授权体系。对于资产规模小、技术含量低、竞争力弱的行业和客户要缩小信贷业务权限；对于竞争力强、发展前景好的客户要放宽信贷业务权限，最终实现信贷授权制度科学化和区域化的双赢局面。

（四）东北地区信贷资金的配置

巴曙松在“振兴东北的金融支持战略”中提出，只有具备了高效率的金融支持，东北地区才能更好地把东北本地的资源和东北以外的资源调动起来、整合起来、利用起来，使之成为振兴东北的动力来源。针对东北振兴资金瓶颈的窘境及目前老工业基地信贷资金配置低效率的现状，提高信贷资金配置效率成为当务之急。

1. 东北地区信贷资金的配置中存在的问题

(1)东北地区信贷资金供应偏紧。2005年末,东北地区本外币贷款仅占全国的8%。可以说,东北的资金短缺是振兴东北老工业基地的第一道障碍,没有坚强的资金后盾,就无法进行各项建设,东北老工业基地的振兴速度就会很慢。

(2)东北地区由于历史发展等原因遗留下的国有企业问题非常严重,国有企业产权不明晰,使得政府作为单一的产权主体,资产所有者与经营者具有较紧密的委托代理关系,信贷资金难以按市场规则自由流动,导致不良资产递增,从而降低了信贷资金的配置效率。同时,国有商业银行治理结构不健全,缺乏充分的经营自主权。

(3)信贷资金长期沉淀和无效占用,严重制约了金融机构的信贷投放能力。国有独资商业银行和股份制商业银行总行依据其各个支行的资产效益情况,决定信贷资金在全国各区域的投放比例,由于其在东北三省的分支机构并不能满足效率与效益的要求,所以贷款量受到了限制。同时,有些贷款企业因其恶意逃债、债务拖欠、商业欺诈等信用缺失现象严重,造成商业银行的慎贷、惜贷、惧贷,银行存贷比持续下降,直接影响商业银行信贷资金配置的效率,从而形成了企业因自身原因得不到发展所需资金,银行因贷不出款造成资金沉淀的恶性循环。

(4)民营企业融资需求得不到有效满足。当前国有大中型商业银行对信贷资金的投放标准相对较高,并对民营企业贷款会附加许多额外的要求。这是因为,贷款给中小型民营企业不仅会产生较大的管理成本,而且还会增加更多的风险。我国商业银行普遍推行的“贷款终身负责制”使银行的信贷人员在发放贷款过程中更加审慎。由于民营企业大多都是资本规模有限的中小型企业,而我国的资本市场的发展状况仅限于为大型企业融资，导致民营企业的融资渠道是少之又少。

2. 优化东北地区信贷资金配置的措施

(1)加大银行信贷资金的投入力度。中央银行要针对东北地区经济和金融的特点，灵活运用再贷款、再贴现等货币政策工具，引导东北地区商业银行扩大信贷投入。结合东北的实际情况，指导银行和信用社积极争取项目资金和国债项目贷款等资金，为东北老工业基地的振兴所需要的各项改革提供信贷资金上的大力支持。

(2)提高信贷资金的使用效率，努力调整信贷资金融资结构，改进信贷资金的风险管理制度和信用评级制度，重点支持基础设施及其配套项目，为其提供信贷资金。金融机构要根据东北城市的产业体系规划目标，将其信贷投向由外延型的产业向内涵型的产业转移，大力支持技术含量高、经营效益好的企业，为其组织银团贷款；对初步形成的以电子信息、自动化、生物技术、节能与环保等为主导的高科技产业群给予信贷资金上的支持；积极利用外资对外贸项目提供配套的资金；支持国有大中型企业的发展，改进对其的综合配套的金融服务。通过信贷结构的区域、行业、产品及客户优化，实现信贷资金的有效、合理转移。大力支持符合东北振兴战略格局的优势产业发展，激发企业开展创新型投资，使资源从传统的重工业部门向现代部门转移，从劣势行业向优势行业和发展前景看好的新兴行业转移。

(3)国有商业银行改革即进行股份制改造的关键在于实现产权主体多样化。东北银行业、国企及中小企业应该在这场变革中为东北振兴中银行信贷优化配置创造良好的金融环境，实现金融体系由“国有化”向“社会化”的转变。

(4)创新和完善贷款机制。商业银行应建立“正常类”贷款主动退出机制，分流出目前表现正常但可能劣变的贷款，化解潜在风险；建立并完善优质信贷资产积极进入机制，改善客户结构；完善贷款清收机制，加大对到期贷款的清收力度，通过盘活存量贷款来达到满足重点优质客户的信贷资金需求，实现信贷资金的优化配置。

(5)加快推进东北地区信用环境的建设。完善信用法制体系的构建，加快《信用管理法》的出台，在保护守信群体行为的同时，对失信群体给予严厉打击。对某些关乎信用体系建设的已有法律应进行补充和修改，如《商业银行法》、《反不正当竞争法》、《质量法》和《破产法》等。地方政府应为银行信贷优化配置营造良好的社会环境，在加强社会信用环境建设中起到积极作用。

第五章　区域金融产业成长

金融发展问题作为金融理论中的一个分支，自20世纪60、70年代以来，得到了广泛的关注，并取得了一系列富含真知灼见的理论成果。然而，不容回避的是，由于金融概念本身的宽泛、虚拟以及抽象性，对金融发展程度的衡量必须选择可度量的具体指标加以描述，而金融产业作为一个系统，其形成、演进、分化、整合的过程，足以概括金融发展的一般状态。金融产业成长与金融发展的关系在区域金融研究中表现得更为明显。

一　以金融产业作为金融的研究视角

金融是一个宽泛、虚拟、抽象的概念，理论研究中从不同的角度赋予了金融不同的含义。《新帕尔格雷夫经济学大辞典》基于发达的市场经济国家现阶段金融业的发展状况，认为金融的基本中心点是资本市场的运营、资本资产的供给和定价，即“资本市场期权定价说”。博迪、莫顿揭示了金融的跨时间价值储藏和交易的本质特征，提出“不确定环境中资源的时间配置说”。最具广泛代表性的解释认为“金融是社会资金融通的总称，金融体系是有关资金的集中、流动、分配和再分配的一个系统。它由资金的流出方（资金盈余单位）和流入方（资金短缺单位）、连接这两者的金融中介机构和金融市场以及对这一系统进行管理的中央银行和其他金融监管机构共同构成”[1]，即金融是一个简单的行业性、中介性的单一服务系统。

白钦先对传统观点进行了简要总结：它们各有侧重，但都不约而同地把金融作为外在于经济的要素来理解，突出了金融的技术“工具”定位，强调金融是“撬动经济的杠杆”。他以货币和市场作为金融研究的主要对象和出发点，建立了一套比较系统的金融市场理论体系，在此基础之上形成了极具操作性的金融工具理论和模型，借此指导金融的具体业务。[2]

面对国际金融一体化趋势和局部金融危机造成全球动荡的现实问题，基于金融功能的研究主题，白钦先等学者将金融从单纯的符号、服务、中介、杠杆层面提升到核心性、战略性的资源层面，提出金融资源论：“金融是一种稀缺资源，是一国最基本的战略资源”[3]，强调应从金融资源的不同层次和角度，综合、全面地把握和认识金融及其功能。金融资源理论把金融理解为社会财富的索取权，金融问题则成为人类所创造的社会财富的再分配问题。

由于传统金融理论中对于金融属性的认识存在较大分歧，导致金融发展成为了一个理念层次的名词，从而在对金融的功能以及发展水平进行界定和度量方面存在较多困难。根据研究需要，首先应给予“金融”明确的界定。

金融是金融资源在各种力量的驱动下，进行时空配置的过程和状态，以及在配置过程中涉及的途径、手段、机制与效率管理等要素

---

① 北京大学中国经济研究中心宏观组：“金融不是虚拟经济”，《新华文摘》2002 年第 5 期，第 47 页。

② 参见张凤超著：“‘港粤’金融一体化理论与模式研究”，东北师范大学博士学位论文，2003 年，第 5—6 页。

③ 白钦先著：《金融可持续发展研究导论》，北京：中国金融出版社 2001 年版，第 70 页。

的综合体系。其中,金融资源配置途径分为直接途径和间接途径,即通过银行系统或通过资本市场;配置手段则是指承载金融资源运动的符号或工具,包括货币市场工具和资本市场工具,是金融中最具创新活力的部分;配置机制是金融资源配置过程中的协调机制,市场经济条件下由供求引导,而在计划经济条件下则是由指令支配;效率管理是金融资源配置的制度层次。对金融的这一界定可以归结为“金融时空运动论”或“金融过程论”。由于金融资源的时空运动,使金融资源在地域上形成凝聚状态,即产生金融产业,并逐渐形成金融产业梯度位差,地域之间则因此形成聚集—扩散或虹吸—辐射的系统,也就是金融中心产生并在系统内部形成各城市间依据金融职能确定的等别结构。而金融资源时空配置的驱动力量分为两种情况,并形成配置状态上的两种结果。一种是计划经济条件下的行政力量,导致了地域间金融资源匀质分布;另一种是市场经济条件下的利益驱动,金融资源在时空中寻求最大利益实现,形成了地域差异。

金融时空运动最终结果是形成了地域间的金融分工系统,无论是金融中心还是金融腹地,其内部金融产业成长的状况是最根本的标志。这样,对金融的研究视角就集中到了金融产业这一概念。

二 金融产业的界定

“由于金融活动有其强大的渗透性、独立性和导向性,因而在其运动中,必然通过自身部门的投入和产出,确定其金融商品品种和价格,构建自身独特的价值运动系统,凝聚成同一属性的产业集合,即金融产业。”①

（一）金融产业透析

透析金融产业，其主体是经营货币资金及其产品的经济实体，提供的产品为金融商品和金融中介服务，经营媒介为货币和金融工具，其构成要素包括金融机构、监管机构、金融产品生产和流通市场等，其性质可以归结为集合性经济组织和系统。

根据产业经济学的理论，一项完整的产业是由产业结构、产业联系、产业组织和产业政策构成的。金融产业也不例外，从产业结构看，要研究金融产业中各组成部分的结构关系；从产业联系看，要研究金融产业内部及金融产业外部的相互关联；从产业组织看，要研究金融产业在同一市场上生产同一类产品的各生产者之间的相互关系结构；从产业政策看，还要研究规范及约束金融产业形成与发展的制度层次。可见，金融产业本身不仅内涵丰富而且外延广大。金融产业的内涵即行业，指生产同类产品或提供类似服务的经营单位的集合，涵盖了银行业、证券业、信托业、保险业、基金业等五大行业。金融产业的外延指行业集合而成的经济部门，是强调相互联系的各行业，加上连接各行业的市场的集合，是由金融机构、金融商品、金融工具、金融制度、金融市场、金融中心等组成的开放系统。本章研究的金融产业是综合了金融产业内核与外延的大产业概念。

作为一种复合型的组织体系，金融产业是创造价值的实体，通过金融产业各部门的组织和运作，可以集合并优化要素使用，实现更高的合力效果。同时，金融产业是开放性的、具有推动力的产业，在与

---

① 张作荣著：“金融产业成长与区域经济发展关系研究”，东北师范大学博士学位论文，1996 年，第 14 页。

其他产业的相互关联中，促进和导向其他产业的革新与发展。

（二）金融产业的特点

金融产业具备一般产业的基本内涵，具备产业自我造血、运营和自我循环与发展的功能，强调赢利性原则，实行企业化管理。同时，作为特殊的产业，金融产业有其自身的特点。

1. 金融产业所经营的商品即金融商品的非物质化特征

金融商品可以不采取任何具体的物质形式，不同的金融商品之间的差别主要体现在具体的构思、具体的法律规则以及运作方式等方面。所有的金融商品，最终都代表一定数量的货币资金，具有同一的本质属性。随着金融创新的不断推进，金融商品的非物质化特征表现得越来越明显。

2. 金融机构职能的同一性

金融机构是金融产业的组织体系，是金融产业的经营主体，其基本职能是通过提供不同的金融商品和金融服务，满足市场需求。尽管不同的金融机构提供的金融商品和服务不同，但最基本的产业职能是同一的，包括：提供期限转换；提供多样化金融商品以降低并控制风险；减少交易成本；提供支付机制等。

3. 金融市场的专有化及明显的地域选择性

金融市场是广义市场的概念，是方便金融商品交易的特定安排，具有专有化特征。同时，金融市场的设置具有明显的地域选择性，其空间布局指示了金融资源在地域间运动的方向性。经济发展成熟的地区才具备建立金融市场的条件，并能依托金融市场形成各种层级的金融中心。

4. 金融监管的规范性

金融产业在宏观经济中既是导向产业，也是风险集中的产业。因此，金融产业中必须建立专门的监管机构，保证金融产业的稳健成长。同时，金融产业也是宏观经济政策调控经济运行的主要载体，从而对金融监管的权威性与规范性有较高的要求。

三 金融产业成长

（一）产业成长

以产业成长来描述产业由盛至衰的发展过程，是由于产业发展本身客观存在着稳定的周期性，类似于人的生命周期。在这一生命周期中，产业经历着规模扩张的量变过程，也不断进行着结构变迁的质变。规模扩大、结构高度化和结构合理化是缺一不可的，三者的共同提高才意味着产业成长。也就是说，产业成长是在产业结构高度化和合理化基础上的规模扩张，当产业仅仅表现为规模扩张，而结构水平和部门构成未呈现高度化和合理化倾向时，就不能称之为产业成长。因此产业成长有如下特征：

1. 产业规模扩大。从个别产业看，产业成长表现为产业规模的扩大，产业集中度提高，竞争力增强。产业规模扩大时，产业外延扩大，表现为产业生产能力提高，这种外延上的扩张在很大程度上是产业集中度提高的表现，由于追求规模效益，会导致垄断加剧。但是对一些劳动密集型的产业而言，集中度提高并不意味着集约，分散的生产和经营反而有助于生产率的提高，这类产业扩张倾向于增加企业数量，因此产业规模扩大是产业生产能力的扩大，而不具体表现为企业数量的多寡或集中度的大小。达到成长要求的产业应具有足以与国外相关产业抗衡、产品占据国内主要市场的能力。

但是对一国产业整体而言，产业成长以产业群的出现和壮大为标志，单个产业的壮大对一国经济增长没有现实意义。由于技术创新，资金和人力等要素不可能在各产业间均匀分布，产业间存在发展上的差异是不可避免的。在一定的时期内，会出现一些产业相对优先发展，另一些产业发展相对滞后，但这只是产业间结构的变化，并不否认产业成长以集群方式出现的结论。各国的发展历程表明，单个产业的成长对经济增长的作用极其有限，产业集群的产生和发展对经济增长才有意义。

2.产业结构高度化。产业结构水平的衡量标志是产业结构高度化，产业结构高度化是产业结构由低度水准向高度水准的方向发展。它至少要包含以下三个方面内容①：

(1)在整个产业结构中，由第一产业占优势比重逐次向第二产业、第三产业占优势比重演进；

(2)产业结构中由劳动密集型产业占优势比重逐级向资金密集型、技术密集型产业占优势比重演进；

(3)产业结构中由制造初级产品的产业占优势比重逐渐向制造中间产品、最终产品的产业占优势比重演进。

产业结构的高度化是技术创新、市场需求和资本积累共同作用的结果。其中，技术创新从根本上提高了产业结构的转换能力，是产

---

① 参见刘伟、杨云龙著："中国产业经济分析"，北京：中国国际广播出版社 1987 年版，第 28 页。

业结构演进的主要动力；有效市场需求扩大，为生产扩大和产量增加提供了可能性；而资本积累则是技术创新和供给扩大所必需的启动力量。

3.产业结构合理化。结构的合理化反映了产业间协调发展的程度，其实质是通过产业间的协调机制，使产业结构适应成长的需要，提高产业结构效率。经济生活中的各个产业之间存在着相互依存、相互衔接的关系，单个产业自身的发展以及作用发挥都离不开整体产业环境。为了保证资源的优化配置与充分利用，各产业之间必然存在一定的比例关系，并且这一比例随着经济发展不断调整，以实现产业结构合理化。产业结构的调整过程主要通过投资结构合理化和对资产存量进行调整两种途径。投资结构合理化着意于调整新增投资的投入方向，以协调产业间的比例关系，实现扩大规模上的产业调整；存量调整则通过对现有存量资产的重新组合，来实现结构调整的目的。

产业结构高度化与产业结构合理化是产业结构优化的两个方面，是相辅相成的。产业结构高度化是合理化实现的基础，同时高级的产业结构对合理化会有更高的要求，并且产业结构合理化实现的过程与产业结构高度化过程是完全重合的。

（二）金融成长

20世纪50、60年代，格利和肖提出金融增长具有双重内涵：它不仅仅是数量上的增长，同时也是质量上的增长。分析金融增长状况，除了考察金融资产价值的增长外，更重要的是剖析金融资产随社会增长的情况而不断变动的状况。① 戈德史密斯则提出，“金融发展

① 参见约翰·G.格利、爱德华·S.肖著：《金融理论中的货币》，上海：上海三联书店1988年版（中译本），第138页。

就是金融结构的变化”①。进入70年代,随着对金融增长与发展问题的深入研究,肖认为,发展中国家追求金融增长的关键在于金融市场的完善,金融增长过程就是市场演进过程,其实质是放松利率管制,使之反映储蓄的稀缺性并刺激储蓄,以提高投资收益率。他提出金融深化的概念,将发展中国家的金融增长问题归结为金融深化过程。麦金农认为,落后经济中必须建立一个有组织和有效率的金融体系,让企业能够得到外部的补充资金,形成完善的储蓄与投资机制。80年代,日本经济学家石川滋在耶鲁大学经济增长中心第25届发展经济学年会上发表《部门间资源流动的类型和过程:亚洲实例比较》的著名论文②,从部门间资源流动的角度对金融发展问题进行实证考察,得出结论:金融发展与部门间的资本流动是密切相关的。部门间资本流动渠道越宽,私人资本流动在整个资源流动中的作用越大,金融发展水平越高。

事实上,上述理论成果中,对于金融增长与金融发展概念的界定并不清晰,甚至是混同使用的。借鉴发展经济学中增长与发展学说,金融学家对两者提出了区分,认为金融增长(finance growth)是金融资产规模相对于国民财富的扩展,而金融发展(finance development)则是金融市场的形成与完全化过程。金融增长与金融发展是相互关联的,可以相互吻合,某些情况下,又可能相互背离,这就使增长与发展概念在金融理论方面展现出了一定的复杂性。于是,经济学者提出了金融成长(finance maturity)的概念:将金融资源规模的

① 戈德史密斯著:《金融结构与金融发展》,上海:上海三联书店1990年版(中译本),第30页。

② 参见G.拉尼斯等著:《发展经济学的新格局——进步与展望》,北京:经济科学出版社1987年版(中译本),第71—120页。

大小看做金融成长的量的规定性，把金融资源配置结构与配置效率以及与之相对应的文化基础归纳为金融成长的质的规定性，则金融成长本身便是质与量的有机统一体。① 成长本身成为增长与发展相互关联的状态。对此，金德尔伯格和赫里克曾作过形象的说明："正如人类身体一样，强调增长着眼于身高和体重；而强调发展则注重于机能上——素质协调的改变。"②

金融成长概念的提出，避免了金融增长与金融发展在概念界定上的交叉与模糊，也使概念本身的内涵得到充实与拓展。

（三）金融产业成长

金融产业成长的概念是金融成长概念在中观领域的延伸，是将金融研究落实到产业层次，对金融成长概念加以发展而提出的。对金融产业成长的研究，就是要脱离传统金融研究中囿于金融与经济作用与反作用的模式，以产业为依托，专注于金融产业自身成长的轨迹，探究金融产业成长中内生因素与外在环境的作用过程，并从产业的角度，分析金融作用于经济的方式和途径。毋庸置疑，金融产业成长过程就是金融成长过程。"金融产业成长既表现为一种量的增长，量的增长就是金融资源（金融资源是金融价值体的总称，它是相对于实物资源而言的）存量与流量相对规模的扩展；也表现为一种质的发展，质的发展就是在注重技术进步、科学管理和人力资本全面开发的前提下，由金融体制变革带来金融产业本身结构升级优化，引起导向

---

① 参见张杰著：《中国金融成长的经济分析》，北京：中国经济出版社 1995 年版，第17—27 页。

② 金德尔伯格、赫里克著：《经济发展》，上海：上海译文出版社 1986 年版（中译本），第 5—6 页。

经济要素空间配置效率提高，二者融合具有生成、导向和支撑经济向高级化发展的趋势。”①

将金融产业成长界定为对金融产业量变（规模扩张）与质变（结构改进）双重规定性的确认，根据产业成长的内涵，金融产业成长应体现在以下几个方面。

1. 金融产业规模扩张，产业集中度提高，竞争力增强

金融产业生产能力提高，产业外延扩大，一方面金融机构数量增加，规模扩大，金融产业在国民经济中的直接贡献度提高，同时，参与经济的广度和深度都有所增强；另一方面，在国际竞争体系中，金融产业的竞争力优势不断得以累积，金融产品具有一定的市场地位。此外，金融产业系统的风险机制逐步完善，抵御风险能力增强。

2. 金融产业结构高度化

金融产业结构高度化过程中，表现出以下特点：

(1)在整个产业结构中，以银行业为载体进行的间接融资比重逐渐减少，以证券业、保险业、基金业等为载体进行的直接融资比重不断增加，实现融资市场化。

(2)金融产业中，正式金融比重提高，逐渐减少甚至取消非正式金融活动，促进金融机构化。

(3)金融创新速度与力度加强，金融产品不断涌现，技术含量不断提高，捕捉并创造更多的市场需求，实现金融工具多样化。同时，

① 张作荣著：“金融产业成长与区域经济发展关系研究”，东北师范大学博士学位论文，1996年，第16页。

金融产业组织方面不断创新，拓宽产业功能发挥的途径。

3. 金融产业结构合理化

金融产业结构合理化，表现在金融产业内部各行业之间、金融产业与国民经济其他产业之间的关系协调。通过有效的产业协调机制，使金融产业内部各行业间建立合理的比例关系，以保证对金融资源的合理配置。在不同的地区、不同的经济条件下，建立合理的直接金融与间接金融的比例关系。同时，金融产业与其他产业之间的结构关系，既是金融产业成长的外部环境，也是衡量金融产业成长状态的重要标准。金融产业不能脱离实体经济而过度膨胀，也不能滞后于其他产业的发展而成为“瓶颈”因素。产业之间合理比例的确定是在发展过程中不断调整实现的。

4. 金融产业空间结构优化

金融产业在形成之初，就已经进行了地域选择。不同地域由于金融产业形成的先后、地域条件的限制等，会自然导致金融产业成长的区域差异。同时，有别于其他产业，金融产业在空间上的排布状态体现了金融产业内部纵向与横向网络交织的层级关系。因此，空间结构的优化必然成为金融产业成长的重要含义。是否能够形成由不同层级的区域统一金融市场联结的金融产业空间体系，是金融产业成长的主要标志之一。

金融产业成长是以上四个方面的综合统一体。从系统论的角度出发，金融产业成长是产业系统在运动中规模不断扩张、结构不断改进的过程。

四 金融产业成长研究的理论基础

金融产业成长研究的理论基础包括两个方面，一是相关的产业理论，二是相关的金融理论。在此主要介绍其中对本章研究具有借鉴或指导价值的内容。

（一）产业理论

产业经济学作为应用经济学理论，是以产业组织和产业结构作为主要内容的研究体系。亚当·斯密在《国富论》中指出："劳动生产力上最大的增进，以及运用劳动时所表现的更大的熟练、技巧和判断力，似乎都是分工的结果。"①可见，专业化分工和产业细化对经济效率提高和劳动经济增长起着决定性作用。社会分工不仅使传统产业部门相互分离，社会分工范围进一步扩大和细化，还导致许多前所未有的崭新产业不断涌现。而且，社会分工不仅没有割裂各产业部门的联系，而是增加了各产业部门之间的相互联系和相互依存关系，使社会各个产业形成了一个相互联系、相互依存的有机整体。②

产业是介于宏观经济与微观经济之间的某一种同一属性的经济活动的总和，它既不是宏观经济所指的单一国民经济，也不是微观经济所指的企业活动和居民消费。由于一个企业往往不只从事一种商品的生产经营活动，因此，产业并非是具体企业所有生产经营活动的

---

① 亚当·斯密著：《国民财富的性质和原因的研究》，北京：商务印书馆 1981 年版，第 58、103 页。

② 参见马金良著："金融产业论"，武汉大学博士学位论文，2000 年，第 9 页、第 17—18 页。

集合，而是具有同一属性的企业经济活动的总和。它强调与企业个体的区别，这是产业规定范畴最为根本的判断标准。

经济学在运用产业范畴时，通常涉及以下两方面的含义：一是国民经济部门，即从社会总体分工角度划分的三次产业；二是行业类，是遵从某种标准对国民经济部门进行的划分，例如主导产业、支柱产业、传统产业、新兴产业等。因此，从产业外延看，产业是各种行业及由相似行业组成的国民经济部门。而其核心内容则是生产同类产品或提供类似服务的经营单位的集合。

基于产业经济学的各个领域在进行产业分析时的不同目的，理论界对产业的集合和划分形成了有粗有细的若干层次，即“产业集合的阶段性”。据此形成了产业经济学的三大基本层次：第一层是以同一商品及其市场为单位划分的产业，如石油业等；第二层次是以技术、工艺的相似性为根据划分的产业，如化工业等；第三层是大致以经济活动的阶段为根据，将国民经济划分为若干大部分所形成的产业，如夕阳产业等。

产业系统化思维方式是产业研究中的必备方式，产业的成长和扩张是一个系统的扩张，它的运动是一个系统的运动。产业系统是由具有同一属性的企业元素组成、能够提供某种产品或服务的有机整体。一切与产业有关联的其他因素的集合称之为产业系统的环境。而产业系统正是通过对社会经济环境的作用来表现其功能的。产业系统的环境包括市场环境、状况、政策。每个产业系统都既可以分解成许多子系统，也可以与其他系统组合成更大的系统。产业形成和产业扩张过程，实际上就是各个产业由低层次向高层次、由简单系统向复杂系统演进的过程。

产业经济学的理论成果非常丰富，在吸纳与提炼的基础上，本章阐明了金融产业的内涵与外延，确定了金融产业的基本范畴，根据产业系统化思路，提出金融产业成长也是系统扩张演进过程的论断。从产业结构、产业联系、产业组织和产业政策等方面关注金融产业成长的区域化特征，也是受此启示。

（二）金融发展理论

金融发展理论初创于20世纪60、70年代，以戈德史密斯的金融结构理论为代表。经过麦金农和肖等人的发展，形成了从宏观角度研究金融发展问题的结论；经过斯蒂格利茨等人的发展，形成了微观金融市场结构论。进入90年代，在前期金融发展理论的基础和内生增长理论的影响下，金融发展理论采用数学模型，把内生增长、内生金融中介组织和金融市场融入金融发展模型，研究金融发展和经济增长之间的关系。

1. 金融结构理论

戈德史密斯在其1969年出版的《金融结构与金融发展》一书中提出“金融发展就是金融结构的变化”的论点，通过讨论不同经济发展阶段的金融结构模式，对金融结构和金融发展进行了实证研究，奠定了金融结构和金融发展理论的研究基础。他认为，一国现存的金融工具与金融机构之和构成该国的金融结构，包括各种现存金融工具与金融结构的相对规模、经营特征、经营方式、金融中介机构各种分支机构的集中程度等。依据主要的数字指标，他将世界各国的金融结构划分为三种类型，并采用定性与定量分析相结合的方法，对不同类型的金融结构进行了历史纵向和国际横向比较，得出了各种金融结构类型的特征。金融发展研究必须以金融结构在短期和长期内变化的信息为基础，找出金融发展的道路。

戈德史密斯的重要贡献还在于他提出了衡量一国金融结构和金

融发展水平的存量和流量指标，其中最有价值的是金融相关比率(FIR)，并分析了决定一国金融相关比率的重要因素：货币化比率、非金融相关比率、资本形成比率、资本产出比率、外部融资比率、金融发行比率、金融资产价格波动比率和新发行乘数。他设计了金融相关比率的计算方法，讨论了金融相关比率在近百年来变化的趋势及原因。

金融结构理论中金融发展的含义、金融结构的内容及相关指标，对金融产业成长及衡量指标的确定具有重要的启示作用。

2. 金融深化理论

金融深化理论是1973年麦金农在《经济发展中的货币与资本》一书中提出的"金融抑制论"和肖在《经济发展中的金融深化》一书中提出的"金融深化论"的合称。

金融深化理论是将货币理论与发展经济学相结合的金融发展理论。在充分考虑到发展中经济体货币化程度低、二元金融结构、金融市场分割和落后、政府严格的管制甚至完全的金融国有化等特点，和对传统货币理论中的完全市场、单一实物资产利率、货币资本与实物资本之间的替代关系等假设条件进行了修正的基础上，麦金农提出"对不发达经济来说，实际现金余额的需求和实物资本的需求是高度互补的……也就是说，是持有实际货币有吸引力的条件会增强而不是抑制私人积累实物资本的积极性。"①因此，发展中经济的货币当局应改善货币供给条件，提高持有货币的实际收益率，使货币成为有效的价值储藏手段，以此作为实物资本积累，形成渠道，即所谓的"渠

① 麦金农著，卢骢译：《经济发展中的货币与资本》，上海：上海三联书店、上海人民出版社1997年版，第45页。

道效应”。肖则认为，对于社会而言，货币余额只是货币体系的债务，不是社会的财富，与实物资本并不构成替代关系，货币余额是社会再生产过程的媒介，即所谓的“债务媒介”。两者都提出了金融深化的概念和措施，主张实行金融自由化，形成经济发展和金融发展的相互促进关系和良性循环。

由于新制度经济学、内生经济增长理论、信息经济学等的形成和发展，20 世纪 90 年代，金融发展理论经历了重大的变革。突破了麦金农和肖框架中外生给定金融中介和金融市场的限制，把内生增长和内生金融中介或金融市场引入了金融发展模型，采用了博弈论和信息经济学方法，建立了严格的数学模型，揭示金融中介和金融市场是如何内生形成的以及金融发展和经济增长之间的关系。在这一领域很多经济学家进行了有益的尝试，并取得了一系列的成果，例如，在建立金融中介内生模型时，博伊德和史密斯（Boyd John and Bruce Smith）①、戴蒙德和迪布维格（Douglass W. Diamond and Phillip Dybvig）②提出，信息获得和信息甄别方面的优势导致了金融中介的形成，在存在逆向选择和有成本的状态证实的投资环境中，借款人对投资项目有着信息优势，金融中介代表存款人监督借款人的行为具有成本优势；杜塔和卡普尔（Jayasri Dutta and Sandeep Kapur）③、本西文加和史密斯（Valerie R. Bencivenga and Bruce Smith）④则认为经

① Boyd John and Bruce Smith, “Intermediation and the Equilibrium Allocation of Investment Capital: Implications for Economic Development,” *Journal of Monetary Economics*, vol. 30, 1992, PP. 409—432.

② Douglass W. Diamond and Phillip Dybvig, “Bank Runs, Deposit Insurance and Liquidity,” *Journal of Political Economy*, vol. 91, 1983, PP. 401—419.

③ Jayasri Dutta and Sandeep Kapur, “Liquidity Preference and Financial Intermediation,” *Review of Economics Studies*, vol. 65, 1998, PP. 551—572.

④ Valerie R. Bencivenga and Bruce Smith, “Financial Inter-mediation and Endogenous Growth,” *Review of Economic Studies*, vol. 58, 1991, PP. 195—209.

济人的流动性偏好和流动性约束是金融中介形成的原因，经济人消费的不确定性迫使其持有流动性资产，金融中介的存在避免了消费行为的扭曲，缓解了流动性约束对消费行为的不利影响，同时金融中介还能避免潜在的投资损失。

金融发展理论着眼于发展中经济的金融发展问题，确定金融自由化的思路，并对经济增长与金融深化之间的关系进行了细致的探索。该理论的重要结论在研究区域问题中同样具有指导意义。进一步说，金融发展理论将视线固定在金融与经济之间的关系上，职责在于寻找决定一国金融发展的主要经济因素。而金融产业成长的研究则专注于考察产业发展的轨迹，以产业为对象，更能清晰地强调内生因素的作用，将虚拟研究过渡到实体研究，是比较科学的说明方法。

3. 金融成长理论

1995 年，张杰博士在其著述《中国金融成长的经济分析》中，明确提出了金融成长的概念："如果我们把金融资源规模的大小看做金融成长量的规定性，把金融资源配置结构与配置效率以及与之相对应的文化基础归纳为金融成长的质的规定性，那么，金融成长本身便是质与量的有机统一体。"①这样金融成长自然表现为两个方面的类型并表现为不同的过程，即量性成长与质性成长。量性成长会表现出增长过剩和发展不足的特征，质性成长则是金融成长的现实最优状态，"发展"具有自动激励"增长"的机制。而成长类型转换的实质就是创新因素的介入，并持续发挥作用，因此，金融成长就是持续创

---

① 张杰著：《中国金融成长的经济分析》，北京：中国经济出版社 1995 年版，第 17—27 页。

新的过程。

他提出，提高一国金融成长水平的出路是增加发展份额，而增加发展份额的关键又在于推进金融创新，金融创新本身归根结底就是金融体制的变革。如果仅从量的层次考察，我国的金融成长已经达到了一个较高的水平，但在质的层次上，无论是金融体制的变革状况、金融结构创新程度还是金融市场的发展水平，都与量的扩张极不对称，偏离效应的作用将在很大程度上支配金融的成长过程，从而使金融体制变革的阻力越来越大。同时，我国金融成长体制环境的改善，还将取决于进一步的体制变革措施对文化因素的触动程度或改变程度。这说明金融成长过程并不仅仅是经济体制的创新过程，它同样是文化因素的变革和创新过程。

他还阐述了金融成长的内生理论，其基本命题是，一国金融成长的真正动力与基点在于内生机制的构造；而内生机制本身又进一步取决于特定的经济金融流程。内生成长或外生成长还以一定的体制安排为依托。在集权经济体制条件下，金融成长一般是外生型的，而在市场经济体制中，它通常是内生型的。因此，内生缺陷的弥补本身预示着经济制度的深刻变革。

他认为，利益要素与风险要素对金融成长具有特殊的作用。在金融成长的正常区间内，风险因素与利益要素必须是兼存的，每一种金融利益都是在与金融风险的较量中获得的。正是由于风险要素的存在，才迫使人们进行金融创新；金融创新带来新的风险组合，它又促使进一步的金融创新。从这种意义上看，没有风险要素便不会有金融成长。

国外部门的介入对一国金融成长也会产生影响，影响的途径和方面取决于国内部门的开放状况。具体地说，如果国内部门是“内开放”的，那么，国外部门的介入将通过催化原有金融结构，激励金融创新，加速市场整合，最终推进成长进程；相反，如果国内部门是"内封闭"的，国外部门的介入将强化金融结构的扭曲程度，刺激金融量的单方面扩张。

金融成长理论虽然还不是尽善尽美的完整框架，但其搭建的理论研究结构和科学的研究方法，对本章研究逻辑的确定具有重要的启示价值：对金融产业成长的研究既要考察成长的动态过程，也要深入探讨成长的促进机制，是经济生物学和经济力学的统一。

4. 区域金融理论

部分经济学者捕捉到了金融的区域性特征，试图揭示区域金融成长的规律。

张军洲博士研究了区域经济发展与金融成长相关性、区域经济和金融运行特征、区域资金流动、资源空间配置与区域融资机构构造和经济转轨过程中区域金融动态等方面的内容。他首先提出区域金融是一个国家金融结构与运行在空间上的分布状况，在外延上表现为具有不同形态、不同层次和金融活动相对集中的若干金融区域。这些区域的金融结构差异、差异互补和相互关联构成一国的区域金融体系。区域金融的内涵要素为：空间差异要素；金融结构与发展水平差异要素；吸纳与辐射功能差异要素；环境差异要素。

他还将区域金融的现象概括为五种情况：与经济区相关的区域金融；按借贷资金运行的区域化联系程度来划分的区域金融；按金融机构密集程度划分的区域金融；按金融现代化程度划分的现代金融区与传统金融区；按金融功能区分的综合金融区与专业金融区。

他对区域融资机制的形成和变化提出了自己的见解，认为，区域融资机制作为影响资源空间配置模式的重要因素，其形成过程与表现特征也有很强的经济体制背景特点。随着经济转轨的进行，区域融资机制必然由当前的计划与市场并存的双轨制向现代市场融资机制转变，其可能的方向或结局为：金融机构分布和资金流向在地区之间日益呈现出非均衡性，形成若干对周边地区和全国具有强大吸纳与辐射功能的金融中心；政策性融资与商业性融资在组织体系与运行机制上彻底分离，市场性融资机制成为金融运行的基础机制，资本流动在国内的地区障碍完全消除并形成统一的金融市场体系。①

区域金融理论确定的研究范畴、前期成果与研究方法是区域金融产业成长研究的基础。区域金融产业成长规律实际上是区域金融成长规律的具体揭示或落实。

5. 金融产业成长的既有研究与结论

张作荣博士在其博士论文中，按照劳动地域分工的基本原理，基于区域经济非均衡发展的宏观背景，从金融产业成长导向经济要素流转与重组入手，界定金融产业及其成长的实质，并从三个层次揭示了金融产业成长的时空运动规律。

按照市场经济法则，金融可以自主行使确定商品和价格的权利，造就独特的投入和产出关联机制，构建涵盖全社会的价值运动系统，凝聚成市场性和政策性金融产业集合——金融产业。金融产业成长从本质上讲是导向和支撑区域经济有秩序的空间扩张的动力性因素和力量。它不仅在于追求融投资规模的扩大，而且更在于提高导向经济要素的空间配置效率。金融产业成长归属于特定的区域。区域经济非均衡发展所造成的金融产业梯度位差必然使金融产业组织体系向地理条件优越的区域聚集，从而使金融产业成长具备区域性

① 参见刘仁伍著：《区域金融结构与金融发展理论与实证研究》，北京：经济管理出版社2003年版，第32—33页。

特征。

金融产业成长有序演进规律表明，随着劳动地域分工的不断发展，金融产业成长功能存在着由简单向复杂、由低级向高级有序演进的趋势。

金融市场空间运动规律揭示，由于存在金融市场的时序构成和地域分异，资金流的空间运动方式和所达到的地理边界自然有所不同。当非均衡经济得到发展时，由资金等若干要素完善起来的金融市场，必然实行梯度扩张和网络扩张。

金融中心区域迁移规律是导致经济活动进行优区位选择的重要规律，不同层级的金融中心沿着地方性金融中心—区域性金融中心—全国性金融中心—国际性金融中心的路径进行域内垂直迁移，形成经济要素转换、聚扩基地。垂直迁移累积到一定程度，会自然引发域内外水平迁移，其结果是改善了区域性或全球性空间结构，促进经济发展由绝对非均衡向相对非均衡转化。①

张作荣博士的研究从三个层次对金融产业成长的时空运动规律进行了阐述，但其研究重点在于讨论了金融产业成长与区域经济发展的关系，还是囿于传统金融发展理论的研究范畴。本章将借鉴并发展现有结论中的合理部分，力图更充分地揭示金融产业成长的区域性特征及成长规律，并通过具体地域的选择进行实证考察，始终专注于产业本身的研究。

此外，张凤超博士的学位论文中也从三个递进层次揭示了区域金融成长的运动规律：金融产业非均衡成长规律、金融等别城市及其空间运动规律和金融地域系统及金融一体化规律。这种层次关系的

---

① 参见张作荣著："金融产业成长与区域经济发展关系研究"，东北师范大学博士学位论文，1996 年，第 27—50 页。

递进高度概括了区域金融产业成长的逻辑顺序，值得借鉴。

五　金融产业的形成条件与成长因素

金融作为国民经济的一个核心部门，其开端可以追溯到中世纪后期。但按照金融产业化的标准，新式银行出现以前的货币经营业和传统计划经济下的金融部门都不属于现代市场体制下的产业范畴。金融产业的形成是货币、资本信用化和信用膨胀的结果，其成长过程反映了物质生产和交换从低级阶段向高级阶段的发育过程。

（一）金融产业的形成条件

金融产业的产生和发展是社会分工和专业化的结果，更为具体地讲，金融产业的形成是在市场经济体制下，历史积淀与现实需求共同作用的结果。金融资源时空运动过程中形成的积淀结果是金融产业形成的现实基础，而日益扩大的市场需求是金融产业产生的根本动力。

1. 市场经济体制是金融产业形成的前提条件

现代市场经济发展的逻辑揭示，经济活动产生并形成了金融产业，反过来，金融产业又通过深化劳动地域分工，不断导向和支撑经济发展，形成倒置金字塔结构式的现代金融经济。二者存在着不可逆的因果关系。在计划经济体制下，金融仅仅是一个行政部门，附属于财政，金融组织体系单一，由国家直接规定金融部门的信贷规模、资金投向以及利率水平。只有在市场经济体制下，金融才能真正体现产业特点，表现为一种筹聚现在已知价值量、在更为广阔的领域寻求融投资机会、谋取未来更大价值量的运动，成为涵盖社会整体经济生活的巨大开放系统和改变经济增长方式的导向力量。

2. 金融资源时空凝聚生成金融产业

任何产业的形成都需植根于相当厚度的基础，要经历相当时间的积累过程。金融产业也不例外。金融活动的日益频繁，使金融资源在某一时间和空间节点上实现了规模集聚，从而产生了整合资源的要求，凝聚形成金融产业。

金融作为一种资源，在时间与空间上进行纵横交错且不间断地运动。但在其运动过程中，总有一根隐形的指挥棒，引导或规范着运动的方向，并逐渐形成一种秩序，这就是金融资源追逐利润的本性。有规律、有秩序的金融运动在空间上会形成"洼地积水效应"。所谓的洼地积水效应是指生产地市场和消费地市场资金的空间运动效应，和高地缺水效应相对应。① 以资金流动为例，资金形态在时间上具有继起性（两重支付，两重归流），空间上具有并存性，它并不在一个平面上运动，而是在金融市场不同层面中按其运作机制有规律地运动。金融市场发育水平越高，资金就越按价值法则进行地理方向的资金—生产—资金的运动。类同水流趋势，由高处流下，在洼地汇集。这种运动的后果自然形成了资金地域分布上的非均衡状态。一方面，金融空间运动的动力是金融资源配置效率的提高，因此总是流向投资回报率高的区域，从而使某些区域金融规模得到迅速扩张；另一方面，较大的金融总量对经济发展的支撑作用更为强大，从而使经济总量也得以迅速扩张，同时伴随着经济结构的合理调整，使这些区域的投资回报率大大提高，对金融的汇集能力更强。循环累积的结

① 参见周晓寒著：《金融经济论》，北京：中国经济出版社1988年版，第59页。

果使金融在空间节点上不断汇集,金融总量的扩张会产生结构调整的要求,得以发育较高层次的金融市场,并向金融中心方向发展。在这样的基础上,自然而然地使金融完善成为一个产业系统:拥有了多样化的金融商品;建立了多元化的组织体系;形成了多层次的金融市场;具备了集中、明确的产业职能;强化了产业内外部关联并构筑了系统扩张或成长的运动模式。

3. 完善金融职能的市场需求催生金融产业

市场的有效需求是决定产业形成的内在动因。"市场需求不仅决定着产业的规模,而且决定着产业的结构、层次和趋向。"①这是由产业的基本功能决定的。产业的生命力就在于能够通过不断创新,提供符合不断变化的、社会需要的产品和服务。

美国经济学家约翰·G.格利和爱德华·S.肖在《金融理论中的货币》一书中提出了关于储蓄与投资的专业分工对金融交易形成的重要作用。经济发展使投资与储蓄间进行了专业化分工,产生了金融活动。金融活动日益频繁,生成了专门从事金融业务的群体,产生金融部门;金融部门在市场经济体制下逐渐实现企业化管理,向经营性部门转化时也就演化为金融产业。在这一过程中,最根本的动力还是金融与经济融合生长过程中完善金融职能的需要。

货币和信用是从商业中发展起来的,追溯金融产业的真正起源,则必须从商贸业中挖掘。在货币的产生及货币流通为贸易发展提供润滑剂的过程中,货币经营业的基础逐渐形成。所谓货币经营业是专门从事货币的收付、保管、兑换、结算和汇兑等与货币流通有关的

① 罗美娟著:"证券市场与产业成长",上海:复旦大学博士学位论文,2000年,第38页。

技术性业务的行业。在货币经营过程中，为客户代为保管金融货币或提供短期支付功能的货币兑换商逐渐意识到在财产存取之间存在着一定的系统性时间差和金额差，并开始利用这两种差额开展了贷款业务时，便出现了实质意义上的银行。但“最初的这些银行，其目的是为了提供一个符合公共利益的法定货币来取代价值不定、成分杂乱的硬币，从而改变商业支付体系，还没有把吸收的货币当作资本来经营。”[①]随着经济贸易的迅速发展，原有的银行框架已不能满足支付体系顺畅、有效的需要，于是进行了具有划时代意义的货币改革，用银行券代替硬币，并开始了银行汇票业务，出现了证券抵押贷款业务，使新式银行的金融业务迅速扩展。现代新式银行的成立，在促使现代金融范畴形成的同时，也使金融成为一支相对独立的力量。所以新式银行的诞生同时也意味着金融产业萌芽期的开端。[②]

随着货币经济向金融经济的过渡，金融逐渐成为经济发展中无处不在的力量。金融对经济的导向和支撑作用越来越重要，逐渐产生了为企业扩大社会筹资、转变组织形式的证券业和为公众增加投资渠道、丰富资产形式的基金业等，金融逐渐发展形成强调自身造血、运营和自我循环与发展功能的产业系统。

可见，金融产业是随着现代商品经济和信用制度的发展而产生并逐步成长起来。商业贸易催生了新式银行，新式银行在提供更加快捷、完备的支付系统的同时，逐渐为贸易提供专业性资金融通，使国内批发商和进出口商能够超过自己的资本积累而从事更大的贸易活动。因此国际贸易中心逐渐从一般的商品集散地转移到新式银行

① 亚当·斯密著:《国民财富的性质和原因的研究》，北京：商务印书馆 1981 年版，第 58、103 页。

② 参见马金良著:“金融产业论”，武汉大学博士学位论文，2000 年，第 9 页、第 17—18 页。

业最为发达的国家和城市。金融产业虽然起源于商贸业，但20世纪以后，金融产业已经形成了不依赖于其他产业独立发展的态势，表现为国际贸易额只是整体金融市场运作规模的很小一部分，国际金融流动更多是由国际金融市场体系的巨大规模以及自身运作特点所引起的。

（二）金融产业成长因素

1. 稳定的政治局势是适于金融产业成长的温和的“气候”

稳定的政治局势是金融产业形成和成长的前提。政治风险的降低，有利于吸引资金供求者，保证国内储蓄与投资正常进行，国际金融业务往来流畅，使金融产业成长既能充分接受国内促动因素的作用，又能享受到国际金融产业成长的能量辐射。国际性金融中心的地域选择说明了这一点。

2. 区域条件的支持为金融产业成长提供了适宜的“土壤”

金融产业在产生之时就已经进行了地域选择，其成长过程更是与区域经济发展相互交织，融为一体。

区域选择是产业的天性，产业总会自行选择适宜成长的环境。在那些地理条件优越、经济活动频繁、市场经济发展较快的区域，金融产业优先成长起来。这是因为优势区域经济发展水平高，储蓄总量多，金融商品交易频繁，从而催生了大规模的金融组织机构和金融市场，并累积形成规模经济，提高了金融创新能力和动机，顺畅了储蓄向投资转化的渠道，金融资源配置效率较高。优势区域金融产业的优先成长又会对弱势区域产生虹吸效应，形成经济梯度区域之间的金融产业梯度位差，这就是金融产业在区域上的非均衡分布状态或金融产业成长的区域性特征。

具体来说，支持或影响金融产业成长的区域条件主要包括区域经济发展水平、区域技术水平及创新能力、交通网络与信息流动等。这些因素之所以会影响金融产业成长，主要是由金融产业本身的特点决定的。金融产业是开放性的系统，其成长过程是系统扩张或运动过程。这一过程涉及金融产业与经济部门中其他产业之间的相互协调与融合，这样，区域内总体经济发展水平以及经济结构的合理化，必然影响金融产业成长的水平。金融产业也是高科技的产业，需要通过虚拟化的手段和技能，实现自身的产业职能。因此对最现代化的科学技术、信息手段和管理方式等要最早掌握并加以运用。此外，时区也是重要的地理区位条件。受金融国际化的影响，那些与国际性金融市场开盘与收盘具有时间上继起关系的城市或区域，都暗含着建立衔接国际金融产业交易活动的金融中心的优势。

3. 宏观经济发展为金融产业成长奠定了坚实的基础

宏观经济发展水平对金融产业成长的作用表现在供给和需求两个方面：不断扩张的经济总量转化为多种形式的金融资产，从而使金融产业规模不断得以扩大；经济结构升级形成金融产业成长持续的需求动力。

经济发展的程度决定了一国或一个区域在劳动地域分工体系中的地位以及劳动生产率水平，从而直接影响居民人均收入水平和资金盈余状况。较高的收入水平和较多的资金盈余，促使经济主体通过增加储蓄、购买债券或股票等各种金融商品，以获取较高的投资回报率，带动了金融产业成长。

经济地理学家陈才先生认为，发展的实质是不同区域产业结构和空间结构有规律地变动，以及由这种变动所带来的经济效益的提高。①

在区域产业结构调整过程中，金融产业成长发挥了重要的导向功能。一方面通过金融产业成长扩大投资增量，调整和改变产业间生产能力的相对构成状态；另一方面通过金融产业成长的时空运动，实现区域产业结构的存量调整，即在金融市场上，依靠资金流的导向和融投资规模的扩大，使经济要素从低增长产业部门流向高增长产业部门，由此使夕阳产业或衰退产业和部门有秩序地退出区域产业链条，最终改变不同产业间生产能力的绝对构成状态。

金融产业成长同样支持了空间结构变动。空间结构的调整主要是通过经济要素空间转移来实现的，在梯度转移的过程中形成空间网络。要想使这一过程灵便、顺畅，需要金融产业成长提供润滑的渠道、快捷的融投资方式，以拓宽区域产业结构存量调整的地域空间，成就经济要素地域配置优势，扩大麦浪效果。

经济发展与金融产业成长总是相互伴生的。实践证明，国际性金融中心总是出现在经济高度发达的经济中心，同时，区域性金融中心也总是出现在经济发展水平相对较高的区域核心。

4. 市场需求与政策驱动是金融产业成长的动力机制

金融产业成长的动力机制包括两个方面：市场需求和政策驱动。前者表现为金融产业基于自身最大化目标的实现，会自主考虑利益、效率、风险等要素，将投入数量合理化并提升产出效率。而后者则表现为在国家宏观金融管理下，通过制定产业政策以及金融制度层次的规范与创新，对金融产业成长的速度和方向以及金融产业结构进

① 参见陈才著：《区域经济地理学》，北京：科学出版社 2001 年版，第 46 页。

行微调。

市场需求不仅决定着产业的规模，而且决定着产业的结构、层次和趋向。金融产业在市场经济条件下产生，作为一个趋利发展的产业部门，追求自我完善，遵循价值规律的引导，进行理性地域选择，并通过不断创新形成较强的竞争能力，因此金融产业是一个在时间上不断进行优势累积、空间上不断加强运动整合的成长体系。

金融产业成长自发地增强其引导经济要素进行空间凝聚与扩散的职能，构造经济发展空间格局，促进其由区域非均衡到均衡的发展过渡，形成空间网络扩张系统。在这一过程中，市场力量自发作用的时间可能较长，甚至在某些领域会出现市场失灵的情况，这就需要政府适度干预，通过政策倾斜予以弥补，形成政策性金融产业成长。例如政策性金融机构的组建、政府有意识的产业引导等。

金融产业成长是市场性金融与政策性金融融合生长的过程。在市场经济发达的区域，市场性金融产业成长的成分更多；而在欠发达区域，则政策性推动的作用更为重要。

5. 持续的制度创新构成金融产业成长的根本保障

新制度经济学认为，一个节省交易成本的制度安排、制度框架和制度创新的空间是至关重要的。一个国家的基础制度安排、制度结构、制度框架、制度环境和制度走向决定了它的经济绩效。在一个不确定的世界里，制度发挥着重要作用，市场有效性直接决定于制度框架。[①] 制度变迁从根本上解释了为什么有的经济一直贫困，而有的

---

① 参见约翰·N.德勒巴克、约翰·V.C.奈著：《新制度经济学前沿》，北京：经济科学出版社2003年版，第2—3页、第5页。

经济却走向繁荣。[1]

金融产业成长需要持续的制度创新作为保障。这种制度创新不仅是金融制度创新,也包括宏观经济制度的创新。

金融制度创新本身是金融产业成长的题中之意,金融制度的功能或职能就是规范金融活动、保证金融资源配置效率、防范金融风险三个方面,从中体现金融制度的三个构成部分:金融组织制度、金融市场制度、金融监管制度。一个金融制度要稳定地存在并富有效率,它的组织制度、市场制度和监管调控制度必须互为条件、互相适应,否则,金融制度就面临着变迁或创新或在危机过后重建的需要。金融制度互为因果的变化过程在连续不断地破坏旧的功能耦合系统,随着破坏程度的加深,在客观上却愈来愈趋向一种新的功能耦合状态。金融制度将从一个旧的耦合框架(如计划金融制度)日益演化到一个新的结构框架(如市场金融制度)上去。[2] 并且,制度变迁的基本动力来自行为主体追求利益的最大化,这意味着出现了金融制度变迁的内在必然性。[3] 我国金融制度的渐进改革可分前后两期,前期所需要的是金融资源的集中与体制内产出的平稳增长,后期中最重要的是分散金融风险和由此凸现的金融产权结构的重组。[4] 由此确立了我国金融产业成长两个时期不同的特点。

宏观经济制度的变革对金融产业成长也有一定的影响,特别是

---

① 参见范恒森著:《金融制度学探索》,武汉:湖北教育出版社 1996 年版,第 30—31 页。

② 参见孙肖远著:“邓小平金融发展观与中国金融制度变迁”,《学海》1993 年第 7 期,第 3—7 页。

③ 参见张杰著:《中国金融制度的结构和变迁》,太原:山西人民出版社 1998 年版,第 63 页。

④ 参见吴献金等著:“金融制度创新与金融产业升级指标体系及效用分析”,《湖南大学学报》2003 年第 3 期,第 108—112 页。

有关经济制度方面的重大变革，例如税收制度、产权制度等。因为金融作为一种产业，必须纳入经济社会发展的总体规划，接受宏观经济制度规范，保持产业的合理布局和成长空间。正如生产要素的投入只有在一定的条件下才对产量的增加起作用一样，任何一项金融创新也只有在一定的经济体制、金融体制下才对金融产业的升级起推动作用。

6. 丰富的人力资源是金融产业成长的必备条件

人力资源是生产力中最为积极主动的要素。作为不断创新的高科技产业，金融产业本身的运行特点，要求拥有大量的、掌握了现代技术手段和知识的人才。特别是在金融产业成长使金融业务的触角突破地域界限，甚至在全球范围内广泛伸展，金融网络覆盖面积日益宽广的情况下，对金融业务人员以及管理者的职业素质都提出了很高的要求。业务人员的技术操作能力需要大大提高，能够应用电子技术和网络技术，操纵和驱使大规模资金运动；管理者需掌握现代管理技术以及拥有不断拓宽的管理视野。此外，参与金融产业的人，都需具备发展的现代金融观念。如果将金融产业成长看做一个竞争力系统，则人才优势是竞争力提高的重要方面。

六 金融产业成长的衡量指标与逻辑过程

金融产业成长具有时间上的连续性和空间上的依附性，也就是说金融产业成长过程既体现了时间序列上的传承与深化，也体现出空间序列的关联与协调，因此在具体时空维度的限定下，各经济地域系统的金融产业态势千差万别，呈现出非均衡、不同步的特点。金融产业成长的地域特征是空间维度成长规律，金融产业成长的阶段划分是时间维度成长规律。金融产业成长的逻辑过程表现为金融产业时间上由低级向高级系统过渡；空间上由区域化发展到空间网络形成。在对逻辑过程进行描述之前需要确定金融产业成长的衡量指标。

（一）金融产业成长的衡量指标

金融产业成长是金融产业量性成长与质性成长的有机统一体。金融产业成长的衡量指标由量性成长指标与质性成长指标构成。

1. 金融产业成长的量性指标

金融产业成长的量性指标即规模指标，主要表现为金融产业规模在以下三个方面的扩张。

一是金融产业生产能力的扩张。金融产业生产能力扩张是金融产业内金融企业生产能力提高和金融产业整体规模扩大的综合反映。具体表现为金融资产总量、金融企业规模以及数量、金融商品种类及其交易额、金融市场发育程度等。

(1)金融资产总量是最为直接的指标，传统发展理论中就利用金融深度指标（DEPTH）即全部金融产业主体的流动负债与当季 GDP 的比率，来反映金融产业主体的总体规模。

(2)金融企业规模扩大以及数量增加直接代表金融产业生产能力的提高，规模扩大表现为金融企业资本增加、资产增加、市场份额增大等企业规模指标。

(3)金融商品多样化，才能提供丰富多样的、满足市场需求的金融服务，这是金融产业具有生命力的表现。金融产品向金融商品的大规模转变和金融商品的多样化是现代金融产业的重要标志。金融期货、期权等衍生产品在金融交易市场交易，使金融产业初级、次级和衍生产品的多层次产品结构日臻合理。20世纪70年代后，国际证券市场交易规则规范化和交易品种的多样化趋势，标志着全球金融产业在产品生产、流通、交易环节的完善，为现代金融产业奠定了良好的基础。金融商品交易额体现了金融产业活跃性，这一指标既包括银行信贷额，也包括股票市场交易额以及其他金融衍生产品的交易额等。

(4)金融市场发育程度在某种程度上决定了一国或地区金融产业成长的水平。是否建立了富有效率的金融市场是金融产业形成的重要标志之一。金融市场发育程度表现在很多方面，例如市场成交额；市场从业人员素质；市场制度规范；金融市场国际化、证券化、市场化水平等。其中资本市场国际化体现在跨国交易的迅速增长，可以用债券或股票跨国交易数量占GDP的比重、机构投资者拥有外国股票的比重等指标来体现。资本市场证券化趋势则可以通过股票市值占GDP的比重、非金融产业资金来源中直接融资所占的比重等指标来衡量。资本市场市场化则指对市场限制性约束的逐渐取消，放宽金融企业的业务边界及市场准入，包括所有制限制、地域限制等，营造自由竞争的市场环境。

二是金融产业的区域扩张。金融产业的区域扩张是指金融产业规模不断扩大，突破区域界限，导致金融产业在区域间转移，达到市场需求边界。金融产业区域扩张具体表现为金融企业以及金融市场的空间扩散，即金融企业突破地域界限，形成分支网络以及金融市场融资的有效直径扩大。可见，金融产业区域扩张也可以通过跨区域金融资产流动规模来表示。

三是金融产业组织扩张。金融产业的组织扩张一方面表现在金融产业内企业向集团化、大型化、国际化发展。目前，在金融国际化进程不断加速的背景下，金融产业组织扩张也表现出了世界范围内金融产业组织整合的趋势，金融企业为了生存和提高竞争力，不断拓展业务领域，将不同的业务内容融为一体，向综合性金融服务超市方向发展，加快了同业并购、跨业合并步伐，不仅推动了金融产业大型化和经营多元化，而且促进了产融结合，大大提升了金融产业在国民经济中的地位。对此可以通过合并后金融企业核心资本量、总资产额、国内外金融机构数量、年营业收入等指标表示。金融产业组织扩张的另一方面表现为金融产业组织的市场控制力，即产业集中度提高，可以通过金融产业规模集中度指标来衡量。这一指标是对银行业、证券业、保险业、信托业和基金业的规模集中度的分别衡量，即各行业中前 5 家或前 10 家或前 20 家企业的总资产集中度、注册资本集中度、市场占有率集中度等。

2. 金融产业成长的质性指标

金融产业成长的质性指标即结构指标和效率指标。

(1) 金融产业成长的结构指标

结构指标包括产业结构指标与空间结构指标。

一是金融产业成长的产业结构指标。主要包括：金融体系结构、金融市场结构、金融商品结构、金融产权结构、金融资产结构等。

金融体系结构是指金融产业内部银行业、证券业、保险业、信托业和基金业的结构关系。在金融产业的形成以及初始成长阶段，银行业总是优先发展的。银行业相对萎缩，证券业、保险业、信托业和基金业逐渐形成和发展，并接近乃至超越银行业在金融产业中的地位，成为社会融资和经济发展的主要力量，这是金融产业成长的重要表现。金融市场结构是指货币市场和资本市场所进行的金融活动在总体金融活动总量中的比重，从而体现出货币市场与资本市场的相对重要性。而资本市场的逐步完善则是金融产业成长水平的重要标志，这意味着社会融资的主要方式由间接融资转向直接融资。发达国家金融产业成长过程中出现的“脱媒现象”是很好的证明。金融商品结构既指各种金融商品交易额的比率，也指各种层次的金融商品交易额在金融商品交易总额中的比重。金融商品结构能够衡量出金融产业中各行业的活跃程度，也能够指示一个国家或地区金融商品的创新程度。金融产权结构是对金融企业产权结构的描述。产权结构从一定程度上能够衡量出一个国家或地区金融产业的开放程度以及竞争程度。具体可以通过金融企业资本构成来表示，例如我国光大银行中股东的股权比重；也可以通过某一行业（如银行业）中的股权结构或筹资渠道来表示，例如我国银行业中，国有银行数量及比重、股份制银行数量及比重等。产权结构还应反映出不同产权的金融组织的相关经营指标，例如我国银行业中，国有银行资产额所占比重、利润比重、市场占有率；股份制银行资产额比重、利润比重及市场占有率等。

二是金融产业成长的空间结构。金融产业成长的空间结构是金融产业区域扩张和金融组织扩张的结果，可以通过金融资产的空间分布和金融组织的空间结构来衡量。金融资产的空间分布可以通过各区域各类金融资产在总额中的比重来表示，例如，各区域各项存款余额占全国各项存款余额的比重；各区域全部金融机构贷款余额占全国各项贷款余额的比重；全国银行存款或贷款在不同地域间的分布；各区域企业债券发行额及比重；各区域上市公司发行募集资金额及比重等。金融组织的发展不仅是特定制度的函数，而且也是经济活动规模的函数。市场范围或经济活动规模因各个地区的禀赋不同而存在巨大差异，从而决定了金融组织空间分布的常态是非匀质的。对金融组织空间结构的衡量可以通过不同地区金融组织密度这一指标,例如各区域上市公司数量及比重、各区域外资金融机构总数及比重等。金融产业成长的空间结构指标不仅描述了区域金融产业成长的地域分异,而且指示了金融资源的地域流向。

(2) 金融产业成长的效率指标

金融产业的效率可以从宏观效率、微观效率和金融市场效率三个方面来衡量。

一是金融产业宏观效率是对金融产业宏观功能实现效果的考察。金融产业宏观功能表现在两个方面,一方面是作为宏观货币政策的主体,对宏观经济进行调控;另一方面则是金融产业对经济发展的支持。对于前一方面可以通过具体金融政策落实后政策目标的实现情况来表示,例如通过利率手段来启动消费需求时,可以对比社会消费总额增长的比率与利率下调幅度。此外货币乘数也是重要的衡量指标。一般来说,金融产业的运作效率越高,货币乘数也就越大。而金融产业对经济发展的支持力度,主要表现在金融产业配置社会资源的效率上,可以由金融产业对社会储蓄的动员效率、储蓄向投资转化效率以及投资对实体经济的推动效率来反映。具体可以通过以下相应指标加以衡量:a. 经济增长的金融成本指标。这一指标相当于 GDP 增长率/贷款余额增长率或货币供应量增长率,它能衡量经济增长的成本。这一比值越高,说明金融对经济的支持力量越强,经济质量越高,即资本结构和制度创新的贡献份额越大。b. 金融产业配置资源功能指标。引导资源配置是金融产业的重要功能。可以通过货币资金供求在多大程度上达到或趋向均衡状态来衡量。具体包括银行存贷差规模;找不到投资方向的民间资金规模;股票一级市场游资规模或比重;保险公司资金投入资本市场的规模和比重;上市公司闲置资金规模;社会储蓄与投资缺口;上市公司赢利能力;投资者投资回报率等指标。c. 资金外逃指标。根据爱德华·肖的理论,资金外逃是一国宏观金融效率不高的重要标志。它实际衡量的是金融产业动员储蓄的能力以及一国或地区的资本市场是否有效。d.金融效率竞争力。金融效率竞争力是金融产业效率的综合指标。金融效率竞争力主要评价资本的隐性成本这类指标,表现在一国金融产业对其他部门的介入程度是否足够,其他部门获取金融资源的渠道是否顺畅等。e.金融产业对经济增长的贡献度指标是金融产业是否富有效率的重要标志。一般可以通过金融产业产值在GDP中的比重来表示。它表明了一个经济体中经济金融化的程度、金融产业在国民经济中的产业地位和产业功能层次。随着这一比重的不断提高,金融产业在国民经济中由基础性产业过渡到支柱性产业乃至主导产业,金融产业功能由适应性转向主动性,由经济增长的保障力量转变为重要支撑,继而成为国民经济增长的决定性因素。可见,这一指标可以标志金融产业成长的不同水平。

二是金融产业微观效率是指金融企业或金融机构的金融效率,包括经营效率和发展效率,衡量的是金融企业或金融机构的投入产出状况。其中经营效率指标主要是通过业务能力和赢利能力表现出来的。金融企业或金融机构的业务能力主要体现在所提供的金融商品和金融服务对社会需求的满足程度、资金的清算速度、资产的增长率等方面。金融产业的赢利能力指标主要包括两个方面,即资产赢利率和资本赢利率。其中资产赢利率是指经营利润与总资产的比率,反映金融企业运用资产的效率。而资本赢利率是指经营利润与自有资本的比率,反映金融企业运用自有资本的能力,同时也意味着金融企业所有者的产权增值能力。这两项指标都涉及经营利润,利润提高应通过收入增加和成本减少来实现,而有效运用资产、提高经营管理水平以降低呆账、坏账比率是重要方面。此外,金融产业的经营效率也应考虑到人均指标,如金融企业或机构的人均资本额,即金融资本额/从业人员数量、人均资本利润率、人均资产利润率等。也应注意到企业的经营效率与金融企业的公司治理结构及企业行为关联密切。

金融产业的发展效率是指作为金融产业主体的金融企业或机构的潜在竞争能力,可以通过金融产业创新能力、资本增长能力、设备的现代化配置及更新能力、人员素质和经营管理水平的提高能力等来体现。① 金融创新能力是金融企业或机构开拓新业务、开发新产品和服务、变革新制度的能力。金融产业是具有强大创新动力的行业,创新意识和创新能力是金融产业最重要的竞争力。资本是开展业务的基础,资本充足比率和增长力反映金融企业或机构的整体安全程度,并限定金融业务扩展的边界。设备现代化配置和更新能力、从业人员的素质和经营管理水平是现代金融产业发展效率的重要保障。

三是金融市场效率。金融市场效率是结合宏观效率和微观效率的中间层次。在某些程度上和宏观、微观效率指标有所重叠,并且对金融市场效率的衡量基本上是理性考察,很难进行具体量化。可以从两个角度对金融市场效率展开研究:一方面是金融市场自身的运作能力;另一方面是金融市场运作对经济发展的作用能力。② 金融市场运作效率可以从以下五个方面综合考察:金融商品价格对各类信息的反应灵敏度;金融商品价格是否具有稳定、均衡的内在机制;金融商品数量及创新能力;剔除系统风险的能力;平均交易成本。金融市场对经济的作用效率主要体现在市场对融资需求的满足能力和融资方便程度上,具体的衡量指标与宏观效率中金融产业资源配置

---

① 参见王广谦著:《经济发展中金融的贡献与效率》,北京:中国人民大学出版社 1997 年版,第 146—147 页、第 152 页。

② 同上。

功能指标相同,因为金融产业资源配置功能是通过金融市场实现的。

金融产业是风险集中的产业,在追求金融效率的过程中必然会滋生金融风险。金融产业成长过程在某种程度上就是协调提高金融产业效率,维护金融产业稳定,协调金融产业微观主体的效益和金融社会效益,协调金融创新和金融监管,控制金融风险的过程。因此安全性指标也应是衡量金融产业成长水平的重要内容,但又已经涵盖在效率指标当中,例如资本充足率、呆账与坏账比率等。也就是说,有效率的金融产业必须是具有较强风险抵御能力的系统。

(二) 金融产业成长的逻辑过程

金融产业成长的逻辑过程是指金融产业成长的时序特征与空间形态。金融产业成长具有时空连续性,从时间维度看,金融产业成长表现为由低级系统向高级系统演进的过程,在时间序列的某一横截面上,金融产业体现出不同的成长状态;从空间维度看,金融产业成长又表现为不断运动与状态凝结,形成明显的区域化表征,即在某一具体的区域范围内形成集聚—扩散的运动链条和空间网络系统,实际上是金融产业在空间上由非均衡走向均衡的过程。

1. 金融产业成长的时序特征

通过对金融产业成长时序特征进行描述,国内部分学者形成金融产业成长阶段划分的结论。张凤超博士在其论文“金融产业成长及其规律探讨”中,借鉴产业发展生命周期理论的结论,根据金融产业在区域产业系统中扮演的角色对金融产业成长进行了阶段划分,勾勒了金融产业成长轨迹。处于低级成长阶段的金融产业在区域产业系统中属于基础产业,发挥基础保障作用,产值比重较小;处于中级成长阶段的金融产业已经成为支柱产业,对区域经济发展起支撑作用，产值比重增大；处于高级成长阶段的金融产业是产业系统中的主导产业，在很大程度上决定产业结构的未来发展方向和模式；在高级成长阶段的末期，金融产业成长过渡到后高级阶段。由于产业具有衰而不亡和曲线突变的特点，在后高级阶段，金融产业会因地域条件或产业政策支持等因素，进入新的成长轨道，如图 5-1 所示。①

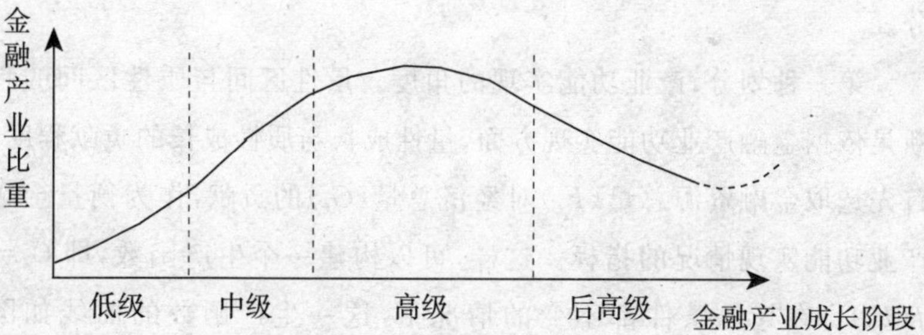

图 5-1　金融产业成长轨迹

这一对金融产业成长阶段划分的结论中，测度指标的选取和阶段特征的描述都比较科学、合理，虽然作者并没有精确地界定作为产业成长阶段划分界限的金融产业产值份额或比重。

金融产业成长生命周期的描述是金融产业时间维度成长规律的一个方面，本章尝试性地分析了金融产业成长时间过程中表现出的另一特征。作为产业系统中的一个子系统，产业成长过程实际上也是追求产业功能实现的过程。金融产业成长也不例外。而且作为特殊的产业系统，金融产业更具价值的功能不是体现在自身的产值贡

① 参见张凤超著："金融产业成长及其规律探讨"，《当代经济研究》2003 年第 10 期，第 68—72 页。

献，而是通过引导资源流动以优化产业结构、增加金融资源总量并提高配置效率以支撑经济发展体现出来的。金融产业功能实现方式可以表现在量的支持和质的发展两个方面。此外，根据金融产业成长的内涵，金融产业成长表现为量性成长与质性成长两种状态，从时间维度考察，金融产业成长过程是量性成长向质性成长的过渡。基于以上考虑，下面将金融产业成长确定为两个区间：量性区间与质性区间，并采用两种方法或角度对量性区间与质性区间进行具体划分。

第一种划分：产业功能实现的角度。量性区间与质性区间的判断是依据金融产业功能实现方面，量性成长与质性成长的贡献程度。首先选取金融资源总量（F_t）对经济总量（G_t）的贡献，作为衡量金融产业功能实现情况的指标。这样，可以构建一个生产函数，即 $G_t = f(F_t)$。在其他条件都不变的情况下，这一生产函数的曲线如图 5－2所示。

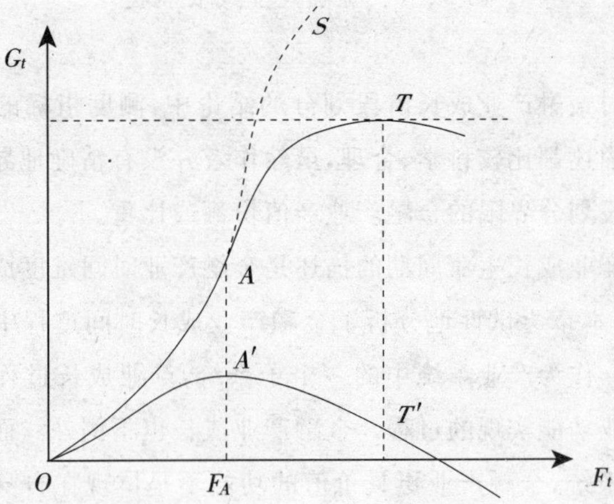

图 5－2 金融产业成长区间

根据图 5-2,具体分析如下:

(1)金融产业功能实现途径之一就是金融产业量性扩张,表现在量性成长指标上,最直接的反映就是金融资源总量对经济总量的贡献。金融产业成长首先表现在量的扩张上,即量性指标的放大。随着金融产业量性成长,金融资源总量随时间日益增加,以 F_t 表示金融资源,则金融资源总量增加带动经济增长,使经济总量不断扩大,用 G_t 表示。

(2)由于边际报酬递减规律的作用,金融资源增加使经济总量扩张过程中呈现出增加速度先快后慢的特点,即经济总量扩张路径如 OAT 曲线所示。在 OA 阶段是边际报酬递增阶段,而 AT 阶段则是边际报酬递减阶段,T 点之后,则边际报酬小于零,即金融资源增加反而使经济总量减少。金融资源边际报酬变化如曲线 $OA'T'$ 所示。

(3)实际上,在金融资源量性扩张一定程度之后,金融产业会因创新等因素的介入而进入质性成长阶段。此时,金融产业成长更多地表现在结构优化与效率提高,从而使金融产业功能实现方式得以转换,金融产业对经济的贡献没有出现报酬递减,而是将边际报酬递增阶段继续维持,形成一条修正曲线,如 OAS 所示。

(4)一旦金融产业量性成长成为经济增长瓶颈,即金融产业量性成长乏力时,需要通过创新来使金融资源配置效率提高,即进入了以集约为特征的质性成长阶段。

(5)从图 5-2 中可见,在金融产业成长过程中,无论是量性成长还是质性成长,金融资源总量始终保持了扩张趋势,并且由于金融效率的提高，金融产业对经济增长的支持作用越来越强，金融产业在产业系统中的地位自然越来越重要。结合金融产业成长生命周期，金融产业成长阶段越高级，质性成长的贡献越大。

(6)从量性区间与质性区间的划分来看，在金融产业成长的初始之时，即进入量性区间。量性成长对经济增长贡献处于边际报酬递增阶段，属于量性区间。当质性成长对经济增长贡献作用突显，并修正了金融产业的贡献曲线时，即进入了质性区间。如以金融资源总量来衡量，则在 F_A 之前为量性区间，F_A 之后则为质性区间。

量性区间金融产业呈现出明显的规模扩张趋势，体现在金融企业规模、金融资产规模、金融商品交易规模等表示生产能力扩张的指标，跨区域金融资产流动规模等表示金融产业区域扩张的指标和金融产业集中度等表示金融组织扩张的指标不断提高。金融资源同样具有稀缺性，因此量性成长在一定阶段之后会出现乏力状态，临近成长边界，并且偏离金融资源最佳配置的最优成长状态。质性成长份额逐渐增大，过渡到质性成长区间。质性区间主要表现为金融产业效率和结构等指标的发展。

第二种划分：最优成长状态的角度。如前所述，量性区间向质性区间的过渡，是由于量性成长在一定阶段后会出现乏力而创新因素介入又导致了质性成长成本下降。如果将金融产业成长确定为量性成长和质性成长的函数，则量性区间向质性区间的过渡可以通过最优成长状态的选择来说明，如图 5-3 所示。

图 5-3 中横轴表示量性成长，即金融产业规模扩张，纵轴表示质性成长，即金融产业结构升级与效率提高。曲线 U 和 U' 表示量性

成长与质性成长的效能曲线或金融产业成长曲线。直线 AB 表示量性成长与质性成长的等成本线。

(1)一般情况下,量性成长的成本要高于质性成长的成本,因此,从等成本线来看,其在纵轴的截距会大于在横轴的截距,这一特点随着金融产业成长过程的延续会表现得越来越明显。

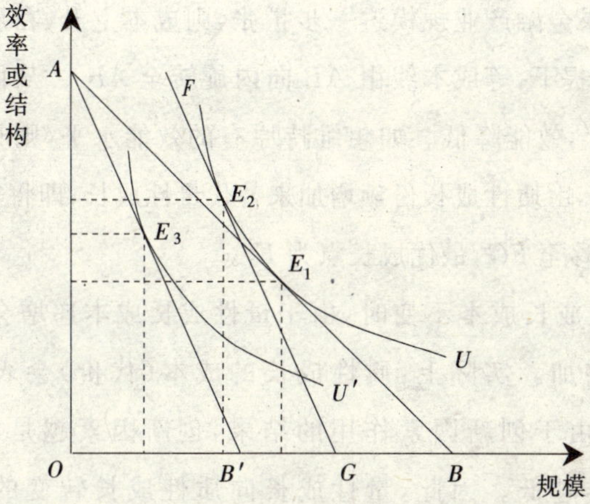

图 5-3 量性区间向质性区间的过渡(I)

(2)曲线 U 表示量性成长与质性成长的效能曲线,该曲线向右下方倾斜并凸向原点,表示在效能相同的情况下,量性成长与质性成长之间存在边际技术替代率递减规律。

(3)从长期来看,量性成长或金融产业规模扩张的成本具有先减后增的趋势,这是由于规模经济与规模不经济的作用。在金融产业规模扩张时,总是先表现为规模经济,从而一定的量性成长所需的经济支持越来越少。但规模扩张到一定程度,又会出现增长乏力的现象，进入规模不经济阶段。

(4)假设初始时的等成本线为 AB，则此时能够实现的最大成长效能为 U，最优金融产业成长状态如 E_1 点所示，该点也确定了金融成长中量性成长与质性成长的贡献份额或结合方式。所谓最优成长状态是指一定资源限制条件下，量性成长与质性成长通过最佳配合来实现最高金融产业成长水平。

(5)如果金融产业规模进一步扩张，则成本上升，在质性成长成本不变的前提下，等成本线由 AB 向内旋转至 AB'。从而最大成长效能只为 U'，效能降低。如想维持原有的效能水平，则只能通过改变成长方式，由质性成长份额增加来替代量性成长，即将等成本线由 AB' 向右平移至 FG，最优成长点为 E_2。

在质性成长成本不变时，由于量性成长成本递增会导致质性成长份额增加。实际上，质性成长的成本（代价）会表现出递减趋势，这是由于创新因素作用的结果，创新因素越是活跃，质性成长的成本越低。因此，量性成长向质性成长转变的速度会更快，如图 5－4 所示。

(1)由于量性成长的成本呈递增趋势，而质性成长的成本呈递减趋势，则等成本线在坐标空间上按顺时针方向旋转。等成本曲线与效能曲线的切点的变化表示了最优成长状态的变化。

(2)仍以等成本曲线 AB 和效能曲线 U 为其始状态，则 E_1 点表明了最优成长状态。若等成本线旋转到 CD 位置时，仍与原来的效能曲线 U 相切，切点为 E_2。这一状态表示通过量性成长与质性成长份额的调整，质性成长替代量性成长，未能改变金融产业成长水平。

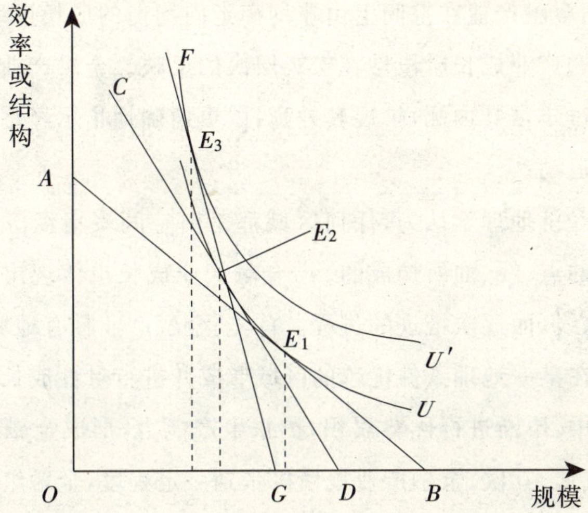

图 5-4　量性区间向质性区间的过渡(II)

(3)若等成本曲线继续旋转至 FG 的位置，则与效能曲线 U' 相切于 E_3 点。这一状态表明，质性成长替代量性成长，并且带来金融产业成长水平的提高。

(4)等成本曲线 CD 以及对应的 E_2 点为量性区间与质性区间的临界状态。因为，等成本曲线旋转至 CD 之前，最优成长状态所在的效能曲线都在曲线 U 的左侧，说明成长水平较低，即质性成长不能取代量性成长的地位，因此，金融产业成长仍然处于量性区间；当等成本曲线旋转至 CD 之后，可以和更高位置的效能曲线相切，说明质性成长已经取代量性成长，对金融产业成长水平起主要作用，金融产业成长进入质性区间。

2. 金融产业成长的空间状态

金融产业时间维度的成长特征可以归结为金融产业成长的微观

阶段性，而金融产业在空间上由非均衡走向均衡的成长过程，则可以归结为金融产业成长阶段性在宏观层次的反映。金融产业成长的实质就是通过丰富其内涵，扩展其外延，以更精确地指示经济要素的空间配置和运动。

区域经济地理学认为，任何区域都是由空间聚集经济形成的非均质排布的点、线、面所构成的。[①] 金融产业成长也体现出了在区域范围内点、线、面逐次推进的过程。首先，金融产业具有地域选择性，因此总是在某一地理条件优越的区域形成并进行量性成长。在量性成长过程中，不断进行优势累积，扩张生产能力，形成金融产业成长中的“节点”。其次，金融产业规模扩张到一定程度，金融组织结构日益复杂化、高级化，金融市场边界扩展，需要突破区域界限，打破金融资源的属地配置，形成金融产业梯度位差。再次，由于金融产业梯度位差的存在，使金融产业沿一定的方向进行有序运动，随着运动形式和方向不断丰富，产业运动轨迹纵横交错，节点数量增加，形成网络扩张。金融产业区域扩张的网络就是金融所谓的“线”。最后，空间结构逐渐完善，形成空间聚扩系统，即包括了中心与腹地以及网络在内、覆盖了一定空间范围的“域面”。所以，金融产业成长的实质就是金融产业在扩张过程中不断进行分化、整合，包括产业结构、功能分化整合和地域整合，最终形成空间排布状态。

从以上分析可见，运动是金融产业空间成长的内在属性和基本方式。在金融产业空间成长过程中，金融市场是金融产业空间扩张的媒介，提供了场所和途径；金融组织体系则是基本载体，金融产业的空间转移主要是通过组织结构的空间扩散实现的；而金融中心的

① 参见张作荣著：“金融产业成长与区域经济发展关系研究”，东北师范大学博士学位论文，1996 年，第 77 页。

空间迁移、层次演进和相互角逐、衔接，是金融产业空间成长的高级形态，决定了金融产业空间成长的模式和结构。市场自发作用以及资源地域分布的非均衡性，是促成和决定金融产业成长空间形态的直接因素，而倾斜的或同一的政策引导是加速或纠正空间形态的重要力量。

金融产业成长的区域性特征，不仅反映了异质区域金融产业空间分布状态，而且也指示出了一国区域空间差异的程度。“所谓金融区域化现象，是金融产业成长差异的空间映射。”①

金融产业成长的空间状态一方面表现为金融产业成长的区域化特征，即金融组织体系的空间非均衡排布，金融市场体系的空间非均衡发展以及金融制度框架的空间非均衡变迁等。另一方面，“金融产业的外部关联特征随金融产业成长状态的改变表现出巨大的反差。在中级成长阶段是以集聚效应为主导效应，而高级阶段则以扩散效应为主导效应。它决定了金融地域运动的方向，从而造就了城市体系或经济地域系统的金融空间运动格局。”②这里主要侧重分析前一层次的区域差别，在模式设计中涉及第二层面。

“每一个独立地域空间的城市群体都是产业空间组织的表现形式，而城市群体的形成与发展又会反过来影响产业的空间组织。基于金融产业的集聚或扩散效应而形成的各金融级别城市的空间组合相互作用、相互联系，可以称之为城市群体金融等别结构。……揭示一定时点上各金融级别城市区位的组织形式。……是城市节点相互

---

① 张凤超著：“金融等别城市及其空间运动规律”，《东北师范大学学报》（自然科学版）2005 年第 2 期，第 125—129 页。

② 金融地域运动理论对于金融等别城市及其空间运动规律的建设性陈述，详见张凤超著：“‘粤港’金融一体化理论与模式研究”，东北师范大学博士学位论文，2003 年，第 37—47 页。

依存的空间现象。"在城市群体中，对城市金融等别结构的认定，依托于对城市金融产业成长状态和城市在金融产业空间运动中的地位的判断。将城市区分为金融增长极、金融支点和金融中心，并确定城市群体金融等别结构的模式和金融等别城市空间运动过程中某一时点的状态，是金融产业成长空间状态的重要物质内容。

第六章　区域金融流动

一　区域金融流动的一般性分析

(一) 区域金融流动的概念及成因

现代市场经济的发展,加深了劳动的地域分工,促使区域间经济交换和往来日益密切。因为商品及其生产过程是资金物化而成的固定资产、流动资产、技术与劳动力相结合的产物,可以说,资金要素的流动与经济发展具有内在的统一性,它既是经济运行的必然结果,也是区域间经济合作与交往的基本动力因素。

区域金融流动是指由于区域间贸易、劳动力转移、投资等行为的产生而引起的区际货币资金流动。对区域金融流动的研究不同于传统的资金流量分析(flow of funds)。资金流量分析是 20 世纪 50 年代后发达国家开始采用的一种宏观经济分析方法,它将国民经济分为若干部门,并对每一部门的实物和金融交易都进行分析。这种分析方法对整体经济的每一类资金去向都能给予明确的显示。而区域金融流动分析不涉及实物交易,只对金融资金的流动进行分析,讨论的问题也基本在金融部门。此外,金融流动讨论的是地区间的货币资金流动,并不涉及部门间的资金流动。它研究的重点不是区际货币资金流动对部门经济的影响,而是对地区经济发展的总体影响,并探讨如何通过地区间的相互资金流动达到总体经济效益最大和总体经济平衡。

区域金融流动的原因比较复杂。不仅在不同的时期有不同的原因,就是在同一时期,不同区域货币资金流动的原因也是不一样的。一般来说,区域间货币资金流动是由经济原因和制度原因综合作用而致的,而其中主要原因在经济方面,即追逐经济收益的最大化和分散风险。区际货币资金流动是以流入地区具有对外界货币资金的某种吸引力为前提的。在以获取最大利润为目标的前提下,一个地区要吸引外部货币资金,就必须保证由外部流入的资金在流入的地区能够得到比流出地区更高的利润。但是,由于交易成本和风险的存在,如果利润的差别在投资者看来不足以补偿交易成本和风险,资本就不会从利润率较低的地区流向较高的地区。对投资者而言,收益增加或风险降低都会给他们带来更高的效用水平。因此,他们不仅关心投资收益,还关心投资风险,而货币资金的区际流动有利于风险的降低。这是因为各地区的经济发展并不完全同步,通过扩大投资范围,选择最优的投资组合,促进区际金融流动,可以将系统风险的那部分不确定性因素转化为非系统风险,从而获得额外的收益。

市场机制在区际资金流动中发挥着基础性作用,即通过预期资本收益率、利率等变量的区域差异来调节资金在区域间的流向。一般情况下,预期决定着投资者的行为,而投资者的经济行为又往往促成预期转化为经济事实。资金投向预期资本收益高的区域,是投资者的理性选择。在市场机制的调节下,资金就在投资收益的这个杠杆作用下从低收益区域流向高收益区域,从而通过资金流动引导着其他要素的流动与组合。区域间货币资金流动使得资金过剩或短缺状况得到缓解,与其他要素(如技术、劳动)组合比率趋于合理,最终流出方、流入方的收益都有所提高。

(二) 区域金融流动的净收益分析

若一个地区货币资金供给不足,且储蓄率的提高又已经达到某种界限时，则需要从外界输入货币资金。区域间的金融流动既是联系各区域经济的重要渠道，也能为区域带来净收益。下面从总效用和总产出的角度分别对区域金融流动带来的净收益进行分析。

根据微观经济学原理，消费者所获得的总效用水平随消费的增加而增加，消费水平和效用水平的关系如图 6-1 所示。

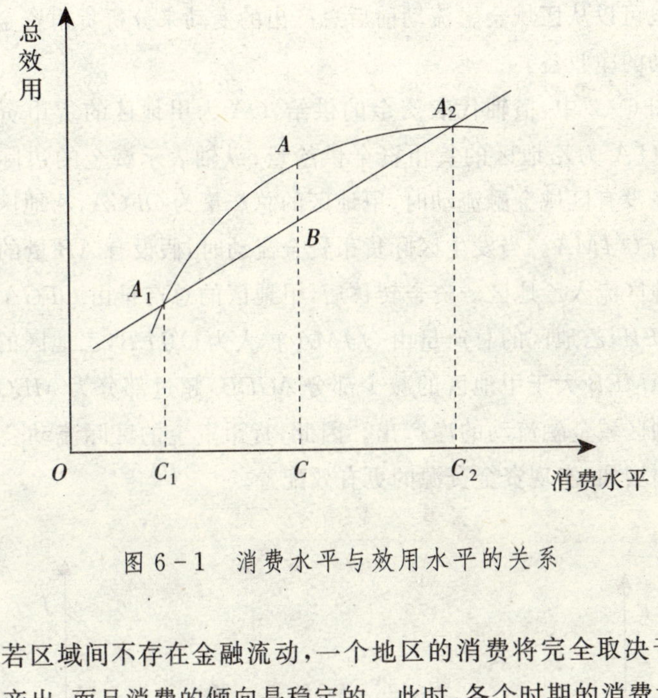

图 6-1　消费水平与效用水平的关系

若区域间不存在金融流动，一个地区的消费将完全取决于本地区的产出，而且消费的倾向是稳定的。此时，各个时期的消费水平将随产出的波动而波动。在经济不景气的时候，该地区的消费水平较低为 OC_1，效用水平为 C_1A_1；而在经济比较好的时候，该地区的消费水平较高为 OC_2，效用水平为 C_2A_2。若把两个时期作为一个整体的过程来考虑，并假定 C 为线段 C_1C_2 的中点。那么，这两个时期该地区消费者的平均效用水平为 $(C_1A_1+C_2A_2)/2=CB$。若考虑区域间存在金融流动，这也是比较结合实际的情况。这种情况下，该地区通过资本的流动就可以平抑消费水平在不同时期的波动。经济不景气时，该地区可以从外界借入货币资金，而在经济状况较好时，可以向其他地区借出资金，从而使消费水平保持在 OC 的水平。这样，不论产出量如何波动，两个时期的平均效用水平为 CA，与没有金融流动时的平均效用水平 CB 相比，高出 AB 部分，这也就是区域间金融流动带来的净收益增量。

也可以从区域金融流动前后总产出的变动来分析货币资金的区际流动的净收益。

图 6－2 中，横轴代表资金的供给，OA 为甲地区的货币资金供给量，$O'A$ 为乙地区的货币资金供给量；纵轴表示资金的边际生产率。在没有区域金融流动时，甲地区的总产量为 $OFGA$，乙地区的总产量为 $O'JMA$。当发生区际货币资金流动时，假设有 AB 量的资金由甲地区流入乙地区。资金转移后，甲地区的总产量由 $OFGA$ 减少为 $OFEB$，乙地区的总产量由 $O'JMA$ 扩大为 $O'JEB$，乙地区的增加部分 $AMEB$ 大于甲地区的减少部分 $AGEB$，超过部分为 MEG。这部分为区域金融流动的净产出。因此，货币资金的区际流动会带来总产出增加，实现资金资源的更有效配置。

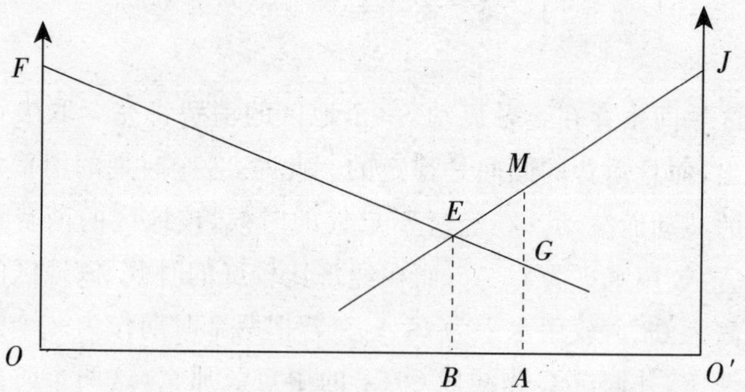

图 6－2 金融流动对区域经济的影响

货币资金的区域间流动能对区域经济的发展产生极其深刻的影响。首先,它能够冲破区域间金融市场的界限,消除市场利率、交易方式和交易条件等方面的差异,形成市场统一的均衡利率,促进资金在全国范围内的合理配置。其次,货币资金的区域间流动可以促进资金与流入区域资源和劳动力等的有机结合,为货币资金流入地区创造一定的就业机会,促进该地区产业结构的升级和区域经济的发展。此外,也应该认识到,区域金融流动的净收益不但取决于区域间货币资金流动的量,还和货币资金的使用密切相关,即除了流动数量外,还应看到货币资金流动的质的状况。在投资评价中,除了要考虑与投资额度相关的投资的就业效应、区域内形成的前向联系效应和后向联系效应外①,还应考虑由于区域间货币资金流动所形成的社会成本和环境负担。

(三) 区域金融流动的形式和渠道

区域金融流动是由于区域间贸易、劳动力转移、投资等行为的产生而产生的区际货币资金流动。由此可以看出,区域金融流动的主要形式包括区际贸易和劳务收支资金流、区际直接投资和区际间接投资。区际直接投资和区际间接投资可以合称为区际资本流动。

1. 伴随贸易产生的资金流动是因贸易结算而形成的,其流动的方向一般是与货物流动的方向相反。劳务收支究其实质也可归到贸易收支中来。劳务输出所带来的货币资金流动,主要是指自农村实行承包责任制以来,游离出大量的农村剩余劳动力并向外转移,由此形成的货币资金的回流。在我国,随着沿海经济的发展,对劳动力的

---

① 发展经济学家赫尔希曼提出了有名的联系效应的概念。联系效应是指一个产业对其他产业发展的影响,分为前向联系效应和后向联系效应。一个产业和吸收它的产出的产业之间的联系为前向联系;一个产业和向它提供投入的产业之间的联系为后向联系。

需求日益增大,劳务输出引起的资金流动的重要性日益突出。劳务输出构架了资金由发达地区向落后地区回流的渠道。我国中西部不少地区生态环境脆弱,发展农业生产的条件比较差,尤其是人多地少的矛盾正日益突出,依靠农业结构调整增收的空间十分有限,劳务输出成了这些地方重要的谋生方式。以我国的农业大省湖南为例,2001 年全省省外流动就业 487 万人,通过邮寄方式以及在当地消费的务工收入达 300 亿元。四川省 2002 年跨省输出劳动力 560 万人,全年实现劳务收入 400 亿元,劳务收入已占农民人均纯收入的 29%。据统计,全国 2004 年外出 1 个月以上的农村劳动力总数达到 9 831 万人,流动半径也相应扩大,巨大的劳务输出带来的资金回流不可忽视,劳务输出已经成为一些地方致富的"秘诀"。由劳务输出所引发的货币资金的流动变化反映了城市结构和经济结构的变化,也反映了不同经济区域的发展热点。

2. 伴随投资产生的货币资金流动,即区际资本流动,这些资金的流动有明显的趋利性,资金流动的主要原因在于区域之间利润率的不同。资金一般从利润率低的地区流向利润率高的地区。其中,区际直接投资即地区间生产资本的输出,是指一地区的法人和自然人在另一地区设立企业,或者是一地区的法人或自然人收购另一地区企业的重大所有权和管理股份,通常的衡量标准是最低收购 10% 的股份。可以看出,在区际直接投资中,直接投资者对投入资金的实际运行过程具有足够的影响力或控制权。区际直接投资中,为了保证获得较高的利润率,或者在原料、燃料、动力供应方面,或者在工资成本方面,或者在自然资源的利用和资金方面采用较低的成本,使得外界流入的资本有利可图;或者在税收方面给予优惠;或者在产品的销售和贸易条件方面给予特殊的待遇。从生产联系来看,区际直接投资中,母公司和子公司的生产联系可能采取两种形式:垂直联合与水平联合。垂直联合是生产过程之间的联合。现代技术的发展已使企业的空间分离成为可能。这时,为了降低成本,获取高额利润,企业往往把生产过程分解,并根据各个生产过程的特点安排在不同的地点发展。水平联合是在其他地区建立生产同母公司同样产品的子公司。水平联合的目的,在于控制其他地区的市场,增加在当地市场的竞争能力,或者是满足当地消费者的特殊要求。因为不同地区的偏好是不同的,同种产品可能需要不同的设计和装潢。从外界流入的货币资金对这个区域的哪些部门或哪些条件最感兴趣,这将对该地区今后的经济结构和专业化趋势有很大的影响。区际资本流动的另外一种重要形式是区际间接投资,包括证券投资和借贷资本输出,其特点是投资资金不直接参与这些企业的经营和管理。证券投资是指一个地区的投资者通过购买另一地区的股票、债券而引起的资金的跨区域流动,这种流动的目的在于获得证券的收益,而不是直接参与企业的经营管理活动。区际借贷资本输出,包括金融机构贷款、金融市场贷款等。借贷资本的输出不同于生产资本的输入,投资者并不直接操纵或影响资金的实际运行过程。在区际借贷资本输出的情况下,投资者只是一个债权人,他所关心的只是投资的回报率、较高的利息率或较稳妥的信用保证。

此外,政府预算和预算外投资资金在不同区域间的分配、各地方政府的跨地区合作、银行资金在不同区域间的分配、投资资金通过资本市场在不同区域间的分配以及企业和个人的民间资金跨地区投资也都是区际货币资金流动的重要渠道。其中,银行资金流动是主渠道。单个国家银行内部资金调度的方式采取有偿形式,同业拆借日益活跃,交易量逐年增加。初期的市场同业拆借还处于比较原始的状态,手工操作,拆借时需要拆借者到场面议,这就极大地限制了市场的发展和交易量的增长。20世纪90年代,通过规范资金市场,并在1996年形成了国内的银行间同业拆借市场,使得资金流动变得更为频繁和顺畅。它废除了各地区名目繁多的资金拆借方式,又使中央银行能够通过同业拆借市场了解资金的流量与流向，为宏观调控提供了依据。除了银行资金流动这个主渠道外，证券市场上证券的发行与交易、外资的流入等渠道也能引起一国之内跨区域的货币资金流动。

（四）区域金融流动合理化

一般而言，区域经济发展带动了货币资金流动过程的变革。但是，资金流动过程对于经济发展绝不是中性的。对资金流动分析得越细，就越能够发现经济发展过程具有很大的伸缩性。一种合理的货币资金流动格局能够大大推进经济发展的进程。显然，塑造符合区域经济协调发展要求的区际货币资金流动格局，将能促进国民经济快速、持续、健康发展。

从发展趋势来看，我国的区域经济运行将逐步转移到以市场为基础的运行机制上来。在不同地区之间、地区和中央之间进行利益协调时，逐步遵循以利益为导向、以等价交换为基础的市场原则，并通过运用比较利益原则，发挥不同区域的比较优势，实现区域之间分工与协作关系的重新调整，促进整体资源配置效率提高。这一经济格局的变化将直接推动区域间资金流动格局发生变化。从金融市场化改革的进程看，建立覆盖全国、统一而不分割的、完善的金融市场体系，并在此基础上建立具有一定影响力、辐射力的区域性或全国性金融中心，是大势所趋。中央银行区域分行的组建、国有商业银行业务重心的区域性转移与调整、新兴商业性金融机构发展的区域差异以及信用资金价格的区域差异等均包含着区域间资金流动的趋势，主要表现为资金在市场机制作用下流向收益率高的地区。

从实证考察的角度出发，美国经济学家威廉森认为，经济发展过程中的区域差异具有先趋异、后趋同的长期变动走势。在经济发展的早期阶段，一国的资源流动会导致区域间经济差异的扩大；当经济进一步发展进入成熟或起飞阶段后，随着区域间联系加强，资源流动将使区域间的经济差异由扩大转而缩小。总而言之，一国的经济发展与区域差异之间存在“倒 U”型相关。这就是著名的“倒 U”曲线，如图 6-3 所示。

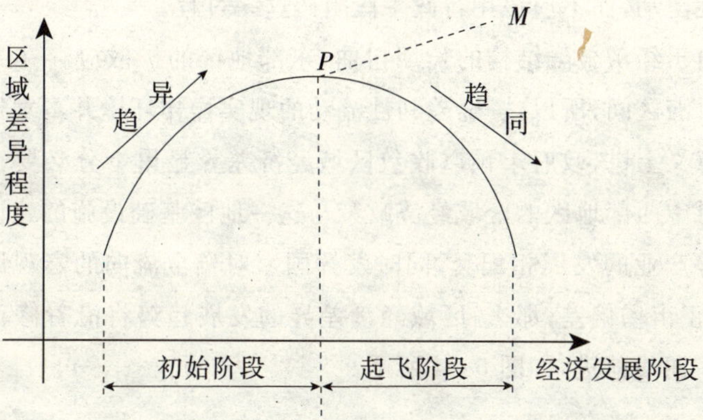

图 6-3　威廉森“倒 U”曲线及其扩展形式

资金向收益率高的发达地区集中，将加重中西部落后地区资金的“瓶颈”约束程度，拉大区域经济发展水平的差距，从而对整体经济的稳定发展造成冲击(即“倒 U”曲线的前半段)。但是，如果从经济发展的长期看，资金流动的这种“东倾”阶段是无法避免的。金融市场化改革正是由于在这一点上举棋不定，所以才造成矛盾的积累和变革难度的增大。另一方面，资金流动的这种“东倾”将促使中西部地区转换趋同的产业结构，并进一步节约使用资金，把它投向最能体现优势的产业，这样无疑会提高资源的配置效率。按照扩散效应理论，在区域间市场不存在资源流动障碍的前提下，中西部地区资源配置效率的提高将对东部地区资金产生吸引力，使原来流向东部地区的资金重新流回中西部地区。根据微观经济理论，东部地区资金使用效率达到饱和线后，资金便在边际效益递减规律的作用下逐渐向资金相对缺乏、获益机会相对多、收益水平相对高的中西部地区流动。这将促使区域经济差异缩小（即“倒 U”曲线的后半段）。可见，从区域经济差异的角度看，在现阶段我国应健全市场机制以使资金趋利性流动，而不应该用行政手段阻碍这一过程。

由于经济金融结构的长期扭曲，东部地区的扩散应存在一个很长的时滞区间，所以，资金趋利性流动的现实操作环境并不宽松。从一定意义上讲，政府干预以收敛区域经济差异显得十分必要。如果国家对中西部地区的区域经济政策与这一地区基础设施的建设和区域优势产业的发展相配套，同时发挥国家对资金流向的宏观调节功能，矫正市场偏差，那么，区域经济差异的发展趋势将沿着修正了的“倒 U”曲线前进，如图 6-4 所示。

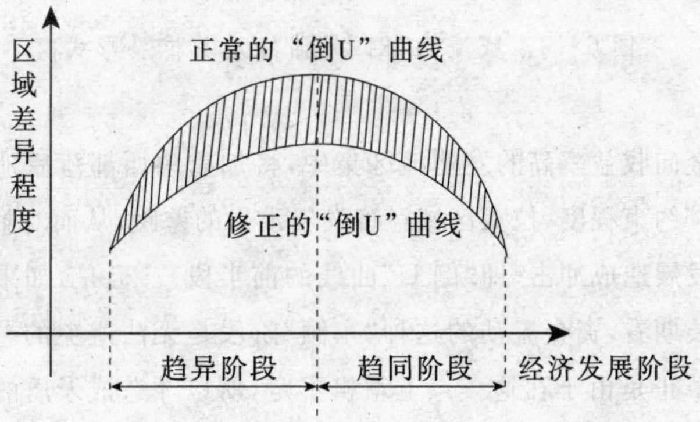

图 6-4 经济发展阶段与政府收敛贡献

由图 6-4 可见，由于政府干预的介入，区域经济差异曲线将变得平缓。“倒 U”曲线的正常状态随之转变为修正状态。图中的阴影部分便是政府干预的贡献份额。无论如何，政府干预的介入应严格限制在这一区间里，只能修正“倒 U”曲线走势（即使之平缓），而不能改变这种走势（如计划经济时代的区域经济低水平均衡）。

综上所述，合理的区域金融流动格局应体现如下特征：实现市场机制与政府干预逐步走向协调，使区域间货币资金流动过程反映区域经济协调发展的内在要求，既不能抑制发达地区的经济发展，又必须高度重视相对落后地区的发展需要。

目前，我国中央银行分支机构的改革已经实现了按经济区设立分支行的合理体系，这有利于克服地方政府对金融系统的直接行政干预，能够保证货币资金在地区间的合理流动。货币资金是实物性生产要素合理流动的媒介，货币资金的合理流动是促进其他生产要素在区际合理流动的重要前提条件，物和人将随着资金的流动而流动，以实现生产要素在空间上的合理配置和及时调整，保证资金及其他生产要素的高效利用。更进一步，由于资本市场具有极强的区域辐射能力，随其健康发展，资金融通范围（特别是固定资产融资）将不断扩大，各地区不同来源的资金在巨大的资本市场上融合，并通过资本市场实现合理的行业和空间上的配置，必将强化和促进区域空间市场一体化的发展。

二　我国不同经济背景下的区域金融流动

（一）经济均衡运行条件下的区域金融流动分析

改革开放前，我国区域经济建设中实行的是均衡发展战略。该战略主张生产力空间布局以均衡为主，以此提高不发达地区的发展水平，缩小区域经济差异。借助计划经济体制的维护，国家通过对财政银行的行政性控制，使区际货币资金流动格局能够反映生产力空间均衡布局的内在要求。

1. 区域金融流动的体制特征

(1) 储蓄与投资合二为一，区际货币资金流动是中央政府的行为和结果，企业和家庭部门中的经济单位没有自主的投资行为

计划经济体制下，中央政府不仅通过参与国民收入的再分配占有国民收入的大部分，甚至通过参与初次分配集中一部分国民收入，如参与补偿基金的分配。国民收入分配的结果，使得政府（特别是中央政府）成为社会储蓄的主体，理所当然地也成为投资的主体。利用政府的行政力量和经济力量可以决定投资的规模、结构和区域分布。区际货币资金流动是中央政府将国民收入进行转移支付的结果，是一种行政调拨行为。在“全国一盘棋”思想的指导下，各地区并不关心资金积累主体的行为如何、资金流动的方向和结构如何，因为各区域不用担心资金的投入约束问题，基本上是中央给多少钱，地方办多大事。

(2) 银行依附于财政，财政在区域金融流动格局中处于主导地位

通过“统收统支”的分配制度和财政体制，中央政府将企业赢利和地方征集收入的大部分集中到财政体系中，对企业和地方的资金需要实行统一核定和拨付，由此至上而下地控制了大财政体系中的巨额财政资金流量。这些巨额财政资金按照发展计划被分配到各个地区，成为塑造产业布局的主导力量。金融机构的单一性、机构设置的行政性、资金调度的集中统一性是一切信用集中于中国人民银行的计划金融体制的典型特征。这使得银行消极地依附于财政，成为财政的出纳机关。信贷资金按照财政资金的性质与目标进行运作，政府依靠产业布局规划而进行信贷资金区域间分配，犹如通过财政体系分配财政资金一样。

（3）非资金要素引导着资金跨区域流动，利率与资金供求状况脱钩

在计划经济体制下，国民经济运行是实物型的，各种生产要素在区域间的流动是计划配置的结果。利率并不反映资金供求状况，货币资金是作为一种“物”进行调拨和分配，简单的货币信用关系也只是充当其他非资金要素在区域间流动的核算工具和实现手段。“钱随物走”，实物是第一位的，货币资金则处于从属地位。

2. 区域金融流动过程的总体描述

计划经济体制下，区域金融的流动过程呈现出行政性均衡状态。财政银行都作为国家控制的职能部门而并入政府的行政序列。政府部门直接调控经济活动，财政银行职能的行政部门化，便成为计划经济体制下财政银行的运行特征。在生产力空间均衡布局原则的指导下，区际货币资金流动完全是政府行政性均衡的结果。由此，形成了东中西部之间特殊的资金流关系。

如图 6－5 所示，在计划经济体制下，区际货币资金流动是中央政府行政性介入的一种完全封闭的纵向循环。这种资金的封闭式纵向循环可以概括为：东部发达地区以利税形式将所创造国民收入的一部分上缴中央财政，由中央财政以财政补贴和建设资金的形式将财政总收入的一部分下拨给不发达的中西部地区，形成中西部地区的资金流入；而中西部地区由于经济效率低下，资金的消化能力弱，

不能充分利用资金,以存款的形式积存于银行,在统存统贷的体制下,这部分存款(含统一调度使用的存差资金)上缴或上存总行,最后由总行调剂给东部发达地区,这与产品交换不平等形成的价值转移共同形成东部地区的资金回流。

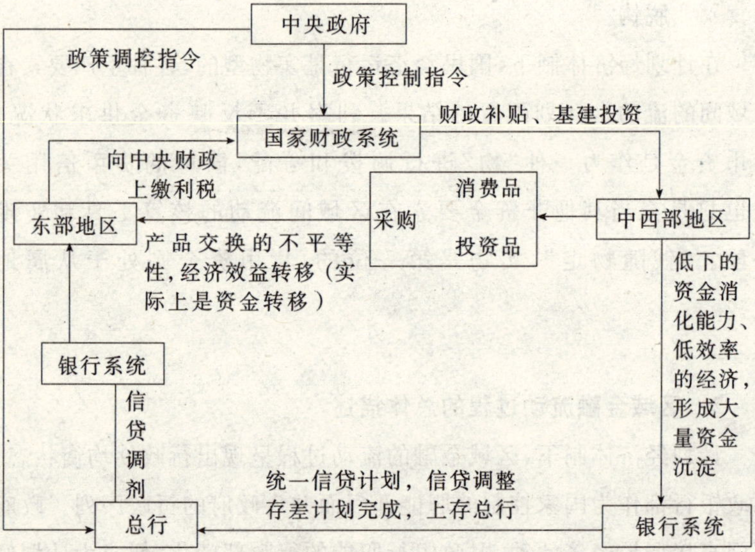

图 6-5 区际货币资金流动封闭式纵向循环

3. 计划经济条件下区域金融流动的效率评价

在经济发展较落后的计划经济体制下,行政性均衡的区际货币资金流动格局不仅为当时的经济环境和经济体制选择所必需,而且也确实为落后地区的发展提供了有力的支持。如果说在经济发展水平比较落后、市场体系不发达的条件下,行政性均衡的区际货币资金流动格局具有现实合理性的话,那么随着经济发展水平的提高、社会分工的复杂化和市场的不断发育,这一格局的现实合理性逐步丧失,进而成为制约区域经济发展的重要原因。具体说来，这一区域金融流动格局的不利影响表现在以下几个方面：

首先，这种计划型资金流动过程排除了资金横向流动的可能，货币资金、实物，甚至于劳动者本身都是在一个纵向流动、垂直调拨的体系中运转。这种封闭经济的一个重要特征就是资金的纵向流动，整个经济中绝大部分投资资金是由政府部门通过上缴利润、税收和其他财政手段征集到的，然后再通过计划拨款或国家银行发放短期信贷的方式将资金分配到各家企业，同时家庭部门可支配收入有限，极少直接向企业部门提供资金。封闭经济中的金融部门仅有唯一的国家银行，集中央银行与商业银行、货币金融机构与非货币金融机构职能于一身。国家银行的主要资金来源和企业一样也是来自政府部门的计划分配，其主要资金运用是向企业发放短期贷款。封闭经济中的资金流量对于维持人均实际收入的不变水平是必要的，但其生产活动缺乏创新的行为，包括体制的改革与技术上的创新。

其次，各区域经济发展资金的获取完全靠地方政府同中央政府讨价还价的能力，资金的行政性配置替代了资金的竞争配置和择优配置。这加剧了资金的短缺和使用中的浪费，由于区域间经济发展能力的不同，必然造成资金闲置和短缺并存的现象。而且严重排斥市场机制的作用，导致各个地区资源配置的纵向和横向联系梗阻，抑制了资金向具有更高使用效率的区域流动，从而使得资源配置不断地偏离基于区域专业化分工和地区比较优势基础上的合理布局。

再次，资金作为一种“物”进行调拨和分配，是通过行政性手段而非经济性转移来实现的，是牺牲效率保公平的具体表现。为了实现均衡布局目标，国家在区域规划与投资流向方面突出内地，有计划地推动生产布局重心的大规模西移。这种区际货币资金流动格局，长期建立在牺牲发达地区经济利益、经济权利基础之上，既损害了发达地区的积极性，又支持了落后地区的保守性，各区域都难以形成经济起飞和持续增长的能力。

事实表明，国家运用其行政力量有计划地配置资源，使货币资金等生产要素在各个区域均衡分布，有助于推动落后地区的开发，使各个区域的发展差异相对缩小。但是，如果这种政府干预完全排斥市场的作用，那么即使实现了所谓的“区域均衡增长”，也是低效率和低水平的，是以牺牲宏观经济效益和支付巨大机会成本为代价的。

（二）经济非均衡运行下的区域金融流动分析

改革开放以来，逐步展开的经济市场化进程使我国经济货币化程度不断上升，大量实物获得了相应的金融资金形式，软化了原本固化的资产结构。资金的跨区域流动，通过价值流引导实物流，使经济资源在区域间重新配置，成为区域经济运行的内在要求。由于东部发达地区在经济的货币化进程方面进步较快，有利于经济结构和金融结构的调整，从而在提高自身资金运用效率的同时，还对大量追求收益最大化的中西部地区资金产生了强大的吸引力。

与此同时，随着国民收入分配格局的调整，引起了部门间储蓄与投资的非均衡变化，家庭部门作为主要的储蓄者而不是投资者，企业作为主要的投资者和负债者而不是储蓄者，从而形成了多元化投资格局。积累资金的投资活动，基本上由各投资主体根据市场等价交换原则独立地进行。储蓄在向投资转化的过程中，主要以金融作为中介。因此，随着市场化改革的深入和市场机制作用的逐步发挥，区际货币资金流动关系呈现出新的特征：储蓄主体—银行等金融机构（或金融市场）—金融市场（或银行等金融机构）—投资主体。从实际情况来看,面对经济活动对资金的强大需求,财政的作用日趋减弱,对金融的需求日渐趋强。这客观上引发了经济调节模式由计划、财政主导型逐步转向市场、金融主导型。

由于国家区域发展战略采取非均衡发展模式,在区域性政策的选择上,必然倾向于发达地区,金融政策也是如此。从金融组织制度看,金融政策对非银行金融机构的审批、设置、政策调整明显倾向于东部地区,这种安排增强了东部地区吸纳资金的能力;从金融市场看,无论货币市场还是资本市场,东部地区都比较发达,中西部则起步较晚,其中金融政策的推动起了很大作用。在市场机制、金融政策等因素的作用下,加之我国区域经济的非均衡发展战略,大量资金由经济欠发达的中西部地区流向经济发达的东部地区,其主要途径有:

(1)欠发达地区受国家价格限制的初级产品和发达地区以市场价格为主的、高附加价值的工业加工品的不等价交换而形成的资金流动。经济发达地区经过生产和交换,资金仍然流回本地区且有所增加,欠发达地区经过生产和交换则导致部分资金流出本地。在资金流动的引导下,大量的西部原材料运往了东部经济发达地区,发达地区所需原材料的绝大部分是直接或间接从西部购进的,仅此就为东部经济增长贡献了数千亿元。

(2)市场利益驱动下的资金流动。市场规则决定了资本总是向投资收益率高的区域流动。东西部地区在经济基础、社会环境、人口素质及交通、通讯等方面的差距,使东部地区投资的回报率明显高于西部地区,投资者在考虑投资方向及投资地域时,更偏好于东部地区。在市场利益的驱动下,中西部的资金通过在沿海设店办厂、与沿海企业联合等多种形式向经济发达地区进行直接投资。

(3)通过银行体系形成的资金流动。我国金融体系中占据主导地位的国有商业银行均采用总分行制。总行出于全行资金效益最大化的考虑,必然会统一调度其各分支机构的资金,由于经济发达地区贷款收益比欠发达地区高,而贷款风险则一般比欠发达地区低,因而各银行的总行必然倾向于以不同的形式(如内部上存资金等)从贷款收益较低的欠发达地区集中资金,重点投向经济发达地区,造成从国有银行的渠道"虹吸"欠发达地区的资金流向经济发达地区。

(4)证券市场交易带来的资金流动。我国的证券交易所、法人股市场、证交中心主要集中在沿海经济发达地区,而广大的西部地区所占比例甚微,这种证券市场分布的不平衡使大量资金通过一级、二级市场从经济欠发达地区流入发达地区。据统计,2000 年初,西北地区共有 61 家公司在沪深两个交易所挂牌上市,其数量为沪深两市 A 股上市公司数量的 6.62%。大量集中于东部地区的证券市场以其高风险带来高收益来吸引中西部资金。

(5)固定资产投资和吸引外资能力差异形成资本存量不同。东西部地区在国内固定资产投资和利用外资方面均存在重大的差异。2005 年,东部、中部、西部、东北固定资产投资额分别为 45 569 亿元、13 535 亿元、17 544 亿元和 7 754.6 亿元,占全国的比重依次为 52.3%、18.7%、20.1%和 8.9%,其中,东部地区固定资产投资额为中西部和东北地区加总的 1.1 倍。在利用外资方面,截至 2005 年,我国各地区累计实际利用外商直接投资 6 125.1 亿美元,其中,东部 10 省市占 81.2%,中部 6 省占 7.6%,西部 12 省区市占 4.5%,东北 3 省占 6.7%,东部 10 省市实际吸收外资占全国的八成,致使各区域资本存量存在较大的差异。

(6)国民收入分配格局的调整直接影响到区际货币资金的流动。首先,国家的国民收入分配结构的调整,会引起部门间储蓄与投资的非均衡变化；其次，同地区的部门结构存在较大差异，从而进一步扩大收入分配结构中储蓄与投资非均衡在地区上的差异；另外，国家区域经济政策的倾斜，使得储蓄向投资转化的空间分布呈现不同的区域特征，有的表现为净储蓄地区，有的表现为净投资地区，从而引发大规模的区际货币资金流动。

三　我国区域金融流动的现状和趋势分析

近年来已有多位学者对东、中、西部地区区域间的货币资金流动进行了研究，如胡鞍钢、唐旭、张汉林、张绍基、魏后凯等，他们分别从银行金融、政府转移支付等角度对资本流动及其对经济发展的影响进行了研究，基本结论是：经济发达地区的资本流动性强，而经济欠发达地区的资本流动性弱。由于区域间货币资金流动的统计资料相对匮乏，所以大多数学者只是从某一方面来研究区域资本的流动。

本章在进行区际货币资金流动分析时，所讲的区际，首先是按省区来划分，资料的收集和分析主要按省区进行；其次考虑学术界经常使用的八大经济区的划分，即在分析中运用东北、华北、华中、黄河中下游、长江中下游、华南、西北和西南八大区①。目前，引起区域金融流动的主体已经从改革开放前的单一的政府部门扩大到银行等金融

① 东北地区包括黑龙江省、吉林省和辽宁省；华北地区包括北京、天津、河北省、山西省、内蒙古自治区；华中地区包括河南省、湖北省和湖南省；黄河中下游地区指山东一省；长江中下游地区包括上海、江苏省、浙江省、安徽省、江西省；华南地区包括广东省、福建省、海南省和广西壮族自治区；西北地区包括陕西省、甘肃省、宁夏回族自治区、青海省、新疆维吾尔自治区；西南地区包括四川省、重庆、贵州省、云南省、西藏自治区。

机构、企业、个体以及国外投资机构或投资商。所以,在此主要是从区域金融流动渠道的角度对货币资金的区际流动进行必要的现状和趋势分析。

(一) 银行系统角度的区域金融流动

根据经济增长理论,一国或地区经济增长的启动很大程度上取决于该国或地区如何解决好资金来源问题,取决于资金积累能力和引入外部资金能力。我国经济呈现的由东到西梯度走弱的特征在很大程度上是我国全社会资金配置不平衡的反映。20 世纪 90 年代以来,金融市场的发展、多样化金融工具的出现,为区际货币资金流动提供了便捷的渠道和媒介。东部地区的赢利机会及其预期的迅速上扬,使得中西部地区的大量资金被吸引到东部地区。

区域货币资金吸纳能力是区域资本积累的先决条件,区域货币资金运用能力是促进区域储蓄向投资转化和资本形成的关键。从银行系统的角度看,区域资金吸纳能力可以通过区域金融机构各项存款变动的情况来加以衡量,区域资金运用能力则可以通过区域金融机构贷款的变动情况来分析。区域资金吸纳能力和资金运用能力的差异在表现区域金融结构差异的同时,还引发了区际货币资金的流动。

1. 存款的区际配置及变化

从我国的经济地理特征上看,经济的发展呈东、中、西部阶梯态势。从改革开放以来形成的区域经济上看,全国经济具有多种区域特征。那么,从存款货币的分布角度看,又呈现什么特征呢? 如表 6－1所示。

表 6-1　2000—2004 年全国各省市金融机构存款余额

（单位：亿元）

地　　区	2000 年	2001 年	2002 年	2003 年	2004 年
黑龙江	3 333.4	3 742.1	4 236.7	4 810.0	5 313.9
吉林	2 236.7	2 484.2	2 878.3	3 307.3	3 683.5
辽宁	5 880.0	6 591.4	7 600.1	8 942.5	10 193.5
东北合计	11 450.1	12 817.7	14 715.1	17 059.8	19 190.9
北京	9 759.8	12 121.4	15 276.0	20 476.0	23 781.3
天津	2 281.6	2 562.6	3 018.3	4 360.4	5 139.7
河北	5 543.5	6 124.5	6 855.2	7 969.8	9 249.9
山西	2 628.4	3 090.7	3 708.7	4 681.5	5 885.7
内蒙古	1 270.1	1 498.8	1 735.3	2 091.0	2 576.5
华北合计	21 483.4	25 398	30 593.5	39 578.7	46 633.1
河南	4 753.4	5 530.2	6 451.6	7 618.0	8 630.0
湖北	3 572.3	4 238.5	5 022.9	5 986.4	7 033.6
湖南	2 874.8	3 342.9	3 923.2	4 669.0	5 448.5
华中合计	11 200.5	13 111.6	15 397.7	18 273.4	21 112.1
山东	7 471.2	8 501.7	10 247.8	12 438.2	14 514.3
黄河中下游合计	7 471.2	8 501.7	10 247.8	12 438.2	14 514.3
上海	7 771.5	9 584.2	12 171.5	17 318.4	19 994.1
江苏	8 400.8	9 700.7	11 881.2	15 378.5	18 211.0
浙江	7 299.6	8 823.1	11 242.8	14 758.2	17 236.6
安徽	2 485.5	2 907.3	3 449.2	4 190.2	5 045.3
江西	1 966.8	2 286.7	2 707.4	3 239.6	3 758.3
长江中下游合计	27 924.2	33 302	41 452.1	54 884.9	64 245.3
广东	16 908.3	19 428.5	22 921.8	27 240.2	30 723.6
福建	3 114.3	3 614.3	4 253.1	5 178.3	5 992.8
海南	889.7	873.2	891.9	1 050.5	1 159.3
广西	2 269.1	2 518.9	2 784.1	3 175.3	3 673.2
华南合计	23 181.4	26 434.9	30 850.9	36 644.3	41 548.9
陕西	2 663.0	3 204.9	3 798.3	4 593.1	5 380.3
甘肃	1 402.9	1 615.8	1 806.3	2 129.6	2 482.4
宁夏	396.5	468.9	444.4	746.4	841.2
青海	308.4	391.7	467.2	538.6	663.2
新疆	1 863.5	1 972.6	2 225.3	2 661.7	2 959.9
西北合计	6 634.3	7 653.9	8 741.5	10 669.4	12 327
四川	4 492.3	5 256.8	6 075.0	7 235.8	8 470.4

重庆	1 904.7	2 294.1	2 821.0	3 438.6	4 105.1
贵州	1 106.6	1 341.1	1 553.0	1 898.6	2 322.3
云南	2 425.1	2 779.7	3 121.3	3 747.5	4 404.4
西藏	145.0	212.9	283.0	322.2	361.7
西南合计	10 073.7	11 884.6	13 853.3	16 642.7	19 663.9

资料来源:根据《中国经济年鉴》、《中国区域经济统计年鉴》及各地统计年鉴整理。

表6-1给出了我国31个省市2000—2004年的分地区金融机构存款表。表中资料显示,不同省市存款的绝对值差异较大。2000年,存款最高的是广东省(16 908.3亿元),最低的是西藏(145.0亿元),两者相差116倍。2004年,存款额最高的广东(30 723.6亿元)与最低的西藏(361.7亿元)相差84倍,2001年、2002年和2003年存款最高的广东与最低的西藏的相差倍数分别为91倍、80倍和84倍。可以看出,存款的省际差距有逐步缩小的趋势。如果说西藏是一个特殊的例外,那么,2000年广东和青海存款额(308.4亿元)相比,差异为54倍。2004年,这一差异为46倍,中间经历了从2001年的49倍到2003年的50倍的浮动较小的变化过程。

除了两极的差异外,对表6-1进行区域分析。2000年,金融机构存款额最多的三个省市分别是广东(16 908.3亿元)、北京(9 759.8亿元)、江苏(8 400.8亿元),而存款额最低的五省区分别是贵州(1 106.6亿元)、海南(889.7亿元)、宁夏(396.5亿元)、青海(308.4亿元)和西藏(145.0亿元)。最高的三省市存款额总和是最低五省的12倍。到2004年,存款额最高的三省市(广东、北京、上海)的存款总和是最低五省区(贵州、海南、宁夏、青海和西藏)的13倍。可见,总体上,存款额最高的三省市和最低五省区的差异呈现较平稳的变动,稳中略有增大,但差异扩大趋势并不明显。

再以经济区为对象作进一步的考察,如表6-2所示。

表 6-2　2000—2004 年各经济区存款余额占全国的比重

（单位：%）

地　区	2000 年	2001 年	2002 年	2003 年	2004 年
东北地区	9.59	9.21	8.87	8.27	8.02
华北地区	17.99	18.26	18.44	19.2	19.49
华中地区	9.38	9.43	9.28	8.86	8.82
黄河中下游地区	6.26	6.11	6.18	6.03	6.07
长江中下游地区	23.38	23.94	25	26.62	26.85
华南地区	19.41	19	18.6	17.77	17.37
西北地区	5.56	5.5	5.27	5.17	5.15
西南地区	8.44	8.54	8.35	8.07	8.22

注：根据表 6-1 中数据计算。

表 6-2 给出了八大经济区 2000—2004 年存款余额占全国的比例变动情况。可以看出，长江中下游地区、华北地区及华南地区存款额占全国存款总额的比重位居八大经济区前列。2000 年，三大经济区存款总额占全国存款总额的 60.78%，到了 2004 年，这一比例不但没有下降，反而升至 63.71%。与之形成对比的是，2000 年，存款额较少的三大经济区（西北地区、黄河中下游地区①及西南地区）占全国存款总额的比重为 20.26%，但到了 2004 年，存款额最少的三大经济区（西北地区、黄河中下游地区及东北地区）所占比重却降至 19.24%。

通过以上的分析，并结合各地区经济发展现状，可见经济较发达地区的存款额始终保持高水平，而经济不太景气地区的存款额占全国的比重有不断下降的趋势。这是一个地区经济实力的体现，经济越发达，资金就越多；而越是落后的地区，其存款资金就越少，在一国总存款资金中所占比重会随着其他地区的高速发展而不断下降，很容易陷入越穷则资金越少，而资金越少，经济发展越慢的恶性循环

① 黄河中下游地区因只包括山东省一省，影响该地区存贷款总体规模，应对其特殊性酌情给予考虑。

中。目前,令人欣慰的是省际存款额差距没有进一步扩大的趋势。

2. 贷款的区际配置及变化

上文从资金来源的角度分析了区域金融机构存款的分布情况,在此,转向区域金融机构贷款的配置和变动情况来分析区域资金运用能力。

用前面分析存款分布的方法来分析贷款的区际配置和变动趋势。首先考察省际差距,如表6-3所示。

表6-3 2000—2004年全国各省市区金融机构贷款余额

(单位:亿元)

地 区	2000年	2001年	2002年	2003年	2004年
黑龙江	3 145.1	3 358.6	3 624.0	3 981.3	4 038.9
吉林	2 651.2	2 828.3	3 057.7	3 288.9	3 435.0
辽宁	5 880.0	5 597.4	6 247.4	7 222.3	7 744.5
东北合计	11 676.3	11 784.3	12 929.1	14 492.5	15 218.4
北京	5 944.6	7 189.1	9 224.8	12 057.8	13 577.7
天津	2 000.6	2 159.9	2 519.0	3 787.2	4 146.5
河北	4 133.6	4 540.5	5 038.2	5 654.8	6 152.2
山西	2 453.2	2 408.4	2 903.2	3 552.3	4 107.6
内蒙古	1 340.7	1 470.8	1 649.8	1 924.1	2 240.2
华北合计	15 872.7	17 768.7	21 335	26 976.2	30 224.2
河南	4 356.9	4 885.7	5 553.6	6 422.7	7 096.2
湖北	3 493.9	3 787.3	4 312.8	4 999.6	5 377.4
湖南	2 403.4	2 787.9	3 227.5	3 796.3	4 112.0
华中合计	10 254.2	11 460.9	13 093.9	15 218.6	16 585.6
山东	6 209.1	7 017.7	8 536.6	10 467.1	11 782.8
黄河中下游合计	6 209.1	7 017.7	8 536.6	10 467.1	11 782.8
上海	5 959.5	7 187.9	9 073.8	13 168.1	14 972.0
江苏	5 967.7	6 671.7	8 234.6	11 299.6	13 481.0
浙江	5 423.5	6 482.2	8 612.8	12 014.3	14 350.8
安徽	2 385.0	2 605.4	2 941.6	3 374.6	3 900.6
江西	1 739.9	1 880.9	2 130.8	2 545.3	2 854.0

长江中下游合计	21 475.6	24 828.1	30 993.6	42 401.9	49 558.4
广东	11 716.9	13 093.7	15 206.6	18 287.6	19 491.8
福建	2 440.7	2 864.8	3 110.0	3 837.5	4 367.1
海南	625.1	636.7	780.4	874.8	920.5
广西	1 613.3	1 764.1	1 941.1	2 320.7	2 759.7
华南合计	16 396	18 359.3	21 038.1	25 320.6	27 539.1
陕西	2 193.1	2 537.6	2 950.8	3 549.6	5 380.6
甘肃	1 171.1	1 268.4	1 469.8	1 727.7	1 907.3
宁夏	383.2	441.4	417.6	681.6	762.1
青海	365.9	394.7	480	564.8	675
新疆	1 403.1	1 584.7	1 801.2	2 099.1	2 214.7
西北合计	5 516.4	6 226.8	7 119.4	8 622.8	10 939.7
四川	3 574.1	4 498.6	5 158.8	5 910.6	6 483.9
重庆	1 881.3	1 872.0	2 244.7	2 774.8	3 309.1
贵州	1 064.8	1 212.2	1 403.9	1 714.0	2 020.0
云南	1 838.6	2 173.5	2 418.5	2 955.6	3 398.3
西藏	80.6	96.6	121.1	145	167.9
西南合计	8 439.4	9 852.9	11 347	13 500	15 379.2

资料来源：根据《中国经济年鉴》、《中国区域经济统计年鉴》及各地统计年鉴整理。

表 6－3 给出了我国各省市区 2000—2004 年的分地区金融机构贷款表。表中资料显示，2000 年贷款额最高的广东（11 716.9 亿元）与最低的西藏（80.6 亿元）相差 145 倍。若不考虑西藏的特殊性，同期，广东与青海（365.9 亿元）相差 32 倍，与宁夏（383.2 亿元）相差 30 倍。2004 年，贷款额最高的广东（19 491.8 亿元）与青海（675.0 亿元）相差 28 倍，与宁夏（762.1 亿元）相差 25 倍。可以看出，省际贷款差距也有不断减小的趋势，并远远小于省际存款差距，这和国家在贷款上考虑落后地区的投入有关。

除了两极外，把贷款额最多的三省市和最低的五省区作一下比较。2000 年，全国贷款最高的三省分别是广东（11 716.9 亿元）、山东（6 209.1 亿元）和江苏（5 967.7 亿元）。而贷款最低的五省区分别是贵州（1 064.8 亿元）、海南（625.1 亿元）、宁夏（383.2 亿元）、青海

(365.9 亿元)和西藏(80.6 亿元)。贷款最高的三省是最低五省区贷款总额的 9 倍。2003 年,贷款最高三省是最低五省区的 12 倍,而 2004 年,全国贷款最高的三省市(广东、浙江和上海)与最低五省区(甘肃、海南、宁夏、青海和西藏)的差异又降至 11 倍。可见,在这五年期间,贷款额最高的三省市和最低五省区的差异略有增大,但没有明显的变动趋势。

进一步分析各经济区贷款比例变动情况,如表 6-4 所示。

表 6-4 2000—2004 年各经济区贷款余额占全国的比重

(单位:%)

地 区	2000 年	2001 年	2002 年	2003 年	2004 年
东北地区	12.18	10.98	10.23	9.23	8.59
华北地区	16.56	16.56	16.88	17.18	17.05
华中地区	10.7	10.68	10.36	9.69	9.36
黄河中下游地区	6.48	6.54	6.75	6.67	6.65
长江中下游地区	22.41	23.14	24.52	27.01	27.96
华南地区	17.11	17.11	16.65	16.13	15.54
西北地区	5.76	5.8	5.63	5.49	6.17
西南地区	8.81	9.18	8.98	8.6	8.68

注:根据表 6-3 数据计算。

由表 6-4 可见,和各经济区存款所占比重特征相似,长江中下游地区、华北地区及华南地区仍为贷款所占比重最高的三大经济区。2000 年,这三大经济区贷款额占全国贷款总额的 56.08%。2004 年,三大经济区贷款额占全国的 60.55%,稳中略有升高。此段期间,贷款额最少的三大经济区又是什么情况呢? 2000 年,贷款额最低的三大经济区分别是西北地区、黄河中下游地区和西南地区,它们占全国贷款总额的 21.05%。2004 年,贷款额最少的经济区略有变动,分别是西北地区、黄河中下游地区和东北地区,它们的贷款额所占比例为 21.41%,基本保持了稳定的发展态势。

如果把存款资金存量及变化看做是一个地区经济发展的结果，那么，贷款资金的区际配置就是推动地区经济发展的一种动力，是该地区投入的价值反映。对某一地区贷款的增加，就是增加该地区的投资，增加该地区的购买力总量。随着生产资料和消费资料的相继流入，如果这些投资最终是有效益的，就会有助于解决该地区的就业问题，提高人民的生活水平，促进地区的经济发展。这点从我国长江中下游地区、华北地区和华南地区经济增长的良好势头可以得到充分的印证。

3. 信贷资金的非均衡流动

在我国，经济发展的不平衡性有目共睹，从各省市所处的地理位置和经济发育程度看，大体可以分为东部经济发达地区、中部经济相对发达地区和西部经济落后地区。在此，为了能够更加详细地反映区际信贷资金的流动特征，仍采取八大经济区的划分方法。

表 6-5　2000—2004 年全国各省市区存贷款余额的比例

（单位：%）

地　区	2000 年	2001 年	2002 年	2003 年	2004 年
全国平均	86.11	82.19	81.37	80.77	78.17
黑龙江	94.35	89.75	85.54	82.77	76.01
吉林	118.53	113.85	106.23	99.44	93.25
辽宁	100	84.92	82.2	80.76	75.97
东北平均	104.29	96.17	91.32	87.66	81.74
北京	60.91	59.31	60.39	58.89	57.09
天津	87.68	84.29	83.46	86.85	80.68
河北	74.57	74.14	73.49	70.95	66.51
山西	93.33	77.92	78.28	75.88	69.79
内蒙古	105.56	98.13	95.07	92.02	86.95
华北平均	84.41	78.76	78.14	76.92	72.2
河南	91.66	88.35	86.08	84.31	82.23
湖北	97.81	89.35	85.86	83.52	76.45

湖南	83.6	83.4	82.27	81.31	75.47
华中平均	91.02	87.03	84.74	83.04	78.05
山东	83.11	82.54	83.3	84.15	81.18
黄河中下游平均	83.11	82.54	83.3	84.15	81.18
上海	76.68	75	74.55	76.04	74.88
江苏	71.04	68.78	69.31	73.48	74.03
浙江	74.3	73.47	76.61	81.41	83.26
安徽	95.96	89.62	85.28	80.54	77.31
江西	88.46	82.25	78.7	78.57	75.94
长江中下游平均	81.29	77.82	76.89	78	77.08
广东	69.3	67.39	66.34	67.13	63.44
福建	78.37	79.26	73.12	74.11	72.87
海南	70.26	72.92	87.5	83.27	79.4
广西	71.1	70.03	69.72	73.09	75.13
华南平均	72.26	72.4	74.17	74.4	72.71
陕西	82.35	79.18	77.69	77.28	100.01
甘肃	83.48	78.5	81.37	81.13	76.83
宁夏	96.65	94.14	93.97	91.32	90.6
青海	118.64	100.77	102.74	104.86	101.78
新疆	75.29	80.34	80.94	78.86	74.82
西北平均	91.28	86.58	87.34	86.69	88.81
四川	79.56	85.58	84.91	81.69	76.55
重庆	98.77	81.6	79.57	80.7	80.61
贵州	96.22	90.39	90.4	90.28	86.98
云南	75.82	78.19	77.48	78.87	77.16
西藏	55.59	45.37	42.79	45	46.42
西南平均	81.19	76.23	75.03	75.31	73.54

注:存贷款余额的比例=贷款余额×100/存款余额。

资料来源:《中国统计年鉴》。

存贷款余额的比例是反映一个地区的存款总量转化为在该地区投放的贷款的比例,即该地区存款资源的利用率。表6-5的数据说明,从2000年到2004年,我国存贷款余额的平均比例由86.11%下降到78.17%,共下降了7.94个百分点。而东北地区、华北地区和华中地区的平均存贷款余额比例下降幅度均高于全国平均水平,其中,东北地区从2000年的104.29%下降到2004年81.74%,下降了

22.55个百分点；同期，华北地区从84.41%下降到72.20%，下降了12.21个百分点；华中地区从91.02%下降到78.05%，下降了12.97个百分点。与此形成对比的是，黄河中下游地区、长江中下游地区、西北地区和西南地区的存贷款余额比例下降幅度较小，依次为下降1.93个百分点、4.21个百分点、2.47个百分点和7.65个百分点。而华南地区存贷款余额比例不仅没有下降，反而从2000年的72.26%上升至2004年的72.71%。

还可以看出，东北地区存贷款余额比例下降幅度最大，比全国平均下降幅度大14.61个百分点。华中地区的下降幅度次之，比全国平均下降幅度大5.03个百分点。我国东北地区（黑龙江、吉林、辽宁）和华中地区（河南、湖北、湖南）是我国的资金匮乏地区，而且老工业企业多，技术水平比较落后，存贷款余额比例高是正常的，而这几年存贷款余额的比例却大幅度下降，意味着其信贷资金大量外流，这对我国东北地区和华中地区经济的影响是很大的。我国西北地区和西南地区存贷款余额比例下降幅度较小，也从一个侧面印证了西北大开发的阶段性成果。

从存贷款增量的比例可以更清楚地看到我国信贷资金的流动特征。

存贷款增量的比例是反映一个地区的存款增量转化为在该地区投放的贷款增量的比例，即该地区存款增量资源的利用率。有研究结果显示，从1997年到1999年，我国存贷款增量的平均比例是73.7%，东部地区的平均存贷款增量比例比全国低，而中西部比全国平均水平高，说明这一时期是东部信贷资金向中西部流动。2000—2003年间，信贷资金呈现从中西部向东部的反向流动特征。①以八大经济区为对象作进一步的分析，如表6-6所示。

---

①　参见杨国中、李木祥著："我国信贷资金的非均衡流动与差异性金融政策实施的研究"，《金融研究》2004年9期。

表 6－6 全国各省市存贷款增量的比例

（单位：%）

地 区	2000 年	2001 年	2002 年	2003 年	2004 年
全国平均	23.6	55.56	94.9	76.84	60.44
黑龙江	13.02	52.24	53.66	62.32	11.43
吉林	－64.58	71.56	58.21	53.89	38.84
辽宁	164.03	－39.72	64.44	72.62	41.74
东北平均	37.49	28.02	58.77	62.95	30.67
北京	129.76	52.7	64.53	54.48	45.98
天津	79.13	56.69	78.8	94.49	46.11
河北	－6.39	70.03	68.11	55.32	38.86
山西	200.59	－9.69	80.06	66.72	46.11
内蒙古	13.2	56.89	75.69	77.12	65.11
华北平均	77.98	45.32	73.44	69.63	48.43
河南	31.94	68.07	72.49	74.51	66.55
湖北	－7.78	44.04	66.99	71.28	36.08
湖南	－1.48	82.14	75.75	76.27	40.5
华中平均	7.56	64.75	71.75	74.02	47.71
山东	58.26	78.47	86.99	88.13	63.37
黄河中下游平均	58.26	78.47	86.99	88.13	63.37
上海	79.3	67.77	72.89	79.55	67.42
江苏	46.49	54.16	71.68	87.64	77.01
浙江	75.31	69.49	88.05	96.76	94.27
安徽	68.28	52.25	62.04	58.43	61.51
江西	24.25	44.08	59.4	77.88	59.51
长江中下游平均	58.73	57.55	70.81	80.05	71.95
广东	41.4	54.63	60.48	71.35	34.57
福建	97.63	84.82	38.38	78.63	65.02
海南	－614.78	－70.3	768.45	59.52	42
广西	－40.89	60.37	66.74	97.03	88.17
华南平均	－129.16	32.38	233.52	76.63	57.44
陕西	23.15	63.57	69.63	75.34	232.6
甘肃	－22.19	45.7	105.72	79.77	50.91
宁夏	65.9	80.39	97.14	87.42	84.92
青海	139.03	34.57	112.98	118.77	88.44
新疆	5.18	166.45	85.67	68.26	38.77
西北平均	42.22	78.14	94.23	85.91	99.13
四川	－61.42	120.93	80.69	64.77	46.44
重庆	83.24	－2.39	70.73	85.83	80.17
贵州	102.59	62.86	90.47	89.73	72.22
云南	8.53	94.44	71.72	85.77	67.39
西藏	45.67	23.56	34.95	60.97	57.97
西南平均	35.72	59.88	69.71	77.41	64.84

注：存贷款增量的比例＝（贷款增量/存款增量）×100%。

资料来源：《中国经济年鉴》。

由表 6-6 可见，2000 年，全国平均存贷款增量比例较低，仅为 23.60%。除了华中和华南地区外，其他地区的存贷款增量比例均高于全国平均水平，可见华中和华南为信贷资金外流地区，尤其是华南地区，出现较大的新增存差。若考虑省际资金流动，2000 年海南、吉林、四川、广西、甘肃等省份是信贷资金主要流出地，而辽宁、北京、山西、青海等省市为主要流入地。2001—2004 年，除华中（2001 年除外）和华南（2002 年除外）地区以外，东北和华北地区在此段期间一直是信贷资金主要流出地区。而同期，西北、西南、长江中下游和黄河中下游为信贷资金主要流入地区（西南、长江中下游和黄河中下游地区 2002 年除外）。从单个省市区的角度考虑，2001 年、2003 年和 2004 年，上海、浙江、山东、福建、广西、宁夏、内蒙古、贵州及云南等是信贷资金主要流入地，2002 年，海南、宁夏、甘肃和青海成为资金主要流入地。再看信贷资金省际外流情况。2001—2004 年，信贷资金主要外流地是黑龙江、辽宁、北京、广东、湖北、山西、西藏等。吉林和河北两省除 2001 年外，其余年份也为资金外流省；海南除 2002 年外，也是主要的信贷资金流出地。

可见，最近几年，华中和东北地区信贷资金的外流比较明显，主要是因为这些地区没有东部经济发达地区高收益的吸引力。2003 年，国家提出了振兴东北等老工业基地战略。2004 年是党中央、国务院实施振兴东北地区等老工业基地战略决策的开局之年，改革试点逐步展开，支持政策相继实施，资金和项目进一步向东北老工业基地倾斜，为东北地区提供了重要的金融支持。2006 年召开了中共中央政治局研究促进中部地区崛起工作会议，标志着中部崛起战略终于将进入全面实施阶段。随着振兴东北老工业基地和中部崛起战略的付诸实施，将引导区际信贷资金的合理有序流动，有助于进一步缩小地区经济发展差距。

（二）非银行系统角度的区域金融流动

非银行系统的区域金融流动，主要包括固定资产投资的区际差异、资本市场的货币资金流动和外商直接投资引起的货币资金流动三部分。从非银行系统的角度分析，我国区域间货币资金流动同样存在明显差距。

1. 全社会固定资产投资的区际配置

表 6－7 2000—2005 年各经济区固定资产投资总额及结构

（单位：亿元）

地区		2000 年	2001 年	2002 年	2003 年	2004 年	2005 年
东北	总额	2 703.8	3 086.5	3 486	4 211.6	5 579.5	7 753.2
	比重(%)	8.48	8.55	8.29	7.71	8.05	8.9
华北	总额	4 680	5 298	6 145.3	7 962.3	10 224.6	13 002.7
	比重(%)	14.67	14.68	14.62	14.58	14.76	14.92
华中	总额	3 729.1	4 205	4 679	5 662.8	7 436.8	9 701.1
	比重(%)	11.69	11.65	11.13	10.37	10.73	11.13
黄河中下游	总额	2 531.1	2 788.7	3 483.3	5 315.1	6 970.6	9 206.8
	比重(%)	7.94	7.73	8.29	9.73	10.06	10.56
长江中下游	总额	8 109.5	9 187.9	11 104.8	15 194.3	19 037.3	22 890.5
	比重(%)	25.42	25.46	26.42	27.83	27.47	26.27
华南	总额	5 039.5	5 526.2	6 079.6	7 510.9	9 316.5	11 280.2
	比重(%)	15.80	15.31	14.46	13.76	13.44	12.94
西北	总额	1 968.1	2 327.3	2 701	3 367.5	4 055.4	4 890
	比重(%)	6.17	6.45	6.43	6.17	5.85	5.61
西南	总额	3 135.7	3 672.3	4 356.2	5 380	6 674.6	8 422.6
	比重(%)	9.83	10.17	10.36	9.85	9.63	9.66

注：2002 年各地区数据不含除房地产投资以外的城乡集体与个体投资。

资料来源：《中国统计年鉴》、《新中国五十年统计资料汇编》、分省统计资料。

固定资产投资的主体包括国家、企业和个人等多重主体。近几年来，无论是基本建设投资还是全社会固定资产投资都是向长江中下游地区、华北地区和华南地区倾斜，尤其是长江中下游地区和华北地区。由表 6-7 可以看出，从 2000 年到 2005 年，这两个经济区固定资产投资额占全国的比重呈不断上升的趋势，其中，长江中下游地区固定资产投资额所占比重由 2000 年的 25.42%升至 2005 年的 26.27%；华北地区固定资产投资额所占比重同期内由 14.67%增至 14.92%。而华南地区虽然投资总额在全国所占比重一直比较高，但有不断下降的趋势，2000 年，投资所占比重为 15.80%，到了 2005 年，这一比重已降至 12.94%。从数据上看，西北和西南地区的固定资产投资情况不容乐观，在全国投资总额中所占比重呈不断下降的趋势，虽然下降幅度不是很大（2000—2005 年，西北地区下降 0.56 个百分点，西南地区下降 0.17 个百分点），但考虑到这些地区的投资匮乏现状，令人担忧。若从区际差距的角度考虑，2000 年，固定资产投资额最大的长江中下游地区（8 109.5 亿元）是投资额最小的西北地区（1 968.1 亿元）的 4.12 倍，由于长江中下游地区投资总额所占比重有不断上升的趋势，而西北地区该比重却在不断下降，所以区际固定资产投资差距也有不断扩大的趋势，到了 2005 年，这一差距已经增至 4.68 倍。

全国固定资产投资向长江中下游地区、华北地区和华南地区倾斜，一方面是由于政府投资向这些地区倾斜，另一方面是因为吸引外部投资的优惠政策的策略造成了长江中下游、华北和华南等地区投资增长快。此外，西北和西南等地区由于自身经济基础薄弱和外部环境不太健全，造成这些地区的金融流动能力和长江中下游、华南等地区比较有较大的差异。李炜指出，在西北和西南等地区，全部资本形成总额的约 25%要由资本流入来弥补，而在长江中下游及华南等地区，资本形成总额的 40%是由全部资本的折旧额提供的，并且区域内资本形成总额约 5%的部分可用于资本输出。在此需要指出的是，因未将储蓄因素考虑在内，各经济区固定资产投资率的高低不能说明货币资金净流动的方向和规模，只能在一定程度上说明区域货币资金流入的方向和规模。

2. 资本市场上区域金融流动

考虑到数据的可得性和分析的直观性，通过对上市公司地域分布情况的分析，可以从宏观上把握我国区域资本市场上的货币资金流动现状和变化趋势。

表 6-8 2000—2004 年全国上市公司地域分布

（单位：家）

地区		2000 年	2001 年	2002 年	2003 年	2004 年
东北地区	数量	116	120	122	124	119
	比重(%)	10.66	10.34	9.97	9.63	8.64
华北地区	数量	134	150	161	172	184
	比重(%)	12.32	12.93	13.15	13.36	13.36
华中地区	数量	110	118	122	127	138
	比重(%)	10.11	10.17	9.97	9.87	10.02
黄河中下游地区	数量	57	61	68	69	76
	比重(%)	5.24	5.26	5.56	5.36	5.52
长江中下游地区	数量	275	289	320	349	387
	比重(%)	25.28	24.91	26.14	27.12	28.10
华南地区	数量	136	143	143	149	160
	比重(%)	12.5	12.33	11.68	11.58	11.62
西北地区	数量	74	78	84	89	93
	比重(%)	6.8	6.72	6.86	6.92	6.75
西南地区	数量	114	127	126	129	141
	比重(%)	10.48	10.95	10.29	10.02	10.24
全国	数量	1 088	1 160	1 224	1 287	1 377

资料来源：《中国证券期货统计年鉴》。

表 6-8 中数据显示，近几年来，全国及各经济区上市公司数量呈不断增长的趋势。2004 年底，在全国 1 377 家上市公司中，长江

中下游地区上市公司数最多，达387家，占全国总量的28.10%，若不考虑黄河中下游地区含单省的特殊性，西北地区上市公司数仅为93家，占全国的6.75%。长江中下游地区上市公司总数占全国总上市公司的比例是西北地区的4.16倍。从变化趋势上看，2001—2004年间，华北地区、黄河中下游地区及长江中下游地区上市公司在全国所占比重均有不同程度的提高，分别上升了1.04个百分点、0.28个百分点和2.82个百分点。而同期，其他经济区上市公司数量增长相对较慢，尤其是东北地区，其上市公司在全国所占比重下降幅度最大，由2000年的10.66%下降到2004年的8.64%，共下降了2.02个百分点。

3. 外资的区际配置

在我国，利用外资的水平直接影响着我国经济发展的格局，而且对区域经济增长的影响也在不断加大。外商直接投资可以及时补充东道国或地区的资金不足。在外资投资过程中，相应的人民币配套资金会引起资金分配的变化，外资在国内采购的部分及外资企业生产后其利润的回流，常会引起大量的资金流动。

表6-9　全国各省市外商直接投资实际利用外资额

（单位：万美元）

地　区	2000年	2001年	2002年	2003年	2004年
黑龙江	30 086	34 114	35 511	32 180	33 917
吉林	33 701	33 766	24 468	19 059	19 237
辽宁	204 446	251 612	341 168	282 410	540 677
东北合计	268 233	319 492	401 147	333 649	593 831
北京	168 368	176 818	172 464	219 126	255 974
天津	116 601	213 348	158 195	153 473	172 091
河北	67 923	66 989	78 271	96 405	69 954
山西	22 472	23 393	21 164	21 361	9 022
内蒙古	10 568	10 703	17 701	8 854	34 297

华北合计	385 932	491 251	447 795	499 219	541 338
河南	56 403	45 729	40 463	53 903	42 211
湖北	94 368	118 860	142 665	156 886	174 441
湖南	67 833	81 011	90 022	101 835	141 803
华中合计	218 604	245 600	273 150	312 624	358 455
山东	297 119	352 093	473 404	601 617	866 423
黄河中下游合计	297 119	352 093	473 404	601 617	866 423
上海	316 014	429 159	427 229	546 849	631 087
江苏	642 550	691 482	1 018 960	1 056 365	894 830
浙江	161 266	221 162	307 610	498 055	573 256
安徽	31 847	33 672	38 375	36 720	42 850
江西	22 724	39 575	108 197	161 202	204 487
长江中下游合计	1 174 401	1 415 050	1 900 371	2 299 191	2 346 510
广东	1 128 091	1 193 203	1 133 400	782 294	1 001 158
福建	343 191	391 804	383 837	259 903	192 384
海南	43 080	46 691	51 196	42 125	11 926
广西	52 466	38 416	41 726	41 856	29 579
华南合计	1 566 828	1 670 114	1 610 159	1 126 178	1 235 047
陕西	28 842	35 174	36 005	33 190	14 132
甘肃	6 235	7 439	6 121	2 342	3 539
宁夏	1 741	1 680	2 200	1 743	6 704
青海	—	3 649	4 726	2 522	3 354
新疆	1 911	2 035	1 899	1 534	3 996
西北合计	—	49 977	50 951	41 331	31 725
四川	43 694	58 188	55 583	41 231	36 503
重庆	24 436	25 649	19 576	26 083	25 196
贵州	2 501	2 829	3 821	4 521	6 271
云南	12 812	6 457	11 169	8 384	14 153
西藏	—	—	—	—	—
西南合计	—	—	—	—	—

注:①青海省 2004 年数据来自《2004 年青海省国民经济和社会发展统计公报》。

②青海省 2000 年和西藏自治区 1999—2004 年的外商直接投资额的统计资料缺乏。

资料来源:《中国统计年鉴》、分省统计资料。

我国省际和各经济区间利用外资较为悬殊。2000 年外商直接投资最多的广东(1 128 091 万美元)是利用外资额为最少的宁夏(1 741 万美元)的近 648 倍。2004 年,外商直接投资额最多的广东

(1 001 158 万美元)是最少的青海(3 354 万美元)的 298 倍,可见,省际两极差距缩小了一半之多。从区域分析的角度,2000 年外商直接投资最多的三省分别是广东(1 128 091 万美元)、江苏(642 550 万美元)和福建(343 191 万美元),其投资总额是投资较少三省区①(贵州、新疆和宁夏)的 343 倍。2004 年,外商直接投资最多的三省(广东、江苏、山东)的投资总额达 2 762 411 万美元,是同期投资最少的三省区(新疆、甘肃、青海)的 253 倍。可见,无论是从省际两极差距还是从区域分析的角度,我国利用外资的区际差距呈现逐步缩小的趋势,这将有利于货币资金在区域间更加合理、畅通地流动。

① 考虑到西藏的特殊性和数据的缺失,在此不将其列在分析范围内。

第七章　区域金融中心

区域金融中心作为一种“经济景观”，是金融体系格局置于空间考察时的最高表现。大国经济的市场非均衡性，使金融资源空间配置不再按行政区划均衡地排布，而是根据区域经济发展的不平衡性，并遵循市场经济运行规律，在区域间进行不同层次的、有差异性的配置，这种金融体系空间配置的一个重要结果就是形成若干不同层次和不同金融结构特点的区域金融中心。

一　区域金融中心概述

（一）区域金融中心的基本内涵

1. 金融中心的概念及理论来源

金融中心是指金融机构聚集，金融市场发达，金融服务全面、高效，金融信息传递通畅、灵敏并且资金往来自由的资金集散地。金融中心具有以下三个特征：(1)拥有健全的金融机构和市场网络；(2)能提供各种有效信息和服务；(3)资金的集散中心。

经济学家用各种理论来解释企业或者金融机构为何愿意集中设立在某些大城市，以及为何从某些地区迁移至大城市，目前普遍认为其理论来源是微观经济学中的规模经济和聚集经济理论。

规模经济(economics of scale)是指达到一定产量规模以后，平均成本随着产量的增加而下降的规律，这是由产量增加导致平均固定成本(即每一产品所分摊的固定成本，例如机器设备的投资、管理费用等)下降所带来的。金融业中，金融机构的跨区域甚至是跨国经营可以利用较少投资取得迅速扩大规模的好处，这是因为原有的人才、设备和技术能够在跨区域机构中重复使用，从而能够以较低的边际成本，提供同质的服务。当某一地域的跨国金融机构足够多时，便形成金融中心。金融中心一旦形成，除非出现重大的政治经济变化，一般能保持下来。

经济学家帕克(Y. S. Park)将微观经济学的规模经济理论应用于国际银行业的发展和国际金融中心的成因分析上，阐述了规模经济理论对国际金融中心形成和发展的影响。他认为，由于跨国银行也是企业，其建立也是按照企业追求利润最大化为标准的，因此为了降低成本也会采取扩大经营规模的战略。当一个地区的跨国银行数量足够多、规模足够大时，这一地区就有成为国际银行中心的可能，国际银行中心是国际金融中心的重要组成部分。

规模经济理论在国际金融中心形成中的应用，主要有以下几个方面：

(1)金融机构的合作得以开展。当大量金融机构聚集在较小空间时，银行业内部可以开展众多的合作项目和业务联系。例如20世纪60年代以来，批发银行业务成为银行利润的主要来源，由于批发银行业务贷款数量大、风险高，因此特别需要银行间的紧密合作，而国际金融中心就为这种合作提供了良好的环境。

(2)金融机构之间共用基础设施。各金融机构的集中可以共同使用基础设施和通讯服务设施,从而减少这方面的投资,降低成本。同时可以形成一个多样化的劳务市场,方便各部门的人才自由流动。作为一个国际金融中心,金融设施、交通通讯设施都是必需的,而多个机构和产业部门共同使用将能最大限度地发挥这些设施的功能,提高使用效率,做到物尽其用。

(3)近距离的交流和信息沟通。金融机构的集中能促进为复杂多变的市场需求而建立起来的客户关系,面对面地交流能够避免交流中不必要误会的产生,减少了交流时间,便于互相沟通和信息传递,减少了不必要的损耗,可以提高效率。

(4)提高市场流动性,降低融资和投资风险。通常金融市场的规模越大,证券资产的流动性就越高。这会吸引其他地区的贷款人和借款人把他们的需求和供给转移到这个市场中来,在这里借款人可以以更低的利率得到更多的贷款,贷款人则可获得不同性质的投资,这些投资可以在更大规模的证券市场上交易。

(5)富有金融交易经验的高素质人才的聚集。国际金融中心的产生客观上需要大量高素质的金融人才,为了满足这种人才需求,世界各地的优秀人才为了追求更高的收入和更迅速的成长将会源源不断地涌入该地。同时,大量金融人才的聚集也会提高国际金融中心所在地居民的素质,并培养更多的金融相关人才。

聚集经济(economics of agglomeration)是金融中心存续的重要原因。金融中心产生的聚集经济能够有效降低金融机构的成本,促进各金融机构及各行业的信息交流,同时金融机构的增加使金融中心通讯和交通等设施利用率提高,该区域就有能力建设更为先进的基础设施为金融机构服务。

2. 区域金融中心的概念及理论基础

区域金融中心是指在某一区域内有直接的腹地、金融机构聚集、金融市场发达、金融交易活动频繁并且能对区域经济产生极化和扩散效应的中心城市。

区域金融中心的理论雏形源自于法国经济学家佩鲁齐①提出的区域经济发展的增长极理论。增长极理论认为,在经济增长过程中,由于某些主导部门或有创新能力的企业在一些地区或城市聚集,形成一种资本与技术高度集中、具有规模效益、自身增长迅速并能对邻近地区产生强大辐射作用的增长极,通过具有增长极优势地区的优先增长及对周围地区的辐射,可以带动相邻地区共同发展。这些区域性的大城市具有生产中心、商业贸易中心、交通运输中心、信息中心等功能。

将增长极的理论和思想引入区域金融的研究之中,可以对增长极在区域金融发展中产生的效应予以新的界定,更好地解释区域金融中心的形成与发展。从大国经济体系的空间结构看,由于经济资源分布、经济发展水平和社会分工在地域上具有明显的非均衡性,使经济运行和发展呈现出较强的区域性特点。金融系统作为一国国民经济体系的重要组成部分,也必然会呈现出明显的区域性。在金融发展过程中,金融资源及由其驱动的各要素向中心城市聚集,形成区域金融增长极。

区域金融增长极通过支配效应、乘数效应、极化与扩散效应而对区域金融活动产生积极的组织作用。一是支配效应:区域金融

① 佩鲁齐,法国主流经济学——社会学派的主要代表人物。1955 年在分析经济发展不均衡问题时提出了增长极理论。

增长极蓄积了充足的金融资源，在周围地区进行金融商品交易中占据绝对优势与主导地位，从而对周围地区的金融活动产生支配作用。二是乘数效应：增长极的金融发展会对周边地区产生示范、带动作用，从而密切了与周围地区的金融联系；而周边金融的发展又会反过来使增长极的作用不断得到强化和放大，从而形成循环积累因果机制①。三是极化与扩散效应：极化效应是指增长极的发展会吸引和拉动周围地区的金融资源和金融活动趋向增长极，从而使增长极自身实力不断加强；扩散效应是指增长极自身成长后又向周围地区提供各项金融服务，输出金融资源和金融活动，刺激周围地区的金融发展。三种效应的发挥使区域金融增长极在区域金融空间范围内的层次和地位不断提高，最终形成区域金融中心。

（二）区域金融中心的分类

1. 按产生途径分为自然形成型和政府建设型

(1)自然形成型。金融体系的产生、变化、发展取决于经济的发展，经济的增长产生了对金融的要求，于是金融机构与金融市场相应扩张，制度层面的金融决策与法规也随之发生变化，即：经济增长—

---

① 循环积累因果原理是经济学家冈纳·谬尔达尔(G. Mydral)于1944年在其著作《美国的两难处境》中首次提出的。他把社会经济制度看成是一个不断演进的过程，认为导致这种演进的技术、社会、经济、政治、文化等方面的因素是相互联系、相互影响和互为因果的。如果这些因素中的某一个发生了变化，就会引起另一个相关因素也发生变化，后者的变化反过来又推动最初的那个因素继续变化，从而使社会经济沿着最初的那个变化所确定的轨迹的方向发展。可见，社会经济的各个因素之间的关系并不守恒或者趋于均衡，而是以循环的方式在运动，并且不是简单的循环，这种循环具有积累的效果。

金融市场发展—金融制度变迁，这种产生途径即所谓的需求反应。在这一金融体系产生与发展途径中形成的金融中心，称之为自然形成的金融中心。

这种金融中心多是市场经济长期自由发展的城市，金融中心的形成和成长与经济发展相伴相随、亦步亦趋，且具有相互促进的特点。

(2)政府建设型。与需求反应相对应的金融体系的另一发展途径是供给引导，即金融体系并非经济发展到一定阶段的产物，而是金融体系先产生和发展，并刺激经济的发展，对经济发展有先导作用，也就是供给刺激需求。而在刺激经济发展之金融体系的变动中，金融制度的变迁又处于先导地位。这一产生途径为：金融制度变迁—(刺激)—金融市场改进—(刺激)—经济发展。在供给引导的途径中产生的区域金融中心，其所具备的条件不是在经济发展和金融体系的发展演变过程中自然形成的，而是政府有意识建设的结果，因此，这种区域金融中心属于政府建设模式。

此类金融中心的经济处于发展的起步阶段，金融体系尚不完备，但面对发达地区的竞争，急需发展金融业以促进经济超越式发展，于是便以政府力量来启动金融业的市场化进程。从一开始便着眼于带动本区域经济金融的发展，政府在其运行中干预程度较高。

二者的本质区别在于前者的动力来自经济发展所提出的要求，是自然形成的“原动力”；而后者则来自政府力量的介入，是人为产生的“推动力”。

2. 按功能类型分为筹资型、贷放型和政策型

(1)筹资型。这种金融中心起到内向型金融中介的作用，即从外部筹集资金以供内部及周围地区发展之用，主要设立在某区域的中心城市，而该城市及周边地区基础设施投资方面、经济建设支出方面资金要求迫切，但资金缺口又比较大。一旦区域金融中心构建完成后，它强大的筹资能力就会催生区域中心城市本身的经济、金融强劲发展，从而金融中心的实力得到增强，筹资能力提高，渐趋形成外源式融资的“资金洼地”，以实现良性循环。

(2)贷放型。外向型金融中介作用明显的区域金融中心，其中心城市自身的收入、储蓄、存款增长能够支撑内源融资式储蓄投资循环，大量的资金可投资于本区域其他地区甚至跨区域投资。

(3)政策型。这类区域金融中心构建的重点在于对其腹地提供有利的金融政策，因此金融的监督管理机构聚集，是金融数据、金融信息发布的中心地。承担的主要任务是防范和化解金融风险，实现金融的安全和稳定，保证金融业的稳健、有序运行，对区域乃至全国的金融进行宏观调控。

(三) 区域金融中心的作用

区域金融中心的形成反映了现代市场经济发展的基本要求，不仅为本地投资扩张和经济发展提供充裕的资金来源，而且对更大范围的金融资源配置和经济增长发挥了重要的作用。

1. 对区域金融的作用

(1) 区域金融中心的形成可以产生金融的外部规模效益

第一，节约周转资金余额，提供融资和投资便利。随着高效支付体系的发展，企业会发现通过集中于大都市的金融中心，利用银行业的交易媒介功能可节约周转资金余额，因此达到一定规模的企业趋向于在大都市设立财务部门，利用当地的金融市场进行交易，并且可以运用较少的周转资金余额为更大规模的支付提供资金。而竞争性日益增强的证券市场也为资金短缺者提供了规模越来越大的、便宜的证券发行机会，同时为资金盈余者提供更多的流动性强的投资机会。规模经济不仅存在于货币的交易媒介和价值的贮藏功能之中，就贷款、贴现和债券而言，规模经济还存在于延期支付功能之中。

第二，提高市场流动性，降低融资成本和投资风险。区域金融中心的金融市场规模是相当大的，通常金融市场的规模越大，证券的流动性越强。这会吸引其他地区的贷款人和借款人把他们的总需求和总供给转移到这个市场中来，借款人可以支付较低的利率或得到更多的贷款。贷款人则可获得性质不同的投资，这些投资能在规模更大的二级市场上进行交易。

第三，金融机构的合作得以开展，其辅助性产业得以共享。当大量金融机构集中在较小空间时，银行业内不断发展众多的合作项目和业务联系，如商业银行的银团贷款业务等。金融机构经常建立清算和结算的联合服务，如联合的票据结算中心等，这将导致外部规模经济。商业银行与投资银行之间、商业银行与保险公司之间、保险公司与证券公司之间都可开拓出众多的跨专业业务合作关系。随着大批金融机构的集中和发展，为金融机构服务的相关辅助性产业或社会中介服务业也将迅速发展。律师、会计、投资咨询、信用评估、资产评估、外语和金融专业技术培训等机构都将提供高质量的服务。那些对所有企业、机构和市场都有益的研究机构也将建立起来，并提供决策咨询等相关服务。

(2) 区域金融中心可以促进区域金融相对均衡发展

对于这一点的说明可以借鉴区域经济发展关系理论中的梯度推

移说①。大国经济发展具有非均衡性，我国地域广阔，经济资源分布、经济发展水平和社会分工具有明显的地域差异，导致了我国区域经济发展差距较大，金融业的发展也呈现出区际甚至域内的非均衡性。作为区域金融中心的城市，由于具有经济、政治、环境等多方面的优势条件，金融业正处于兴旺发达的阶段，货币化程度高，金融市场发达、交易活跃，经济金融化程度高，金融创新能力很强，不妨把区域金融中心看做是金融的高梯度区域；而其腹地金融资源相对缺乏，金融市场不完善，金融业一般只处于传统的基本服务阶段，缺少金融产品、金融工具的衍生和创新，金融发展几乎处于停滞甚至衰退阶段，就把这些周边地区看做是金融的低梯度区域。根据梯度推移说，区域金融中心有优惠的政策，地理位置优越，能够吸引先进经验、技术（或从其他区域，或从其他国家），金融及经济发展更为有利，那么它向低梯度区域的推进就会更迅速和深入，从而实现了整个区域的金融深化乃至金融创新的相对均衡。同时区际也有这种梯度推移的趋势，相对发达的区域会向金融发展滞后、金融压制严重的区域推移，按上述的方式，能促进全国范围内金融发展的相对均衡，有利于整个国家金融业的发展。

---

① 梯度推移说是建立在产品周期理论基础之上的。梯度推移说的基本观点是，一个区域的经济兴衰取决于它的产业结构，进而取决于它的主导部门的先进程度。与产品周期相对应，可以把经济部门分为三类，即产品处于创新到成长阶段的是兴旺部门；产品处于成长到成熟阶段的是停滞部门；产品处于成熟到衰退阶段的是衰退部门。因此，如果一个区域的主导部门是兴旺部门，则被认为是高梯度区域；反之，如果主导部门是衰退部门则属于低梯度区域。

推动经济发展的创新活动（包括新产品、新技术、新产业、新制度和管理方法等）主要发生在高梯度区域，然后，依据产品周期循环的顺序由高梯度区域向低梯度区域推移。梯度推移主要是通过城市系统来进行的。这是因为创新往往集中在城市，而且城市从环境条件和经济能力看比其他地方更适于接受创新成果。具体的梯度推移有两种方式，一种是创新从发源地向周围相邻的城市推移；另一种是从发源地向距离较远的第二级城市推移，再向第三级城市推移，以此类推。这样，创新就从发源地推移到所有的区域。

2. 对区域经济的作用

(1) 集聚效应

社会分工的深化和内部规模经济的存在为金融资源的空间聚集创造了条件,从而导致了区域金融中心的形成。而金融资源的空间聚集带动了其他资源向区域金融中心聚集,对区域的社会、经济、文化等各方面产生了深远的影响,可以看做是区域金融中心的集聚效应。

金融资源的空间集中会带来集聚经济利益或成本节约,当以某一大型金融机构为主而形成聚集时,对每个金融机构来说聚集经济利益是外在的,但对金融业整体而言又是内在的,即产业的内部规模经济。金融机构的聚集所带来的经济利益并不只是生产经营方面的,也有消费方面的,即它不仅使金融机构受益,也使消费者受益。区域金融中心的其他金融主体的空间聚集同样会产生种种经济利益,节约生产成本:如大量的金融专业人才聚集在区域金融中心,会形成所谓的"人才库",使金融机构在雇用所需人才时更为便利,节约了人才的培训成本和时间成本,而且在区域金融中心比在其他地区更容易寻找到合适的人才和投资机会,从而可以节约搜寻成本。在整个区域金融中心的宏观层次上,金融资源的空间聚集为区域金融中心所在城市的成长带来经济利益,由于金融资源的聚集,引致大量的企业和居民空间设址的接近,导致企业和居民经济利益和成本的节约,使得整个城市的经济也具有集聚经济效果。从投入产出角度看,金融资源的聚集带来大量的资金、人才、技术和公共产品的聚集,改变了通常意义上的技术约束和经济约束,而且也改变了经济活动的市场约束,即它对生产函数、需求函数、成本函数同时产生巨大的影响,给整个城市带来巨大经济利益、社会利益。综上所述,金融资源空间上的集中和接近,不仅在微观上为区域金融中心的金融机构和居民带来了各种各样的经济利益，而且在宏观上也影响着区域金融中心所在城市和区域的经济运行。所以，集聚效应是区域金融中心对经济作用的首要表现，是全面的、动态的、持久的。

(2) 辐射效应

辐射效应是指，区域金融中心城市是所在区域内经济金融发展和现代化程度相对较高的地区，它与其腹地之间进行的资本、人才、技术、信息等方面的流动和思想观念、思维方式、生活习惯等方面的传播。通过流动和传播来提高整个区域金融资源配置的效率，促进整个区域金融的发展。

区域金融中心与其腹地之间的辐射是双向的，区域金融中心的资金、人才、技术、信息、思想观念、思维习惯等通过一定媒介向其周边地区扩散，后者对前者也形成一定的影响，如资源、资金、人才等向前者流动。区域金融中心辐射的范围和程度取决于区域金融中心的经济金融发展水平，水平相对越高，辐射的范围越大，程度越强，就越能带动整个地区的金融、经济发展和现代化进程。辐射的过程主要是利用金融机构的金融产品和服务，通过对周边地区提供金融支持，逐渐缩小域内的金融发展和现代化差距。在区域金融中心形成和发展的初期，由于发展水平较低，资金、人才通常是由周边区域向区域中心流动，这可以加快区域金融中心的形成和发展，但会造成周边地区的资本匮乏和人才流失，从而影响这些地区的经济发展和现代化进程。但这一过程不能持久，随着区域金融中心的发展壮大，金融资源会通过金融机构的媒介从区域金融中心向周边地区流动。在此过程中，金融机构发挥了重要的中介作用，区域金融中心通过其集聚效应将资源、人才、技术、信息汇集起来，再通过金融机构将资源、人才、信息、技术投入到收益最高的地方。随着区域金融中心的发展，区域金融中心内的边际收益递减，因此，资源、资金、技术、人才会向周边地区流动，从而带动了周边地区的发展。可见，从长期看，区域金融中心与其腹地之间是一种共同发展的关系。

(3) 促进经济增长

区域金融中心对经济发展的影响可用索洛—米德模型来解释。索洛—米德模型通过资本—产出比率可变的新假定，克服了哈罗德—多马模型中资本—产出比率不变产生的“刃锋”问题，从而发展了哈罗德—多马模型。区域金融中心对整个区域经济增长的推动作用，可用以下经过修正的索洛—米德模型表示：

$$\Delta Y/Y=\alpha a(\Delta K/K)+\beta b(\Delta L/L)+\gamma\Delta T/T \qquad (7-1)$$

α、β、γ 分别表示区域金融中心对本区域的资本增长率、劳动增长率、技术进步增长率的贡献。$\Delta Y/Y$ 指经济增长率。区域金融中心对资本的积累和集中有一种倍加的作用。仅靠区域自身的力量，其资本积累与集中的速度及规模有限。区域金融中心形成后，可将区域外的资金积聚到区域中心从而增加本区域的资本规模，提高资本的增长率，有利于促进区域经济增长。同时，区域金融中心可吸引大量的金融人才和其他人才，扩大本区域的人力资本规模，使本区域的劳动以更高的增长率增长，促进本区域经济增长。区域金融中心汇集大量的科学技术，并将其应用到生产、生活中，从而提高本区域的科学技术水平，提高资本—产出比率和劳动—产出比率，使本区域的生产、生活在更高的水平上进行。大量资本的聚集会使资本的价格，即利率保持在相对较低的水平，有利于降低企业的生产成本，促进区域内经济的发展。而且随着区域金融中心的发展，其工资水平也会随之提高，有利于居民消费需求的增加，促进区域经济的发展。

总之，区域金融中心的形成，会促进区域金融成长，进而产生较高的经济增长率，经济发展诱发不断的金融创新，推动金融发展，支撑新一轮的经济增长，形成经济增长与金融发展共生互长的良性循环。

二 区域金融中心的形成条件

区域金融中心是区域金融发展非均衡性的结果，是各金融机构、金融业务、金融资源等按市场原则在空间上自由转移和优化配置中形成的，现代市场经济为其形成奠定了一定的基础。欲构建现代化的、功能齐全的、作用突出的金融中心，地理位置、经济发展水平和经济结构特点并不能构成充分条件，还必须考虑交通、电信等基础设施的建设以及金融人才、法律税收制度、经济金融政策等软硬环境的完善。

（一）区位优势

区域金融中心的区位是指金融活动占有的场所，它是一个外延较广的概念，包括自然区位、经济区位、行政区位等。

1. 自然区位

区域金融中心的自然区位是指区域金融中心具体的坐落位置。自然区位会影响金融企业的经营成本和交易成本，如交通成本、通讯成本和交换成本。区域金融中心拥有比同区域其他城市更便利、通达的区位，位于其内的金融机构的交易成本、交通通信费用和获取商业信息的费用相对较低，并通过成本优势诱导区域金融中心以外的企业向区域金融中心聚集，而金融机构聚集的同时可产生外在经济和专业化分工，会进一步降低企业的经营成本和交易费用。区域金融中心的自然区位优势是一种潜在的优势，只有与其他条件结合在一起，并被金融企业所运用才能成为区域金融中心的现实收益源泉。

自然区位优势是可变的，一方面交通、通讯技术的迅猛发展使交易费用不断降低，自然区位造成的交易成本的差距大大缩小了；另一方面交通、通讯等基础设施的建设可改变自然区位条件。区域金融中心可以通过基础设施的建设来改变自身的自然区位，提升自身的竞争力。

2. 经济区位

区域金融中心经济区位的一个重要方面是区域金融中心的市场条件，即区域金融中心所在区域的金融市场规模、结构及顾客的挑剔程度，它影响区域金融中心的进一步发展潜力和竞争力。如果区域金融中心的市场规模较大，有利于金融企业扩大规模，促进新的金融企业产生发展，也有利于金融机构就近了解市场需求；较高的挑剔度迫使金融企业提高服务水平，提供更有竞争力的金融产品，有利于区域金融中心整体水平的提高。

3. 行政区位

行政区位对区域金融中心的作用有两个方面：第一，政府可通过行政权力向中心城市聚集金融资源，培养区域金融中心。政府的行政级别越高，其拥有的行政权力就越大，调控能力就越强。由于首都和省会是高级政府所在地，具有行政区位优势，能聚集大量金融资源，常常可形成区域金融中心。第二，中心城市的人口聚集、政府行使其职能都能为金融企业的发展提供额外的市场需求，有利于金融企业发展。此外政府的行政级别越高，基础设施越完善，外在经济效应越强，越有助于促进金融企业与区域金融中心的发展。

（二）以经济实力雄厚的中心城市为依托

1. 城市是区域中最具发展实力和活力的组织，是区域经济的增长中心。(1)城市是区域的生产中心。生产各种工业产品,可以满足区域内生产、生活的需要。(2)城市是区域的流通中心。城市商业、企业云集,依托城市组织商品流通,可顺利实现区域生产、生活的各种供需关系。(3)城市是区域的服务与管理中心。城市可以为区域提供诸如金融、保险、通信等方面的服务,对区域的经济、社会活动进行管理,维持正常的秩序。(4)城市是区域的人力资源培育中心。城市集中了区域的高等教育、中等教育、各种职业教育等教育和培训机构,培养各种专业技术人才和管理人才,为区域发展提供高素质的人力资源。(5)城市是区域对外交流中心。城市依托良好的区位条件、便捷的交通和通讯条件以及相对优越的投资环境,成为区域开展对外交流与合作、进行对外开放的枢纽。(6)城市是区域的创新中心。城市中汇集了区域的绝大多数研究与开发机构,集中了区域内的多数高素质的人才,同时,它又是区域的信息生产、聚集与扩散地,加之其富有活力的特殊社会氛围,使其成为区域的新技术、新思想、新观念、新人才的诞生之地。并且,城市的创新对区域起到了示范作用,能够引起区域在经济和社会多方面的效仿。

2.经济实力强大的中心城市能牵动区域经济金融整体发展变化。(1)经济发达的城市本身拥有并能吸引大量的企业,从而会产生大量的企业之间的交易,在现代市场经济中,这些交易都要通过金融业的中介作用的协助才能完成。(2)大量的企业在发展过程中既是资金的供给者又是资金的需求者,为金融业的发展提供了广阔的市场空间;有些企业在发展过程中会出现资金剩余,另一些企业会出现资金不足,这时金融业会发挥其配置金融资源的功能来解决企业融资难的问题,给资金不足的企业提供金融支持。(3)发达、繁荣的经济可以提供良好的社会生活环境,吸引大量高素质的人才,为区域金融中心的形成提供充足的人力资源；为资本提供较高的预期收益率和较低的风险，吸引大量的资本，为区域金融中心的形成、发展提供充足的资金；还可以提供良好的基础设施，形成良好的商业文化氛围等等。这些都有利于区域金融中心的构建。

（三）金融体系完善、结构合理

1. 发达、完善的金融市场

金融市场作为货币资金融通的场所，承载了货币资金流动、金融工具与金融产品交易等许多行为和活动。发达、完善的金融市场可以提高资金的使用效率，聚集资金并引导储蓄向投资转化；可以提供良好的投资机会，提高金融资产收益率，有利于金融机构的发展；可以激励、约束金融主体，减少投机行为，降低市场风险；还可以灵敏地反映经济、金融市场信息，有助于形成区域金融中心的市场优势。要构建金融中心，金融市场不仅要具备基本的资金优化配置、金融交易等职能，还要建立、健全市场监管体系。市场监管体系是区域金融中心发展的重要协同力量，有效、适度的监管可以使金融活动的各个环节有效衔接，各个部门默契配合，使金融资源得到优化配置，金融环境得到有效利用，降低金融机构的运营成本和交易费用，提高金融机构的竞争力。健全、发达的金融市场是区域金融中心应具备的一个非常重要且有标志性的条件。

2. 金融机构数量多、集中程度高

金融机构是金融活动的组织者又是重要的参与者，它通过自身的经营活动把资金的融通活动联为一体。作为区域金融中心，必须要有种类齐全的金融机构以相当的规模集中在城市内，既要有银行，

又要有非银行金融机构。银行既要有专门搞宏观管理和监督的中央银行或其分支机构,又要有从事借贷行为的商业银行及业务局限在某一专门领域的专业性银行。而证券公司、信托投资公司、保险公司和各类基金组织等非银行金融机构也要齐全,因为不同的金融机构的性质不同,发挥的作用也不同,而各类金融机构聚集到一起可以实现功能上的互补、整合。

金融机构的聚集可以扩大金融行业的规模,产生外在经济,为金融机构实现利益最大化创造条件。现代金融业的运转需要各部门、各机构之间的分工合作,这使部门间或机构间存在着较大的交易成本,而金融机构在区域中心聚集,容易在行业中建立起信誉机制和相互信任关系,可以大大减少投机行为,有利于降低交易费用。聚集还可能使金融机构从区域中心内其他企业中就近获得商品和服务,这样可以节约时间及运输成本,并可以享受供应商提供的辅助服务,使区域内的金融机构之间保持着一种积极、灵活的关系。在一个环境快速变化的动态竞争环境里,这种水平的一体化安排比远距离的联盟安排更有效率。金融机构的聚集可以通过促进金融产业专业化的发展,形成区域金融中心的金融产业优势和技术优势,进而形成区域金融中心的竞争优势和比较优势。

(四)先进、完善的基础设施

基础设施是以物质形态为特征的基础结构系统,包括交通、通讯、能源、动力、住房及文化、卫生、科研、教育机构等。金融资源的聚集、扩散、流动,金融机构的运转都是以基础设施为载体进行的。基础设施的规模、类型、质量对区域金融中心的形成、发展有直接影响。

1. 便利的交通设施、快捷的通讯设施、充足的能源与动力设施及优质、高效的其他基础设施，可以为金融业的发展和运行提供充裕、便捷的载体条件，有利于金融机构开展业务，便于吸引大量的资金。

2. 完善、先进的基础设施，能为整个城市的居民提供工资以外的货币、非货币收益，可以吸引城市以外的居民特别是可以吸引高素质的金融人才及相关从业人员向该城市聚集，为金融业的发展提供有利的人力资源条件，有利于区域金融中心的发展和竞争力的提高。

3. 高效、完善、先进、创新性的基础设施，如立体化、智能化的交通系统，一体化的先进通讯网络和全球信息传输系统，可以为金融业务的创新和区域金融中心的升级发展创造良好的物质基础。

（五）宽松的政策环境，健全的法律制度

金融在发展中国家历来有垄断性强、管制严的现象。而金融中心一旦形成，就有按市场机制配置资源的要求，这就要求在构建区域金融中心的过程中创造一个相对合理、宽松的政策环境：要制定自由的金融制度，保证资金能自发地、有效地在金融中心融通与配置；要适当放松金融管制。但宽松只代表政府对金融中心的构建和发展给予一定的优惠和支持，并不代表金融机构可以完全摆脱政府的宏观政策一意孤行，政府必须承担起立法、执法的重担，健全金融法治和监管体系，以防范金融风险，维持金融市场秩序，既为金融中心的发展提供足够自由的空间，又为其正常运行创造一个有法可依、有章可循的公平竞争的环境。

（六）拥有相当规模的金融核心人才和相关从业人员

人力资源是金融服务业的核心资源，人才的优势也是区域金融

中心最重要的竞争优势。在区域金融中心形成、发展过程中,人力资本是直接投入要素,参与生产运营和价值形成,人力资本的水平、规模可以影响区域金融中心的竞争优势。金融机构所需要的人才通常是多方面的:经验丰富的处理非常规事务的决策型人才,如管理决策、市场营销、产品开发、公共关系、证券交易等工作所需的人才;处理常规事务的熟练操作人员,如财会、结算、贷款审核、法律顾问和办公室等工作人员;数据处理、计算机运用与管理的技术人员。一个同时具有多种类型人才资源供给的地区,对金融机构总部或各业务部门都具有吸引力。

三 我国区域金融中心定位的实证研究

(一) 我国建设区域金融中心的必要性

从世界经济发展和国际金融中心形成的一般规律来看,经济实力强大的国家都拥有若干不同层次的经济中心城市,而这些国际经济中心城市一般都是重要的国际或区域金融中心,也就是说金融中心是经济中心城市功能进一步提升的必然结果。

20世纪以来,科技进步大大加快了国际金融中心城市的发展,形成了多层次、多元化的趋势。一个国家或地区内可以同时拥有若干个功能互补、层次不同的国内金融中心、区域性国际金融中心以及全球性国际金融中心,这些不同层次和功能互补的金融中心对于促进本国或地区经济的发展都发挥着积极的作用。这一点已被许多国家的实践所证明。如:美国除了作为全球性国际金融中心的纽约外,有芝加哥、洛杉矶等区域性金融中心,还有旧金山、休斯敦等国内金融中心。英国除伦敦这一全球性国际金融中心之外，还有西北地区的曼彻斯特等区域性国际金融中心。日本的东京是重要的全球性国际金融中心，大阪、名古屋则是知名的区域性金融中心，横滨也是日本有名的国内金融中心。毋庸置疑，这些不同层次的金融中心不仅在国际金融业中占有重要的位置，而且对本国和所在地区也发挥着重要的金融支持和经济辐射作用。

不同层次的金融中心一旦形成，必将发挥资本集聚和辐射功能，通过资金融通、资本运营来实现资源在本地区、全国甚至全球范围的优化配置，并且作为一种相对独立的战略资源，持续带来金融中心所在城市及周边地区的投资繁荣，形成产业扩张和交易集聚，从而创造大量的就业机会和政府财政收入，为经济发展作出贡献。因此，借鉴国际经验，加快我国区域金融中心建设将有利于推动我们主动参与经济金融全球化进程和金融业国际分工，提高我国的国际竞争力。

（二）研究思路和方法

下面拟采用因子分析法对有潜力成为区域金融中心的各城市进行实证分析。主要思路为对其区域金融综合竞争力进行比较并排序，在此基础上，选择一些金融竞争力较强的城市作为各区域的金融中心。

1.方法的选取。运用因子分析法，因子分析法通过研究指标体系的内在结构关系，从而将多个指标体系转化为少数几个相互独立且包含以上指标大部分信息的综合指标。其优点在于它确定的权数是基于由数据分析而得出的指标之间的内在结构关系，不受主观因素的影响，有较好的客观性，而且得出的综合指标之间相互独立，减少信息的交叉，这对分析评价极为有利。

2. 样本城市的选取。样本城市的选取原则:(1)能说明问题;(2)具有区域代表性。根据一般经验,具有形成金融中心潜力的城市主要是一些具有竞争力的区域中心城市。本书依据金融中心形成的影响因素,结合 2003 年《中国城市竞争力报告 NO. 1》的研究成果,选取最具有竞争力的 50 个城市①和未列入其中但也在前 75 位中的四个省会城市或区首府(乌鲁木齐、太原、呼和浩特、兰州)作为样本,进行研究和比较。

3. 指标选取。从区域金融中心必须具备的条件考虑,我们可以设计具体的指标,结合因子分析法的使用,我们所采用的指标及其经济意义如表 7－1 所示:

表 7－1　变量解释说明表

指　标	单位	经济意义	
GDP	万元	经济发展水平	经济实力
人均 GDP	元		
人均财政收入	元	财政发展水平	
人均财政支出	元		
社会消费品零售额	万元	经济规模	
固定资产投资总额	元		
金融业从业人员	万人	金融业人才规模	金融实力
金融业从业人员比率	%	金融产业比率	
年末金融机构各项贷款余额	万元	金融资本存量	
年末金融机构各项存款余额	万元		
城乡居民储蓄年末余额	万元	储蓄规模	
人均储蓄年末余额	元		
保费收入	万元	保险业水平	
货运总量	万吨	交通设施情况	区位优势
客运总量	万人		

① 本书考虑到香港和澳门的特殊性,在实证研究中未涉及。此处实选取 48 个城市。

邮电业务量	万元	信息基础设施	基础设施
年末本地电话用户	万户		
国际互联网用户数	户		

4. 数据来源。本书所选数据均来自于 2003 年《中国城市竞争力报告 NO. 1》和 2004 年《中国城市统计年鉴》,并计算得到。

(三) 实证分析过程

1. 将原始数据进行标准化处理

Descriptive Statistics

	N	Minimum	Maximum	Mean	Std. Deviation
GDP	52	1 191 037	61 807 382	9 641 562.06	10 449 444.8
人均 GDP	52	11 191	60 158	31 628.67	11 867.047
人均财收	52	430.31	7 030.21	2 438.697 9	1 386.818 23
人均财支	52	909.76	8 494.11	2 975.072 1	1 668.641 23
消费零售	52	574 359	85 839 911	5 153 651.96	12 059 540.6
固定投资	52	581 547	24 389 726	4 220 346.56	4 496 727.02
金融人员	52	0.34	14.77	2.417 5	2.716 91
金融比率	52	0.02	0.15	0.041 3	0.022 45
贷款余额	52	1 626 714	131 680 500	17 351 152	24 183 726.1
存款余额	52	2 137 946	179 959 962	22 650 507.8	34 561 312.1
储蓄余额	52	999 293	54 705 700	8 887 090.4	10 885 726.7
人均储蓄	52	11 194.81	77 444.74	27 694.910 6	12 391.994 3
保费收入	52	32 766	2 393 400	305 706.65	448 324.268
货运总量	52	1 599	63 861	12 361.69	11 052.77
客运总量	52	2 188	72 793	12 882.02	13 079.916
邮电业务	52	46 409	2 826 612	457 020.29	564 517.731
年末电话	52	29	734	152.92	144.494
互联用户	52	42 000	4 320 000	716 313.81	892 911.133
(Valid N (listwise))	52				

注:N 为样本个数,即本研究中选取的城市个数;Minimum 为最小值;Maximum 为最大值;Mean 表示均值;Std. Deviation 表示标准差。

2. KMO检验和巴特莱特(Bartlett)球形检验

KMO and Bartlett's Test

Kaiser-Meyer-Olkin Measure of Sampling Adequacy		0.823
Bartlett's Test of Sphericity	Approx. Chi-Square	1 775.614
	df	153
	Sig.	0.000

注:变量之间的相关性检验。从表中可以看出,KMO为0.823,而巴特莱特统计值的显著性概率为0.000,显然小于$\partial=1\%$,因此很适合作因子分析。

3. 变量共同度表

Communalities

	Initial	Extraction
Zscore(GDP)	1	0.948
Zscore(人均GDP)	1	0.919
Zscore(人均财收)	1	0.921
Zscore(人均财支)	1	0.904
Zscore(消费零售)	1	0.993
Zscore(固定投资)	1	0.959
Zscore(金融人员)	1	0.974
Zscore(金融比率)	1	0.99
Zscore(贷款余额)	1	0.984
Zscore(存款余额)	1	0.971
Zscore(储蓄余额)	1	0.97
Zscore(人均储蓄)	1	0.792
Zscore(保费收入)	1	0.963
Zscore(货运总量)	1	0.761
Zscore(客运总量)	1	0.971
Zscore(邮电业务)	1	0.893
Zscore(年末电话)	1	0.966
Zscore(互联用户)	1	0.924

Extraction Method: Principal Component Analysis.

变量共同度刻画了全部公共因子对于某变量的总方差所作的贡

献，说明的是全部公共因子反映原变量信息的百分比。从表中可知，各变量的共同度都比较大，说明因子分析的效果是显著的。表中提取公共因子的方法为主成分分析法。

4. 总方差分解表

Total Variance Explained

Component	Initial Eigenvalues			Extraction Sums of Squared Loadings			Rotation Sums of Squared Loadings		
	Total	% of Variance	Cumulative %	Total	% of Variance	Cumulative %	Total	% of Variance	Cumulative %
1	11.688	64.931	64.931	11.688	64.931	64.931	10.108	56.156	56.156
2	2.276	12.645	77.576	2.276	12.645	77.576	3.498	19.433	75.589
3	1.119	6.214	83.79	1.119	6.214	83.79	1.137	6.317	81.906
4	0.914	5.077	88.867	0.914	5.077	88.867	1.032	5.734	87.64
5	0.807	4.482	93.349	0.807	4.482	93.349	1.028	5.71	93.349
6	0.41	2.277	95.627						
7	0.263	1.459	97.086						
8	0.156	0.866	97.952						
9	0.101	0.56	98.512						
10	0.094	0.523	99.035						
11	0.051	0.285	99.32						
12	0.044	0.245	99.565						
13	0.025	0.139	99.704						
14	0.02	0.111	99.815						
15	0.016	0.091	99.906						
16	0.009	0.051	99.957						
17	0.007	0.038	99.995						
18	0.001	0.005	100						

Extraction Method: Principal Component Analysis.

Initial Eigenvalues 表示初始特征值，其中 Total 一列为相关系数矩阵的全部特征值，% of Variance 为各个特征值的方差贡献率，Cumulative %为累计贡献率。由表中可以看出，前 5 个因子的累计贡献率已达到93%,达到了保留原信息85%以上的要求。

Extraction Sums of Squared Loadings 表示未经旋转提取因子的载荷平方和。根据分析的需要,本书选取5个公共因子来近似代表全部变量的变动。

5. 因子载荷矩阵

Component Matrix (a)

	Component				
	1	2	3	4	5
Zscore(GDP)	0.971	−0.037	−0.048	0.02	0.037
Zscore(人均 GDP)	0.415	0.829	−0.031	−0.2	0.133
Zscore(人均财收)	0.733	0.605	−0.119	−0.045	−0.027
Zscore(人均财支)	0.741	0.569	−0.173	0.038	−0.01
Zscore(消费零售)	0.365	−0.363	−0.116	−0.13	0.835
Zscore(固定投资)	0.97	−0.125	0.024	−0.012	−0.032
Zscore(金融人员)	0.954	−0.219	0.009	0.116	−0.036
Zscore(金融比率)	−0.113	0.239	0.601	0.723	0.19
Zscore(贷款余额)	0.979	−0.131	−0.024	0.072	−0.047
Zscore(存款余额)	0.975	−0.106	−0.014	0.087	−0.049
Zscore(储蓄余额)	0.981	−0.07	0.025	0.047	0.004
Zscore(人均储蓄)	0.53	0.673	0.177	−0.081	0.144
Zscore(保费收入)	0.962	−0.12	−0.069	0.11	−0.071
Zscore(货运总量)	0.802	−0.269	0.163	−0.086	−0.104
Zscore(客运总量)	0.278	−0.084	0.787	−0.514	−0.047
Zscore(邮电业务)	0.928	−0.123	−0.071	0.087	−0.061
Zscore(年末电话)	0.955	−0.208	0.085	−0.056	0.007
Zscore(互联用户)	0.956	−0.075	−0.028	0.021	−0.055

Extraction Method: Principal Component Analysis.
a 5 components extracted.

从因子载荷矩阵可以看到,各因子的典型代表变量有些并不突出,不能对因子作出良好的解释。因此,有必要对因子载荷矩阵施行旋转。

6. 旋转后的因子载荷矩阵

Rotated Component Matrix (a)

	Component				
	1	2	3	4	5
Zscore(GDP)	0.9	0.331	0.036	0.156	−0.049
Zscore(人均 GDP)	0.059	0.955	0.056	0.013	−0.031
Zscore(人均财收)	0.476	0.828	−0.053	−0.065	−0.046
Zscore(人均财支)	0.508	0.79	−0.142	−0.047	−0.015
Zscore(消费零售)	0.294	−0.043	0.01	0.95	−0.055
Zscore(固定投资)	0.933	0.243	0.123	0.108	−0.06
Zscore(金融人员)	0.971	0.132	0.042	0.108	0.014
Zscore(金融比率)	−0.097	0.051	0.027	−0.05	0.987
Zscore(贷款余额)	0.96	0.228	0.037	0.089	−0.028
Zscore(存款余额)	0.951	0.246	0.034	0.078	−0.007
Zscore(储蓄余额)	0.929	0.292	0.084	0.122	0.001
Zscore(人均储蓄)	0.229	0.826	0.176	0.036	0.155
Zscore(保费收入)	0.953	0.224	−0.023	0.061	−0.028
Zscore(货运总量)	0.822	0.043	0.277	0.052	−0.067
Zscore(客运总量)	0.189	0.056	0.965	0.007	0.031
Zscore(邮电业务)	0.917	0.214	−0.014	0.07	−0.044
Zscore(年末电话)	0.93	0.172	0.201	0.163	−0.062
Zscore(互联用户)	0.914	0.277	0.057	0.073	−0.062

Extraction Method: Principal Component Analysis.

Rotation Method: Varimax with Kaiser Normalization.

a Rotation converged in 5 iterations.

从表中可以看出，公因子1主要由GDP、固定资产投资总额、金融业从业人员、年末金融机构各项贷款余额、年末金融机构各项存款余额、城乡居民储蓄年末余额、保费收入、货运总量、邮电业务量、年末本地电话用户和国际互联网用户数决定，这些都是反映经济总量的指标，所以我们可以称其为总量因子；公因子 2 主要由人均 GDP、人均财政收入、人均财政支出和人均储蓄年末余额决定，可以叫做边际因子；客运总量在公因子 3 上的载荷较大，社会消费品零售额在公因子 4 上的载荷较大，金融业从业人员比率在公因子 5 上的载荷较大，因此可以依次称为交通因子、商业因子和金融产业比率因子。

7. 因子得分系数矩阵

Component Score Coefficient Matrix

	Component				
	1	2	3	4	5
Zscore(GDP)	0.078	0.022	−0.04	0.058	−0.004
Zscore(人均 GDP)	−0.148	0.402	0.072	0.111	−0.093
Zscore(人均财收)	−0.029	0.272	−0.071	−0.07	−0.069
Zscore(人均财支)	−0.011	0.249	−0.163	−0.054	−0.025
Zscore(消费零售)	−0.112	0.047	−0.027	1.055	0.031
Zscore(固定投资)	0.098	−0.024	0.039	−0.016	−0.018
Zscore(金融人员)	0.135	−0.084	−0.051	−0.03	0.074
Zscore(金融比率)	0.045	−0.032	−0.046	0.033	0.987
Zscore(贷款余额)	0.119	−0.041	−0.049	−0.042	0.023
Zscore(存款余额)	0.118	−0.034	−0.052	−0.05	0.042
Zscore(储蓄余额)	0.094	−0.005	−0.002	0.012	0.045
Zscore(人均储蓄)	−0.1	0.314	0.152	0.105	0.107
Zscore(保费收入)	0.128	−0.046	−0.105	−0.073	0.026
Zscore(货运总量)	0.104	−0.094	0.192	−0.088	−0.036
Zscore(客运总量)	−0.064	0.016	0.9	−0.028	−0.04
Zscore(邮电业务)	0.12	−0.042	−0.092	−0.058	0.008
Zscore(年末电话)	0.091	−0.045	0.111	0.04	−0.018
Zscore(互联用户)	0.101	−0.012	−0.021	−0.049	−0.02

Extraction Method: Principal Component Analysis.

Rotation Method: Varimax with Kaiser Normalization.

8. 计算因子得分并排序

结合因子得分系数矩阵和各变量的标准化值，我们可以得到各公因子得分，然后赋予它们不同的权重，计算出总得分，就可以对各城市的金融综合竞争力进行排序。

公因子权重计算公式为：$W=\lambda_i/\sum_{i=1}^{5}\lambda_i$ 计算结果见表 7-2。

表 7-2　公因子权重表

公因子(F)	特征根值(λ)	贡献率(%)	累积贡献率(%)	因子权重(W)
公因子 1	11.688	64.931	64.931	0.696
公因子 2	2.276	12.645	77.576	0.135
公因子 3	1.119	6.214	83.790	0.067
公因子 4	0.914	5.077	88.867	0.054
公因子 5	0.807	4.482	93.349	0.048

表 7-3　城市金融综合竞争力排序结果表

城市	公因子 1 得分	公因子 2 得分	公因子 3 得分	公因子 4 得分	公因子 5 得分	城市金融综合竞争力
上海	4.690 22	0.936 33	−1.235 56	−0.197 64	0.404 76	3.32
北京	3.936 7	0.273 69	0.142 17	−0.107 02	0.077 48	2.78
广州	1.144 99	1.929 71	1.275 39	0.624 67	−0.224 6	1.17
深圳	0.892 35	1.823 47	−0.781 75	0.095 11	−0.408 24	0.8
天津	1.335 94	−0.470 63	−0.577 65	−0.166 03	−0.629 64	0.79
成都	0.766 99	−2.024 56	3.568 5	−0.421 64	−0.451 71	0.45
重庆	0.254 39	−0.862 79	4.607 07	−0.314 11	−0.576 63	0.32
杭州	0.258 37	0.534 11	0.635 45	−0.048 45	−0.028 89	0.29
南京	0.496 22	−0.294 54	0.164 55	−0.159 74	−0.362 64	0.29
沈阳	0.516 09	−0.482 47	−0.479 68	0.069 92	0.354 21	0.28
佛山	−0.020 42	0.958 48	0.171 86	0.238 78	1.089 9	0.19
武汉	−0.061 62	−0.950 14	−0.151 17	6.926 71	−0.274 28	0.18
大连	−0.063 25	1.070 83	0.006 22	0.028 27	0.068 25	0.11
西安	0.401 6	−1.174 12	−0.030 38	−0.154 31	−0.156 09	0.1
东莞	−0.932 68	2.881 85	1.731 99	0.553 9	2.611 61	0.01

青岛	0.124 8	−0.465 85	−0.458 16	−0.076 36	0.150 27	0
济南	−0.060 88	0.342 41	0.266 78	−0.435 11	−0.556 44	−0.03
宁波	−0.440 16	1.602 41	0.634 54	−0.272 39	0.033 27	−0.06
郑州	−0.035 67	−0.413 35	−0.139 93	−0.215 26	0.028 59	−0.1
舟山	−0.207 69	−1.018 58	−0.740 57	−0.229 44	4.701 05	−0.12
哈尔滨	−0.024 51	−0.257 84	−0.328 9	−0.009 34	−0.959 28	−0.12
昆明	−0.082 86	−0.247 2	−0.504 17	−0.219 58	−0.535 18	−0.16
长沙	−0.211 7	−0.176 19	−0.126 8	−0.149 66	−0.200 7	−0.2
太原	0.004 72	−1.044 06	−0.460 23	−0.340 52	−0.330 04	−0.2
苏州	−0.519 21	1.012 96	0.717 25	−0.142 8	−0.434 12	−0.2
无锡	−0.496 89	0.889 37	0.227 19	0.042 23	−0.233 76	−0.22
台州	−0.300 78	−0.660 85	−0.021 66	−0.251 3	1.893 65	−0.22
长春	−0.202 08	−0.357 4	−0.264 9	−0.002 73	−0.502 71	−0.23
乌鲁木齐	−0.142 37	−0.589 66	−0.667 25	−0.326 64	−0.019 77	−0.24
烟台	−0.275 8	−0.479 4	−0.287 41	−0.218 94	0.795 67	−0.25
石家庄	−0.248 22	−0.359 81	0.074 67	−0.211 89	−0.492 41	−0.25
中山	−0.590 15	0.650 75	−0.199 55	0.007 21	0.938 84	−0.29
合肥	−0.263 8	−0.470 59	−0.594 46	−0.275 38	−0.051 78	−0.3
厦门	−0.519 1	0.518 36	−0.006 86	0.015 85	−0.575 38	−0.32
温州	−0.664 57	0.709 08	1.062 65	0.000 74	−0.482 88	−0.32
南昌	−0.271 88	−0.728 38	−0.459 91	−0.184 49	−0.109 99	−0.33
常州	−0.418 34	−0.062 54	−0.093 09	−0.164 67	−0.467 72	−0.34
汕头	−0.085 11	−1.592 47	−0.797 4	−0.168 81	−0.010 17	−0.34
绍兴	−0.579 16	0.019 2	0.134 09	−0.187 63	1.161 14	−0.35
嘉兴	−0.430 36	−0.612 56	−0.119 61	−0.261 56	1.198 43	−0.35
福州	−0.594 21	1.342 58	−1.049 82	−0.310 8	−1.163 79	−0.37
兰州	−0.252 39	−0.887 35	−0.611 59	−0.181 38	−0.643 57	−0.38
海口	−0.347 43	−0.970 75	0.031 64	−0.295 96	0.042 65	−0.39
湖州	−0.357 92	−1.031 15	−0.299 3	−0.301 64	0.531 78	−0.4
呼和浩特	−0.458 23	−0.425 73	−0.722 09	−0.229 55	0.191 13	−0.43
秦皇岛	−0.662 28	0.107 89	−0.516 06	−0.123 98	0.390 37	−0.47
徐州	−0.410 31	−0.816 17	−0.300 9	−0.257 76	−0.842 5	−0.47
南通	−0.610 36	0.071 34	−0.327 88	−0.308 73	−0.547 71	−0.48
泉州	−0.459 97	−0.577 52	−0.228 61	−0.328 18	−1.084 58	−0.48
惠州	−0.603 51	−0.011 95	−0.524 65	−0.193 2	−1.211 89	−0.53
珠海	−1.116 74	2.297 54	−0.639 08	0.063 67	−0.979 31	−0.55
威海	−0.800 78	0.544 23	−0.704 99	−0.222 46	−1.114 64	−0.6

表 7-4　中国分区域各城市金融综合竞争力排名

区域	城市	全国排名	区域排名
华南地区	广州	3	1
	深圳	4	2
	佛山	11	3
	东莞	15	4
	中山	32	5
	厦门	34	6
	汕头	38	7
	福州	41	8
	海口	43	9
	泉州	49	10
	惠州	50	11
	珠海	51	12
长江下游地区	上海	1	1
	杭州	8	2
	南京	9	3
	宁波	18	4
	舟山	20	5
	苏州	25	6
	无锡	26	7
	台州	27	8
	合肥	33	9
	温州	35	10
	南昌	36	11
	常州	37	12
	绍兴	39	13
	嘉兴	40	14
	湖州	44	15
	南通	48	16
环渤海地区	北京	2	1
	天津	5	2
	青岛	16	3
	济南	17	4
	太原	24	5
	烟台	30	6
	石家庄	31	7
	呼和浩特	45	8
	秦皇岛	46	9
	徐州	47	10
	威海	52	11

东北地区	沈阳	10	1
	大连	13	2
	哈尔滨	21	3
	长春	28	4
华中地区	武汉	12	1
	郑州	19	2
	长沙	23	3
西南地区	成都	6	1
	重庆	7	2
	昆明	22	3
西北地区	西安	14	1
	乌鲁木齐	29	2
	兰州	42	3

从表7-3和表7-4可见，北京、上海的各级指标和综合得分在全国范围内都占有绝对优势，已有实力成为全国性的金融中心，上海甚至可以努力争取国际金融中心的地位。广州、深圳可以构建华南地区的区域金融中心，并以香港为中心，以广州、深圳为两翼，构建珠江三角洲地区金融中心圈。长江下游地区构建组团式区域金融中心，以上海国际金融中心为依托，以杭州和南京为两翼。北京争取成为国内金融中心，天津作为环渤海地区的区域金融中心。沈阳、大连可以共同构建东北地区的区域金融中心，大连主要起辅助作用。武汉构建华中地区的区域金融中心。成都和重庆可以构建西南地区的区域金融双中心。西安构建西北地区的区域金融中心。

四 我国区域金融中心发展的分析

（一）华南地区区域金融中心——以广州为主，以深圳为补充

珠江三角洲是中国市场化及国际化程度最高的大都市经济圈。

广州作为广东的政治、经济、文化中心，正处于珠三角，良好的地缘优势和位居全国各大城市前列的经济总量等各种有利因素，吸引了珠三角一带大量的金融机构、金融资源集中到了广州，使广州的金融业为珠三角经济的高速发展提供了强大的金融支持。广州在一系列的改革以后，城市的基础设施大幅改观，经济、金融呈现持续发展的局面。广州对珠三角甚至华南地区各城市的辐射力在不断加强，华南地区各中小城市对广州的认同感也与日俱增，广州作为华南地区金融中心的地位已经确立。

1. 广州金融中心的现状

广州是华南地区的金融中心，金融资金实力名列全国第三。2005年金融保险业完成增加值189.50亿元，增长6.5%。金融机构存贷款业务量继续增加。年末，全市金融机构本外币各项存款余额11 734.10亿元，当年新增1 289.30亿元；本外币贷款余额7 622.20亿元，当年新增525.65亿元；全市金融机构人民币各项存款余额11 085.30亿元，当年新增1 349.37亿元。人民币各项贷款余额6 908.03亿元，当年新增472.22亿元。全年金融机构现金收入15 071.58亿元，现金支出15 089.55亿元，收支相抵，现金净投放17.97亿元。

金融市场对外开放进程加快。2005年末，在广州经营的18家外资银行实到资本金42.69亿元，当年新增资本金12.58亿元。获准经营人民币业务的外资银行有8家，年末资产总额达375.71亿元。有1家外资银行被其总行确定为中国境内业务的主报告行。

保险业发展较快。2005年末，全市拥有保险中介机构108家，其中保险代理公司 72 家，保险经纪公司 10 家，保险公估公司 26 家。全年保费收入 158.63 亿元，增长 19.3%。其中，财产险保费收入 41.86 亿元，增长 4.4%；人身险保费收入 116.77 亿元，增长25.8%。全年支付各类保险赔款及给付 31.20 亿元，增长 11.9%。其中，财产险 18.43 亿元，增长 11.5%；人身险 12.77 亿元，增长12.5%。

资本市场在调整中发展。2005 年末，全市共有证券公司 2 家，证券营业部 116 家。全市境内证券市场上市企业达 22 家。全年境内新发行股票 1 只。全年通过境内证券市场筹资合计 3.24 亿元。

长期以来，广州金融业的科技水平一直处于全国的先进行列。广州的“同城票据交换系统”利用当今国际先进电子技术设备，业务范围覆盖珠江三角洲，延伸至深圳、香港等共三十多个城市的两千多家银行网点的本外币清算，日均处理单据近十万张。此外，各商业银行开发的电子汇兑系统、电子货币系统和各类计算机网络，也处于全国领先地位。各种银行卡也相当普及，如今已达到人均一卡的水平。

工商银行、中国银行等国有商业银行，以其实力雄厚、分支机构众多、服务手段先进、服务项目周全的优势在广州的金融体制中居主体地位。其他多种非银行金融机构也得到了飞速的发展，形成门类齐全、业务经营范围广泛的金融力量，如中国人民保险公司、广州信托投资公司等。外资金融机构，如法国东方汇理银行广州分行、日本住友银行广州分行、美国美洲银行广州分行等也纷纷在广州抢滩。

珠江三角洲是海内外投资的热点。广州 2005 年实际利用外资金额 28.41 亿美元，增长 14.7%；利用外资新批项目(合同)1 599

个，增长6.2%；合同利用外资金额36.62亿美元，增长9.4%。外资银行进驻广州，有着极具潜力的发展前景。另外，广州商业银行拥有架构完善的关系网络、遍布各地的分支机构、庞大的客户基础和广泛的市场分销能力，并在人民币资金来源方面占有绝对优势。外资银行则有较为先进的信息技术基础设施、全面高效的银行管理和风险防范系统以及经验丰富的专业经理人团队。通过优势的互补，中外银行业在企业金融、零售金融和同业金融方面将会有很好的合作前景。

2. 发展、完善广州金融中心的措施

(1)重视建设与金融中心相配套的基础设施。一个城市发展的实力和后劲，关键在于基础设施。所以广州政府一要适应当前的经济发展状况、生产力发展水平，完善现有交通网络，打通"丁字路"、"断头路"等，解除城市交通的瓶颈状态。二要高起点、高标准地规划建设新机场、高速路、"三港"(航空港、海港、信息港)等。广州的新机场是目前我国唯一按枢纽概念建设的机场。另外，会展中心、金融大厦、科学馆等也是城市基础设施的一部分，也要积极筹划建设。

(2)营造适宜创业和居住的环境，吸引更多的金融人才。要营造适宜创业发展和居住的环境，应进一步加强公共服务设施建设，改善生活环境，发展社区服务，方便群众生活；扩大市民居住空间，创造整洁、优美的环境空间，建立融洽、互信的交往空间，提供多层次的教育文化空间；在技术层面上，为克服金融机构服务网站独立设置的弊端，应进一步协调好省市及中央的有关部门，共同推动统一的金融网络公司建立，扩大金融服务的效率和便利性，以吸引更多的高素质的金融人才在广州安家落户。

3. 充分发挥深圳在建设华南地区金融中心中的补充作用

深圳作为中国最早的特区，并且与金融高度发达的香港毗邻，在中国金融业改革和开放的历史上创下了诸多"第一"：1987年创办了中国最早的股份制商业银行——深圳发展银行和招商银行；1990年成立了中国第一个股票交易所——深交所；1992年创办了中国第一家非国有保险公司——平安保险公司。处于中国金融改革最前沿的深圳曾把建立珠三角金融中心放在发展战略的重要位置。但为把上海建设成具有国际竞争力的金融、贸易中心，中央将许多优惠政策从深圳转向了上海，深圳为了取得中央暂时不把主板并入上海的承诺，付出了巨大的代价，深交所已经停发新股，但合并主板的趋势是深圳政府无法阻挡的。深圳的资本市场被大大削弱，加之深圳经济总量小，缺乏经济腹地等方面的原因，已不具备与广州争夺金融中心地位的实力。所以二者应该考虑合作，在珠三角区域金融中心完善、提高的过程中形成优势互补。

广州还是要承担其主体的重任，发展银行业市场，建立银团贷款中心、信用卡中心、票据交换中心，强化保险、基金管理、场外交易。深圳要利用和香港紧密结合的机会，充当好广州资本市场的补充与完善的角色，继续发挥其证券市场的优势，营造适合深圳各类金融机构的良好投资和发展环境，提供优惠政策以挽留现有金融机构并吸引外来金融机构落户深圳，弥补自身金融被边缘化的劣势。如把广州与深圳看成是珠三角大都市圈内一个强大的增长极，就可以避免双方在金融中心建设过程中为争夺金融资源而重复建设所造成的资源浪费和现在各自为政所造成的分歧。穗、深的合作一定要从大局出发，搞好分工，这对提高珠江三角洲金融中心的层次和地位是相当重要的。

（二）长江下游地区的区域金融中心——以上海为依托，以杭州和南京为两翼的组团式区域金融中心体系

1. 上海定位——国际金融中心

（1）发挥政府推动作用。一是对上海国际金融中心的建设提供必要的激励政策；二是转化角色、功能与理念，提供各项优质的政府服务，促进上海国际金融中心的良好运转；三是继续加强城市的现代化建设与管理，为上海国际金融中心提供世界一流的基础设施和人文环境。

（2）充分借鉴国际经验。上海作为新起步的国际金融中心，可以借鉴国际上主要金融中心发展的成功与失败经验，了解国际金融中心的发展条件与途径，特别要注意防范国际金融中心建设过程的风险。在制定上海国际金融中心的建设规划时，应建立较为完整的国际金融中心的信息评价与比较体系，透彻地了解上海与各主要国际金融中心间存在的差距与潜在市场优势，明确上海国际金融中心的建设路径，提升上海国际金融中心所需的各项条件与市场要素。

（3）加快经济金融体制的市场化发展。不仅要认识金融市场运行表面的差距，更要深刻把握上海在金融市场基础及整体环境方面的弱点，使上海国际金融中心的建设具有一个扎实基础。从表 7－5 和表 7－6 反映的信息来看，目前上海应下大力气，着重提高经济金

融活动的市场化与自由化程度。加快实施国有企业包括国有金融企业的经济体制改革，加快股份制改造；转变政府的职能与角色，消除行政干预微观经济的状况，提供高效的政府服务；降低金融市场的市场准入限制；加大利率市场化的改革力度；放松对银行业的金融管制；在有效的风险监管前提条件下，放松对于货币市场资金合法进入

表 7-5 主要国际金融中心的直接因素与基础因素评价与比较

	纽约	香港	上海	北京
金融中介及配套机构	9	7	5	6
货币自由兑换与国际化程度	9	7	7	7
金融价格的国际影响力	9	6	8	9
金融监管水平	8	7	6	6
金融创新能力	9	6	7	5
金融人才	9	7	5	6
金融市场基础设施	9	7	8	6
金融信息透明度	9	8	6	6
金融市场准入与自由度	9	9	8	8
总分	9	7	6	6

注：级别由高到低分为 9、8、7、6、5、4、3、2、1。

资料来源："北京能成为国际金融中心吗？"，《经济月刊》2003 年 9 期，第 28 页。

表 7-6 主要国际金融中心的宏观与环境因素评价与比较

	纽约	香港	上海	北京
经济实力	9	6	6	6
经济增长	7	6	9	9
法律环境	9	8	7	7
税收及其他政策环境	7	9	8	7
国际经济地位	9	6	5	5
市场经济体制	9	9	5	6
社会政治风险	9	8	7	7
城市人文环境	9	7	8	9
总分	9	7	6	6

注：级别由高到低分为 9、8、7、6、5、4、3、2、1。

资料来源："北京能成为国际金融中心吗？"，《经济月刊》2003 年 9 期，第 28 页。

资本市场的限制;完善金融法制建设,严格依法监管金融市场,保持金融市场的三公原则与规范秩序。

(4)充分利用国际金融中心的优势,扶持次一级区域金融中心即杭州、南京的建设,逐渐形成层次分明、优势互补的组团式金融中心体系,共同为地区发展提供优质金融服务。

2. 杭州区域金融中心的建设

(1) 杭州金融中心现状

改革开放以来,杭州市金融业的发展一直处于上升态势,尤其是在20世纪90年代上升幅度较大。1978年以来,相关数据(见表7-7)显示,杭州各项主要的金融指标总体上呈现快速增长的势头。目前杭州的金融业有以下主要特征:

金融业务进一步扩大。2005年末全市金融机构本外币各项存款余额6 748.72亿元,比上年末增长18.2%;各项贷款余额5 545.3亿元,比上年末增长15.5%。全年金融机构现金收入11 752.53亿元,现金支出11 562.05亿元,收支相抵现金净回笼190.48亿元。

资本市场平稳发展。2005年末,全市累计上市公司(含异地控股上市)46家,比上年末增加4家。其中境内证券市场上市38家,境外红筹上市8家。全年新募集资金11.4亿元,上市公司累计募集资金155亿元。

保险事业平稳运行。2005年全市保费收入72.53亿元,其中,财产险保费收入27.67亿元,增长14.8%;人身险保费收入44.86亿元,比上年下降7.0%。全年支付各类保险赔款及给付17.65亿元,比上年增长5.5%。

表 7-7 杭州市历年金融机构存贷款金额

（单位：万元）

年份	1978	1985	1990	1995	2000	2001	2002	2003	2004	2005
各项存款	86 824	484 999	1 646 165	7 079 650	20 884 723	26 215 100	33 731 500	46 527 300	57 072 000	67 487 200
各项贷款	136 759	580 180	1 803 266	5 672 105	16 866 431	20 877 000	27 523 800	38 187 000	48 000 400	55 453 000

注：1989 年以前数据均为银行机构存贷款，1990 年及以后年份数据为调整后金融机构存贷款，2003 年始金融机构存贷款为本外币合并数据。

资料来源：《2005 年杭州统计年鉴》和《杭州市 2005 年国民经济和社会发展统计公报》。

(2) 杭州发展为区域金融中心的优势分析

第一，是浙江中小民营企业发展的客观需要。

改革开放以来，随着非公有制经济的发展，浙江许多的中小民营企业获得了迅猛的成长。然而，虽然浙江省内民营经济的实力相当雄厚，但是对于一部分中小民营企业而言，投资资金的相对缺乏成为抑制它们进一步发展的主要障碍之一。建立一套专门为民营经济提供金融支持的融资体系和制度安排，是促进中小民营企业发展和浙江民营经济二次飞跃的重要制度保障，在这样的形势下杭州有条件、有必要将自己发展为区域金融中心。这是浙江区域范围内许多中小民营企业进一步发展的客观需要。

第二，可以与上海国际金融中心形成优势互补。

从整个大长江三角洲来看，虽然上海的国际金融中心地位不可动摇，对江、浙等地区的二级中心城市的经济辐射起着极其重要的作用，但是这与杭州发展为区域金融中心并不会冲突，而且能产生优势互补的效应。首先，作为国际金融中心，上海的金融服务对象一般是国内大型企业或跨国企业，而杭州却可以提供以中小企业为服务对象的金融服务；其次，上海的金融服务是以外向型为主的，而杭州的金融服务可以以内向型为主；再次，杭州可以提供上海没有的金融产品，起到相互补充的作用。

3. 南京区域金融中心的建设

(1) 南京区域金融中心比较优势分析

南京位于长三角北翼，既是长三角面向内地广大区域的门户，又是苏锡环太湖经济带的腹地，与杭州共同构成了以上海为中心的南北两翼，是承接和传导上海辐射的主动脉。南京位于沿海、沿江两条轴线的 T 型交叉点，是联结“黄金海岸”和“黄金水道”的枢纽城市，具有“承东启西、承南接北”的区位功能，在推进沿江大开发方面具有得天独厚的区位优势。

南京金融业发达，机构进驻较全，金融总量在长三角位于前列，具有打造区域金融中心的产业规模和必要条件。南京是第一批现代支付系统上线运行的城市，具有高效能的现代化金融服务平台。截至 2005 年 6 月末，南京各类金融机构存、贷款余额分别达到 4 731.72亿元和 4 348.3 亿元，在江苏全省的份额均超过四分之一，在全国 13 个副省级城市的排名中位居第三。全国各大银行机构均在南京设有分支机构。渣打银行、汇丰银行、比利时联合银行、瑞穗银行先后落户南京。1998 年，管辖苏皖两省的中国人民银行分行在南京成立，更标志着南京区域金融中心地位的确立。

南京的证券保险市场也具相当规模，形成了以南京为中心，以江苏为依托，辐射整个长三角地区的融资网络。外汇调剂市场也颇为活跃，发挥了中心城市的融资功能。

(2) 南京区域金融中心的功能定位与发展思路

具体发展思路为：“把握一个目标”、“明确两个定位”，即把握构建“长三角金融次级中心”的目标；明确以服务长三角为主，并积极向苏皖地区延伸的区域定位，明确以服务实体经济为主，并有效支持基础设施建设的功能定位。

南京可以依托特有的区位优势，发挥对内、对外两个辐射效能。对内深入挖掘和积聚长三角的金融资源，对外大力促进苏皖中部崛起，成为联结长三角经济区与苏皖中部经济区的纽带，在功能定位上，以为生产型企业提供金融服务为主，加大对实体经济的支持力度，并多方融通资金，有效满足基础设施建设的资金需求，推进城市发展。

（三）环渤海地区——北京争取成为国内金融中心，天津作为环渤海地区的区域金融中心

1. 北京——国内金融中心

（1）北京金融发展现状

北京作为我国的首都，又是环渤海经济圈的经济中心城市，改革开放以来，其产业结构不断优化和升级，目前已形成了“三二一”的产业发展格局。到2005年，第三产业增加值已占GDP的66.4%，这一指标已经达到或接近了发达国家的水平。在第三产业中，金融业又是发展最快的行业，2005年金融业产值792.8亿元，比上年增长9.9%。“十五”期间，金融业增加值年均增长10.6%，比“九五”时期下降6.3个百分点，这说明金融业已成为首都经济发展的支柱产业。

2005年末全市金融机构（含外资）本外币存款余额28 970亿元，比年初增加5 093.6亿元，同比多增1 764.9亿元。金融机构（含外资）本外币贷款余额15 335.5亿元，按可比口径计算，比年初增加1 993.1亿元，同比多增79.7亿元。

表7-8　北京金融机构（含外资）本外币存贷款

（单位：亿元）

指标	2005年末数	比年初增加额	增加额同比增减
各项存款余额	28 970	5 093.6	1 764.9
其中：企事业存款	16 340	3 046.6	933.8
储蓄存款	8 315.8	1 161.5	448.7
各项贷款余额	15 335.5	1 993.1	79.7
其中：短期贷款	5 167.2	354.7	−256.1
中长期贷款	8 632.4	1 159.4	−67.6
票据融资	1 140	354.7	362.9

证券市场各类证券成交额 9 322.5 亿元,比上年下降 49.6%。其中股票成交额 4 343.7 亿元,下降 40.1%;国债成交额 305.4 亿元,下降 54.5%;基金成交额 91.3 亿元,增长 15.7%。

2005 年末全市有各类保险公司 44 家,比上年增加 13 家;保险中介机构 227 家,增加 47 家。全年保费收入 497.7 亿元,比上年增长 78.2%。其中,财产险保费收入 67.1 亿元,增长 1.3%;人身险保费收入 389.4 亿元,增长 1.2 倍;健康险和意外伤害险保费收入41.3 亿元,增长 21.3%。全年各类保险赔款给付支出 75.4 亿元,比上年增长36.3%。其中财产险赔款 35.2 亿元,寿险业务给付 29 亿元,健康险和意外伤害险赔款及给付 11.2 亿元,分别增长 2.7%、1.2 倍和 37.3%。

北京目前金融业门类齐全,货币交易量和资金流量较大,各项经济指标均已走在全国前列,金融业快速发展。三大金融监管机构——中国人民银行、中国证监会、中国保监会现都集中在北京。此外,工农中建四大国有商业银行的总行,中国农业发展银行、国家开发银行两大政策性银行的总行和分行,中信实业银行、光大银行、北京银行等股份制商业银行的总部,中国最大的保险公司——中保集团总部,中国最大的证券公司——银河证券以及中国中央证券登记结算有限公司、中央国债登记结算有限公司等金融服务机构都在北京。

根据国际经验,当一个国家或地区人均 GDP 达到 3 000—10 000 美元时,经济发展将进入加速成长与高速增长时段,经济结构将进一步提升,经济增长质量会大大改善。根据人均 GDP 规律的客观要求和北京产业结构特点,北京金融业将进入加速发展的快车道。再加上北京已形成的全国金融管理中心地位,具备发展金融中心的许多主客观条件。因此,北京完全可以提出建设国内金融中心的目标。

(2) 北京作为国内金融中心应发挥的作用

第一,北京金融中心对经济实力强劲的京津塘经济圈的作用。大都市经济圈①是衡量一个国家或地区社会经济发展水平的重要标志。近几年逐渐形成的京津塘经济圈,聚集能力高,经济实力强劲,它的形成与发展得益于现有体制下全国各种资源,尤其是金融、信息、人力等方面的资源向首都的集中。北京是这一都市圈的核心城市,作为政策型的金融中心,发挥着对其腹地的各项经济、金融活动的宏观调控作用。这一地区也是接受北京政策辐射最直接的地域,有助于各项措施的积极落实和各项改革的顺利进行,从而使该地区可望在北京成为重要的政治、文化及国际交往中心之后,在世界政治、经济、文化、国际交往等活动中更加突出地表现出组织、管理、协调的能力。而北京也会在良好的大环境中,不断加强政策制定、发布、执行的准确性、及时性,更加突出政策型金融中心的优势。

第二,发展北京金融街,带动华北地区和全国金融的腾飞。1 700 米长的北京金融街上聚集着中国金融业 50%—60%的金融资产,汇总了每年 15 万亿元居民和企业存款 80%以上的数据。北京的金融街是象征北京和中国无限生机与活力的标志性区域,随着进一步的建设,将吸引国内外各主要金融机构业务网络、各类金融市场

① “大都市经济圈(带)”的概念是法国学者戈特曼 1957 年提出来的,大都市经济圈通常具有四方面的特征:一是由两个人口规模超过 200 万的特大城市作为中心城市,其 GDP 占整个都市圈的比重一般超过 1/3,甚至达到 1/2,是整个都市圈的核心;二是环绕中心城市,都市圈的大中小城市基本成圈层状结构布局,且体系规模相对合理;三是都市圈内各城市之间的分工与合作十分密切,其产业结构呈现综合性、多元性和开放性,具有较强的创新能力、结构转换能力以及国际竞争能力,但都市圈与都市之间的经济发展具有相对独立性;四是都市圈具有密集的基础设施网络,并以中心城市为核心向周边地区有序延伸。

以及其他金融服务功能进入，保证投资者一进入这条街便会得到各类优质、高效的金融服务。在金融街上汇集各类金融机构的总部，各项调控、管理、监督等工作都会集中在金融街上完成，北京的金融管理中心和政策信息发布中心地位也会随之提高。而且为了与北京的银行、保险等金融行业的发展与开放时间同步，北京的金融主管部门以及北京市方方面面的协调和配合工作都将切实地开展起来，北京的金融乃至中国的金融都会有很大的发展。

(3) 强化金融市场及金融机构的各项职能，充分发挥首都金融中心的作用

第一，深化北京资本市场的宏观调控功能。资本市场是北京宏观经济稳定的高效调节器。一个区域的金融市场如果只有货币市场而没有资本市场，其经济波动往往比较剧烈。北京资本市场的底子还较薄，使得货币市场部分地承担了资本市场的功能，其结果既加大了社会资金运行的风险，又扰乱了货币市场与资本市场之间正常的资金流动关系。大力发展北京资本市场，能对货币市场发展和宏观经济稳定起到十分重要的促进作用。发达、成熟的资本市场处于市场经济的核心地位，是多种经济关系的融汇处。将资本市场作为实现宏观经济政策目标的调节器，通过货币政策工具的运用，同时与财政政策相配合来影响供求关系，间接达到影响产量、价格和就业的目的。大力发展北京资本市场，从更深的层次上看，能对大北京范围内的货币市场发展和宏观经济稳定起到十分重要的促进作用。政策型金融中心的宏观调控功能也可以得到充分发挥。

第二，完善央行的宏观调控机制。中央银行要完善宏观调控机制，通过运用货币政策工具，对北京资本市场进行主动的操作，使北京资本市场对宏观金融作出及时、准确的反应。在目前利率尚未成为资金市场供需的均衡价格的情形下，整个社会的资金配置还处于

一定程度上的无序状态，金融宏观调控尚未形成有力、合理的杠杆工具。而金融是现代经济中最活跃的因素，在缺乏宏观调控机制的有效制约下，极易呈现盲动状态，因此，完善宏观调控机制不但是必要的，而且是迫切的。

第三，在金融发展格局中构建成我国的几个中心。首都金融业应当在全国金融发展格局中，构建成我国的几个中心：金融管理控制中心，金融业支付结算中心，金融信息中心，金融行业标准制定中心，金融批发业务中心，资金调度中心，金融中介服务中心。这几个中心的加总无疑会加强北京作为政策型金融中心的作用。

2. 天津——环渤海地区的区域金融中心

(1) 天津区域金融中心建设的条件分析

天津地缘经济发展的必然取向。天津具有良好的经济区位优势：环渤海地区包括辽宁、河北、山东、山西、北京、天津和内蒙古自治区中部等地区，陆域面积 112 万平方千米。天津的地缘优势突出，地处环渤海地区中心，我国华北、东北、华东三大区的结合部，辐射广阔华北腹地。同时，天津是北京以及华北、西北的重要出海通道，拥有著名的天然良港，是我国北方重要的对外贸易港。天津的战略定位，必将有效地带动资金流汇集和资金中心的形成，进而带动金融业的跨越发展。

天津具有较强的综合经济实力。2005 年天津国民经济快速稳定增长，全年实现生产总值 3 663.86 亿元，比上一年增长 14.5%，连续 15 年保持两位数的增长，位居全国前列。全市人均生产总值达到 35 457 元，折合 4 328 美元，比上年增长 12.8%。三次产业全面增长。第一产业完成增加值 109.42 亿元，增长 4.3%。第二产业是推动全市经济快速增长的主要力量，完成增加值 2 050.34 亿元，增长 17.5%。第三产业完成增加值 1 504.1 亿元，增长 11.4%。三次产业比重分别为 2.99%、55.96%和41.05%，其中，第二产业比重比上年提高 2.84 个百分点。三次产业对经济增长的贡献率分别为 1.0%、66.5%和 32.5%。财政收入保持快速增长，全年全市财政收入实现 725.52 亿元，按可比口径计算，比上年增长 26.8%，连续 14 年保持两位数增长。同时滨海新区、海河改造的建设为全市经济发展注入了活力，环渤海经济圈的发展已列入国家发改委规划。

天津已具备较好的金融基础。2005 年天津金融保险业实现增加值 160.64 亿元，比上年增长 15.7%。年末全市各类金融机构达 2 926 家，其中银行类机构 1 548 家，非银行类机构 1 378 家，金融机构从业人员达 4.62 万人。截至 2005 年末，全市中外金融机构本外币存款余额达到 6 090.50 亿元，比上年末增长 17.51%。本外币贷款余额达到 4 722.38 亿元，按可比口径计算，比上年末增长 15.93%。作为环渤海地区对外开放的窗口城市，又是中国加入 WTO 后金融业率先对外开放的城市之一，经过近几年的发展，天津已成为环渤海地区金融机构种类较全、密度较大、开放度较高的城市。天津是央行天津大区行所在地；四大国有商业银行和交通银行在天津拥有分支机构；随着民生银行、华夏银行天津分行成立，天津已落户了除广东发展银行外的全部股份制银行；摩根大通、汇丰、东京三菱、法国兴业等 14 家外资银行也在天津设有分行。

(2) 天津建设区域金融中心的思路

天津要建设环渤海地区区域金融中心，必须更新理念，努力实现金融运作的市场化、金融业务的国际化和金融操作的现代化。

首先，应加快高新技术产业发展，重视经济结构调整，营造优良环境。历史证明，只有经济发达的地区或城市，才有可能实现金融机构和金融市场的群集，由此带来各种金融活动和交易市场的兴旺发达。天津在现有经济快速、稳定发展的基础上，必须加快高新技术这一骨干产业的发展，抓紧传统产业的升级换代，完善现有的经济结构，以夯实经济和金融发展的基础。

其次，加快组建金融控股集团。近几年，天津金融业在完善法人治理结构、股份制改造、内部管理体制改革和业务品种创新等方面已做了大量工作，金融企业的竞争力有较大提高。面对在管理、技术、人才方面占据很大优势的外资金融机构，紧迫的问题是天津应在组建金融控股集团公司方面作出新的尝试，对现有的独资国有商业银行进行改造。要树立现代商业银行的运作理念，下大力气引进先进的管理思想、管理方法和管理机制，构造有效的管理流程；提升现有优质非国有金融机构，分别在银行业、证券业和保险业内合并、重组几家具有相当规模的商业银行、证券公司和保险公司，做大做强，以提升竞争能力；在现有分业经营体制框架内，加强金融同业之间在业务、技术和组织等方面的合作，通过优化组合达到资源共享、优势互补。只有致力于增强金融企业的竞争力，天津创建环渤海区域金融中心的目标才能成为现实。

最后，强化金融监管。天津要建设环渤海区域金融中心，建立金融安全区是一个不可回避的重大问题。金融业是一个高风险产业，创建金融中心的目的是为投融资创造有利环境和获取最大收益，但更重要的，是为了建立强大的金融风险防御体系。现代金融风险具有客观性、不定性、隐蔽性、复杂性等特征，从体制、业务经营、金融创新和诚信道德上防范和化解金融风险，是一个既重大又繁难的问题，重要的是要强化金融监管，它既是实现金融安全的重要举措，也是创建区域性金融中心的重要保证。

（四）东北地区区域金融中心——大连辅助沈阳

在东北三省的范围内，沈阳是金融改革和国库券交易业务发展最早的城市，又是国内最重要的重工业城市之一，对周围的中小城市乃至整个东北地区具有较强的吸纳与辐射功能。将沈阳的发展和竞争目标定位于东北区域金融中心是比较适度且符合实际的。

1. 沈阳建设区域金融中心的优势条件

沈阳是中国人民银行大区行总部所在地，随着金融改革进程的加快，人民银行大区行在执行货币政策和金融监管方面的作用会越来越大。各大商业银行、外资金融机构及其他监管部门派驻机构的“群居效应”会不断凸现沈阳成为区域金融中心的先天优势。

沈阳具有浓厚的商业传统，是一个在收入、储蓄及存款增长等方面能够支撑内源融资式储蓄投资循环的大型中心城市。如果能通过改善环境条件进一步成为外资大量进入的“资金洼地”，并完善区域性货币市场和资本市场，提升各类金融机构的服务水平和服务效率，沈阳市就能在区域资本及货币的聚集和分配中真正发挥中心功能。

沈阳市的信息基础设施建设比较先进，所以在信息开发、区域性发展规划的研究与制定等方面，在所有东北城市中占据领先地位。

2. 把沈阳培育成东北区域金融中心的战略构想

区域金融中心需要具备基础性建设、环境改造、中央的扶持政策、人才准备等多种条件。因此，沈阳应该有计划、分阶段地加以实施。粗略分为三个阶段：即规划起步阶段、基本建设阶段、完善提高阶段。各个阶段的持续时间在很大程度上取决于沈阳市政府的工作内容及工作效率。所以，政府的工作应把以下几个方面作为重点：

(1)提高城市的知名度。在区域经济发展过程中,中心城市的知名度需要不断提升,这种城市知名度的提升也会产生城市经济的"广告效应",这是区域经济竞争中的无形财富。城市知名度的提高对金融机构的区位选择、资金的流入量等都具有重要影响。如沈阳政府应站在社会公共立场上,出售具有现金流的公共设施或待建项目,主要面对国外投资者,这会产生极好的"公示效应",增强沈阳对投资者的吸引力。

(2)基础设施建设是构建区域金融中心需要重点投资的领域。区域金融中心基础设施建设所需的资金量虽然一部分可以靠中央政府财政和国家银行系统的支持来解决,但在一些小规模的基础设施建设中,还存在相当大的资金缺口,需要依靠市场化手段弥补。尤其是那些标准的公共产品或公共设施的建设资金来源,必须探索有效的方式。国内一些对此颇有研究的人士提出,如果上级给予一定的放松管制性的优惠政策,要构建区域金融中心城市的政府完全可以采用发行彩票的方式解决这类典型公共产品或公用设施的建设资金来源问题,这是最简单易行,又一本万利的办法。

(3)中国人民银行沈阳分行要重视并做好宏观分析和调控工作,以促进东北三省金融业的发展。沈阳分行应着力解决体制管理方面的问题,按照"自主经营、自担风险、自负盈亏"的原则,加快国有商业银行的改革,力争在产权结构、管理体制、资产质量、制约和激励机制以及服务方式和效率等方面有长足发展,要不断创新,培育和完善辖区内的票据市场、信贷市场,推动金融电子化建设,加强监管力度,有效遏制东北地区的不良贷款,降低金融风险,以带动金融发展。

3. 大连对沈阳构建金融中心的补充作用不可或缺

大连是我国经济金融发展基础较好的、重要的对外开放城市,有着优越的地理位置和海上交通，被誉为“北方小香港”。大连的开放程度很高，金融资源流动性强，金融机构能广泛、有效、迅速、合理地配置金融资源。市内有多家知名外资金融机构和外企的分支机构，加之来自域外的科技、制度、管理等方面的先进经验，大大加强了城市自身的竞争能力。

在东北金融中心建设的过程中，沈阳作为内陆城市具有一定的封闭性，在引进外资、扩大金融业务方面存在一定的弊端，大连的开放正好可以弥补这点不足。大连可以凭借其良好的自然环境、发达的海陆交通优势吸引大量外资入驻，另外，大连市还可以利用数量较多的金融机构，开办一部分具体的金融业务，如外币、保险、债券等业务，并不断利用海外的先进经验开发新的金融工具，进行金融创新。

总之，大连在接受沈阳辐射的同时，更应利用自身良好的环境、地缘优势，促进金融机构、金融业务、金融资源在两市之间的合理集中、转移和配置，全力辅助沈阳建设成一个功能齐全、具有现代化特色的金融中心。

（五）华中地区区域金融中心——武汉

武汉地处华中，九省通衢，具有良好的区位优势，近几年经济资产量和城市综合功能相助提升，对周边地区的经济辐射能力显著增强，金融业取得长足发展。作为一个内陆城市，又处于中部地区在沿江战略中的发展重点，武汉应以建成内陆金融中心为突破口，使其出现银行林立，其他金融机构汇集，款项结算和资金融通及时、方便，票据贴现、股票和债券的发行与交易便捷、顺畅，信托投资、租赁、信息咨询及保险等金融形式灵活多样的局面，“金融活，全盘皆活”，中部经济的高速发展就有了坚实的基础，才能真正有条件实行“东拓西进，北上南下”的发展战略。

1. 武汉构建区域金融中心的有利条件

武汉是中国起步最早的区域性融资市场，资金流量大，流动性强。武汉于1986年成立融资中心，先后与全国三十多个省市区的几百家金融机构建立了融资关系，是融资量较大、辐射面积广、管理水平较高的区域性融资市场。2005年末，金融机构本外币各项存款余额4 084.95亿元，比年初增加521.38亿元。其中，企事业存款余额1 686.26亿元，居民储蓄存款余额1 673.17亿元。金融机构本外币各项贷款余额3 170.88亿元，比年初增加417.15亿元。其中，短期贷款余额1 146.68亿元，中长期贷款余额1 673.42亿元。消费贷款375.00亿元，其中个人住房贷款315.00亿元。

金融机构众多，金融市场化电子化程度不断提高。据统计，截至2002年，武汉地区内共有各类银行机构网点1 251家，营业性保险机构98个，其他金融机构四百多家。除国有商业银行、股份制商业银行外，武汉市商业银行和武汉市农村信用联社等都已成为全国银行间同业拆借市场和债券市场交易主体，业务规模不断扩大。保险市场覆盖面不断扩大，出现了人保、太保、平保、太康等多家保险公司相互竞争的局面。武汉已于2002年12月1日向外资银行开放人民币业务，这也是武汉吸引外资金融机构竞相涌入的一大优势。另外，金融电子化建设取得了实质性进展，武汉与北京在全国率先建成了现代支付系统，实现了两地资金汇划一分钟到账。

跨区域的金融监控格局形成。中国人民银行和中国证监会在武汉的分支机构担负着湖北、湖南和江西三省的监管职能，极大地增强了武汉作为区域金融宏观调控监管中心的地位。央行武汉分行可以通过运用再贷款、再贴现等调控手段在辖区内调度资金。

2. 武汉建设华中区域金融中心的工作要点

(1)政府应尽快拟定将武汉建设成为区域性金融中心的总体规划和具体步骤。组织经济、金融方面的专家学者就其必要性、可行性、整体思路和具体措施等进行研讨和论证,为武汉区域金融中心建设提供理论支持和操作指引。

(2)以武汉地区为龙头,进一步加大金融对内、对外开放力度。努力创造条件,积极吸引外资金融机构、新型股份制商业银行等入驻武汉或设立分支机构,加快金融对外开放步伐。此外还应利用武汉汽车工业比较发达、汽车消费市场潜力巨大的优势,积极促成外资银行与城市商业银行、汽车制造企业合资设立汽车金融服务公司,为间接引进外资金融机构开辟新的途径。

(3)努力将武汉建设成为辖区贴现、再贴现中心。在进一步明确、完善选择标准的基础上,增加一批优质中小企业,作为金融重点支持的签发商业承兑汇票业务的对象。充分发挥武汉作为中部地区特大中心城市对周边地区的辐射、示范作用,推动中部各省票据市场健康发展。

(六) 西南地区区域金融双中心——成都和重庆

1. 成都区域金融中心

(1) 成都构建西南区域金融中心的优势条件

面对中央西部大开发战略的启动实施和我国经济发展中心的战略西移,必须找到一种可行的方式,对西南地区的发展给予强大的金融支持,建设区域金融中心正是发挥金融支持作用的重要手段。成都是西南的特大中心城市和西南门户,比照构建金融中心所需的各类条件来看,成都已有良好的基础,为进一步发展创造了可能性和现实性。

首先，成都拥有较强的综合经济实力。2005 年，全市实现生产总值 2 371.0 亿元，比上年增长 13.5%。其中，第一产业增加值 182.3 亿元，增长 5.7%；第二产业增加值 1 007.7 亿元，增长 20.0%；第三产业增加值 1 181.0 亿元，增长 9.6%。第一、第二、第三产业比例关系为 7.7∶42.5∶49.8，对全市经济增长的贡献率分别为3.2%、59.9%、36.9%。成都是国家批准的对外开放城市和全国经济体制配套改革试点城市，是西南商贸、科技中心和交通、通信枢纽。目前，成都已形成以机械、电子、冶金、食品、医药、化工为主的门类齐全和配套能力较强的综合性工业体系，同时是西南地区重要的商品集散地，商业极其发达。这些都表明，成都的综合经济实力较强，投资环境优越。

另外，成都金融业基础良好。2005 年末全部金融机构各项存款余额 4 477.5 亿元，比上年增长 18.7%，其中企业存款 1 493.7 亿元，增长 7.9%。全部金融机构各项贷款余额 3 018.7 亿元，增长6.8%。个人消费贷款余额 450.3 亿元，增长 12.9%，其中个人住房贷款余额 394.1 亿元，增长 16.3%。全年金融机构现金净回笼157.7亿元。年末有证券营业部 87 个，全年证券交易额为 1 951.8 亿元。

保险业务发展较快。2005 年保费收入 75.0 亿元，比上年增长 17.4%。其中，财产保险公司保费收入 22.7 亿元，增长 16.2%；人身保险公司保费收入 52.4 亿元，增长 17.9%。各类保险赔偿与给付支出 17.3 亿元，增长 10.1%。其中，财产保险公司赔付支出 11.4 亿元，增长 20.3%；人身保险公司赔付支出 5.9 亿元，下降 5.4%。年末全市共有保险公司 26 家，比上年末增加 3 家。

成都的证券市场也已具有相当规模，总部设在成都的证券公司有多家，全国大部分知名券商都在成都设立了分公司或营业部，证券业务量迅速扩大，金融秩序良好，监管工作行之有效。中国人民银行成都分行、证监会成都办公室、保监会成都办公室的相继设立，使成都在某种意义上成为西南地区金融监管中心。这些监管机构通过金融规范化管理，使成都的金融隐患、金融风险消除或化解，金融秩序井然。

成都具有良好的地缘优势。成都处于西南地区铁路枢纽，有西南地区最大的铁路编组站，是全国公路密度最大的地位之一，成都双流国际机场是我国四大航空港之一。成都地处我国经济由东向西梯度推进的第一轴线——沿江轴线的上游，与重庆及附近系列城市共同构成长江上游经济圈和城市群，是长江流域综合开发的中心地区。在四川省的经济发展规划中，成都处于"依托一点，构建一圈"的成都平原经济圈的核心，担负着"辐射周边，带动全省"的重任。

(2) 成都区域金融中心的定位

成都及其腹地是资金需求迫切、资金缺口又较大的区域，所以成都要紧紧依托其作为西南经贸中心和交通、通信枢纽等有利条件，利用自身的金融实力，建成筹资型区域金融中心，起内向型的筹资作用。这一目标模式的选择是建立在对成都目前所具备的条件及它近期发展潜力的估计上，是比较符合西南开发战略的。

(3) 建设成都区域金融中心的对策

第一，发展信息产业，为成都金融中心建设提供良好的硬件环境。要建成区域金融中心，必须有发达、便捷的通讯条件，先进的信息技术。成都应充分利用资源优势，把握经济的发展趋势，把信息产业作为成都的"一号工程"，完善全市信息化管理体制，以信息化带动工业化，把成都建设成为西部地区重要的信息港。努力建设成都银行卡信息中心、金融信息中心、经济信息中心以及各种公用信息数字管理控制中心，构建"数字成都"的基本框架。充分运用现代科技，加快成都金融业电子化，开办电子银行，发展网上金融业务，建立一个高效、便捷的金融服务网络和资金清算系统，争取率先在金融业的硬件上达到国际先进水平。

第二，加强金融法规建设，增强金融监管的有效性。金融法规的健全是任何一个现代金融中心正常运作不可缺少的条件。为此，中国人民银行成都分行要加紧制定创建区域金融中心所需的有关金融法规。要注意资金流动管制问题，不能是资金只许进，不许出，否则就不可能进一步发展金融中心。在利益保障上，可适当对外来机构给予一些优惠，但要注意尽量对它们和本地金融机构一视同仁，构建平等竞争环境，在政策的出台上，要细、要快，但前后要一致，保持政策的连贯性。

在金融监管方面，要强化大区行的功能，创新监管方式和监管体系，完善监管内容，保证各金融机构合法经营，严格防范各种金融风险，维护金融市场的平等自愿、等价有偿、城实守信原则，为金融业的竞争创造良好的金融环境。

第三，着力培养金融、经济人才，为金融中心的建设提供良好的人力资源。形成金融中心的一个重要方面就是金融人才的相对聚集。成都应利用在教育资源和科技方面的优势，加快培养和造就一批高素质的各类专门人才，尤其是培养高素质的具有创新思维和创新能力的金融人才。营造宽松的工作与生活环境，加大培养与引进金融高级管理人才与高级经营人才的力度，壮大高级管理、现代投资银行、证券经纪、保险精算与保险投资人才队伍。要逐步形成各类人才合理流动的机制，建立科学、有效的激励机制，努力营造良好的人才发展环境。

2. 重庆区域金融中心

(1) 重庆建设西南区域金融中心的基本条件

改革开放以来，重庆市国民经济得到了长足发展，国民经济综合素质大大提高，产业结构已向合理化、高级化方向演进，第三产业发展迅速，城市经济功能渐趋完善，中心城市的凝聚力和辐射力突出，为金融中心的形成奠定了坚实基础。2005 年实现地区生产总值 3 069.10 亿元，比上年增长 11.5%。其中，第一产业增加值 463.42 亿元，增长 4.5%；第二产业增加值 1 258.32 亿元，增长 12.9%；第三产业增加值 1 347.36 亿元，增长 12.3%。第一、第二、第三产业增加值占地区生产总值的比重分别为 15.1%、41.0% 和 43.9%，三次产业对经济增长的贡献率分别为 5.4%、50.6% 和 44.0%。人均地区生产总值达到 10 978 元，比上年增长 11.6%。

随着金融体制的改革和深化，金融产业的成长，重庆已显露出作为西南地区金融中心的雏形。全市已经形成以中央银行为领导、专业银行为主体、多种金融机构（交行、光大、城市合作、农村合作、信托、保险、证券、租赁以及外资金融机构）并存的金融体系，形成了以资金市场、证券市场、外汇市场为主体，以企业信誉评级为依托的银行、非银行金融共同发展的金融市场体系。

表 7-9 2005 年重庆市金融机构本外币存贷款情况

（单位：亿元）

指 标	年末数	比上年末增长(%)
本外币存款余额	4 784.76	16.6
人民币存款余额	4 727.72	17
企业存款	1 337.05	8.6
城乡居民储蓄存款	2 545.85	16.3
本外币贷款余额	3 779.28	16.1
人民币贷款余额	3 719.52	16.5
短期贷款	1 471.86	11.2
中长期贷款	1 810.83	18.7
个人消费贷款	414.42	19.6

2005年末重庆市金融机构本外币存款余额4 784.76亿元，比上年末增长16.6%。城乡居民储蓄存款余额2 545.85亿元，增长16.3%。本外币贷款余额3 779.28亿元，增长16.1%，其中个人消费贷款余额414.42亿元，增长19.6%。

2005年末，重庆市有证券公司1家，证券营业部63家，境内上市公司29家。境内上市公司总股本达到81.11亿股，股票总市值291.43亿元。重庆市营业性保险分公司和保险机构达到52家，保险从业人员达到3.3万人。全年保费收入73.10亿元，比上年增长10.1%。其中财产险保费收入19.46亿元，增长12.2%；人身险保费收入53.64亿元，增长9.3%。全年各保险公司共赔付各类保险金17.59亿元，比上年增长8.3%。其中财产险赔付10.54亿元，增长12.0%；各项人身险赔付7.05亿元，增长3.2%。

(2) 重庆构建西南地区金融中心的思路

第一，加快专业银行向商业银行转轨步伐，建立起以市场配置金融资源的运作机制，加强银行业的资产负债比例管理、风险管理、创新管理。

认真贯彻落实《商业银行法》，加速银行企业化进程，改变过去行政性信贷指标切块分割的管理压抑体制，根据流动性、收益性、安全性经营原则，推行全面的资产负债比例管理；提高银行信贷资产质量，设立贷款评估委员会和企业信用评估委员会，遵守贷款过程的“三查”原则，推行企业贷款证制度，使企业的信用状况公开化；对业已发生的呆账、死账、挂账、逾期催收贷款，应实事求是，分类区别对待；加强银行创新管理，培育银行新的生长点，金融创新包括金融工具、交易技术、市场形态、组织机构、管理方式五个主要方面。

第二，重点发展资本市场和外汇市场。在进一步完善资金市场(票据市场、贴现市场、拆借市场等)的同时，重庆市应重点发展资本市场和外汇市场的建设。重庆市金融市场与我国金融市场总体格局一样,资本市场发育滞后,直接制约了经济体制改革的深化。国有企业的高负债率,银行大量的不良资产,银企关系的恶化,这事实上宣布了我国现阶段企业资金来源过分偏重银行的金融市场格局的失效,必须大力发展包括债券、股票市场在内的资本市场。

第三,建设金融市场的软硬件设施。金融市场设施建设包括交易和通讯设备等硬件建设,也包括交易方法、市场管理等软件建设。经验启示,先进设备的投资是有长远效益和战略效应的投资,也是与国际、国内金融市场接轨的基础条件。要充分动员各方技术力量,研制和开发硬件技术,如电子转账系统、全国以及全球性金融信息网络、电话通知支付机、家庭终端银行等;积极采用竞价交易、统一交割和清算等先进交易;根据已出台的全国统一的金融法规和政策,加强金融监督,维护金融市场良好秩序,如某些方面,国家统一法规没有出台以前,应加强重庆市地方金融法规和金融市场的自律法则的建设。

(七) 西北地区区域金融中心——西安

西安是西部地区较大的商贸与旅游中心城市,与金融中心的功能可以相辅相成。陕西省的国内生产总值、工业总产值、全社会固定资产总额、地方财政收入、外商直接投资额等各项指标,均居西北首位。西安经济综合水平占陕西省40%左右,居西北各城市之首。从区域经济发展角度看,西北部地区的经济增长极还没有形成,西安作为西部的一个特大城市,其科技力量、金融机构、商贸设施、开放程度、旅游条件与国际知名度明显优于其他大中城市。所以,把西安建成西部金融中心是可能的,而且是十分必要的。

1. 西安建设西北地区金融中心的有利条件

西安交通便捷，通讯发达，这是金融中心城市的必备条件。咸阳国际机场是西北地区最大的航空港。以西安为中心向外辐射的“米”字型公路网已经建成，现代化通信手段广泛应用。而且西安地处西北咽喉，位于亚欧大陆桥沿线腹地，其特殊的地理位置使之能起到承东启西、连接南北的桥头堡作用。

西安金融机构聚集，金融资源丰富。2005 年末金融机构各项存款余额 3 599.70 亿元，比年初增长 16.7%。其中，企业存款余额 1 237.37 亿元，比年初增长 6.5%。各项贷款余额 2 158.10 亿元，增长 12.0%。其中，短期贷款 830.68 亿元，比年初增长 2.4%；中长期贷款 1 013.32 亿元，比年初增长 16.8%。全年金融机构现金收入 6 781.73 亿元，增长 13.9%；现金支出 6 563.33 亿元，增长 15.5%；现金净回笼 218.40 亿元。

2005 全年证券市场证券交易总量 1 179.44 亿元，代理期货交易额 930 亿元。年末全市有上市公司 17 家，总股本 36.69 亿元。

2005 年末全市有各类保险公司 17 家，比上年增加 3 家；保险中介机构 37 家，增加 3 家。2005 年保费收入 44.94 亿元，比上年增长 9.7%，是 2000 年的 3.3 倍。其中，财产险保费收入 11.16 亿元，下降 1.7%；人身险保费收入 33.79 亿元，增长 14.0%。全年各类保险赔款给付支出 9.50 亿元，比上年增长 13.8%。其中财产险、人寿险分别为 6.04 亿元和 3.46 亿元，分别比上年增长 12.0%和 17.2%。

另外，中国人民银行西安分行作为中央银行派出机构，能有效实施金融监管，发布央行有关的货币政策信息，能提高各不同活动主体对货币政策、金融市场信息的敏感度，增强金融调控的效果。国家保监会、证监会及国家外汇管理局也各自在西安设立了管理机构。

陕西高校与科研院所在全国名列前茅,仅次于北京、上海。现有高等院校五十多所,科研院所五百多家,完全可以满足金融中心对人才的需求。

2. 建立西安区域金融中心的战略措施

(1)联合西北五省(区)设立西北金融合作委员会,确定西北金融与社会各业协调发展的总体战略。由政府和大型企业出资设立区域性商业银行,区域性商业银行的建立会在资本结构、经营机制和新业务开发等方面发挥优势,可以广泛筹措、融通内外资金,投向基础设施、能源、交通、原材料、大型企业、粮棉油等重点项目的建设,支持西北部的地方经济发展,促进域内企业成长。

(2)扩大金融机构规模,健全金融组织体系。西安应努力争取央行同意,允许国外商业银行在市区设立分行。目前较为迫切的是在西安成立若干家金融机构。对各金融机构的资金投向可进行一定引导或有弹性的约束,以避免资金逃逸,强化西部地区内源融资功能。

(3)开发新的金融工具。西部是自然资源聚集区,涉及资源开发、利用和加工企业的市场交易达一定资金额度后,争取政策上允许优先使用商业票据,以利于物流畅通,节约流动资金。相应在西安成立票据清算中心和票据贴现市场。国家率先在郑州设立了商品期货市场,也有过国债期货交易的先例。西安可以先行推出股票期货或指数期货的交易,虽然衍生金融工具的交易会加剧金融市场风险,但引入衍生金融工具对资本市场集中资金的功能具有放大作用也是不争的事实。

第八章　区域金融政策

对于我国这样一个发展中大国来说，金融改革、金融发展以及金融运行状态的理论研究和政策都离不开区域经济发展差距大、不均衡的现实。而关于区域金融政策的理论研究就是要从政策角度对区域金融的发展进行制度化改造，因此具有十分重要的现实意义。本章主要是依托区域金融发展差异，分析如何运用区域金融政策促进不同发展水平的区域的协调发展，即如何实现金融政策区域化。

一　区域金融政策概述

（一）区域金融政策的含义

1. 区域金融政策的定义

区域金融政策是指在坚持国家金融政策整体目标的前提下，由政府、中央银行和其他相关金融部门充分考虑地区差异，从地区实际出发制定和实施的，通过影响区域金融主体行为选择，借以平衡区域金融差异，促进区域金融结构优化、区域金融发展，使金融制度在各区域的传递效果达到均衡的一系列制度安排。

金融政策的决策权必须集中、统一，以保证国民经济发展战略的总体目标和整体金融发展方向。但区域经济本身发展不平衡的客观事实要求在执行统一金融政策的过程中，其操作可具区域性，即实行区域金融政策，以确保在不同地区面对不同发展特征的经济结构和经济主体，金融政策的执行效果达到一致性。

2. 区域金融政策与区域经济政策

区域经济政策是指政府为实现区域经济发展目标，优化资源的空间配置，调整区域经济结构和区域经济布局，更好地参与区域经济的分工与合作，实现区域经济健康、持续、稳定增长而制定的一整套政策体系。

区域经济政策本身作为一个体系，在制定过程中必须协调配套，以政策体系的力量发挥作用，从而使区域经济政策呈现明显的综合性特征。在对其运行机制进行调控时，就必须由区域金融政策、区域财政政策、区域税收政策、区域投资政策、区域贸易政策、区域产业政策、区域就业政策、区域社会福利政策等一系列具体的区域经济政策组成。显然，区域金融政策作为一项具体的区域经济政策，与其他区域经济政策共同构成了区域经济政策体系。

3. 区域金融政策与一般金融政策

一般金融政策即宏观金融政策，是政府、中央银行和其他相关金融部门制定和实施的与金融相关的一切措施，旨在影响整个金融系统的发展，促进全国金融效率的提高和金融结构的优化。而区域金融政策是一种中观金融政策的表现形式，是宏观金融政策调节的分解和具体化。它从中观经济层次出发，以某些特定区域内的金融运行或这些特定区域内某个特定领域的金融运行为调控对象。因此，这部分金融政策只适用于一部分地区，而不适用于该国的所有地区，与一般金融政策有明显的区别。

一般金融政策在执行过程中,由于各区域经济发展水平不同,会产生明显的区域影响。显然,同等的政策传递对较发达区域而言比欠发达区域更为有效,因为发展水平较高的区域具有更多的资源和手段,能够提供更为便利的政策传导途径,保证政策实施效果。因此,一般性的金融政策会使社会经济发展水平在区域间的差距扩大。区域金融政策的突出特点就是以区域为调节对象,它的出发点是区域差异,它的必要性是纠正市场机制在资源配置方面的不足。区域金融政策所影响的地域范围,要小于一般金融政策,它只能是国家宏观金融政策在地方的延伸和补充,而不能违背宏观金融政策。

(二) 区域金融政策的目标体系

区域经济政策是一个完整的政策系统,而区域金融政策作为区域经济政策体系中的一个子系统,其目标从属于区域经济政策的目标,其政策制定和实施必须以其他区域经济政策为参照系,与其他经济政策协调配合。

区域金融政策是在保证统一的金融政策目标的前提下实行区域金融政策操作,所以区域金融政策的目标又是宏观金融政策目标的分解和具体化。它即受制于宏观目标,又具有相对的独立性,其目标的确立要根据全国宏观决策目标的范围和内容而制定,是统一金融政策目标在实现过程中的具体化,采取区别性相机抉择原则,对发展程度和经济条件不同的地区采取不同的政策和措施。

区域金融政策要从区域经济差异出发,充分认识地区经济发展状况和发展趋势,充分利用区域经济条件,发挥区域经济金融比较优势,为区域金融的发展营造良好的制度环境。其总体目标是通过政策的操作,消除经济发展的过度不均衡,使区域经济协调发展。协调发展就是要充分发挥各个地区经济发展的潜力，通过市场机制和政府作用，促进优势互补，逐步缩小地区差距，并推动整个国民经济的持续、快速、健康发展。协调发展并不是要欠发达地区与发达地区在经济发展水平、经济实力绝对水平上达到平衡，而是力争使差距保持在合理范围之内，既要提高效率，又要兼顾公平。

区域金融政策的目标之一是调控地区差距。地区差距特别是居民收入水平的差距过大将危及社会稳定和安全，世界各国实施区域政策大多以扶持落后地区发展、调控地区差距为主要政策目标。地区差距包括三个方面：一是发展水平差距，主要在工业化水平、经济结构和基础设施发展水平上，最终表现在综合产出水平和产出效率上；二是生活水平差距，这主要体现在居民收入水平和消费水平上；三是体制、文化背景的差距，如市场化程度、经济开放程度和商业意识等方面。通过一系列区域金融政策提高不发达地区资本形成，促使储蓄向投资转化，引导资金流向，协调各地区金融差距，进而消除以上三种差距。

区域金融政策目标之二是区域金融结构优化及区域金融发展。区域金融结构是一个区域的金融工具和金融机构的形式、性质及其相对规模；区域金融发展是指区域金融结构的变化，主要是各类金融资产的增多及各种金融机构的设立，金融交易规模的扩大和金融产业的高度化过程带来金融效率的持续提高。区域金融政策应着眼于区域间的经济差异，构建差异的区域金融结构，并使其逐渐优化以促进区域金融发展，提高储蓄向投资转化的比率，增加储蓄转化为投资的渠道；提高资本使用效率，在生产资金总量不变的前提下，加快经济增长速度，扩大经济总量，增强资本形成能力。

区域金融政策目标之三是区域经济结构优化。区域金融结构的变化必然会引导区域经济结构的调整和优化，投资收益率、资本使用效率的提高，使不同区域形成各自的竞争优势，摒弃各区域低水平的产业趋同。随着资本不断流向效率高的项目，资本的使用效率进一步提高。一是要形成合理的分工，资源在空间的优化配置要求各地区主要发展具有相对优势的产业，放弃发展劣势产业，在单纯的市场机制下，资源在区域间的配置难以达到优化。区域金融政策就是要纠正市场机制的缺陷，扶持各地区主导产业、优势产业、瓶颈产业的发展，阻止和延缓劣势产业与长线产业的发展，以实现合理的地区分工。二是要确定一定时期内国家的经济建设布局战略。同样的投资投放于不同地区所获得的产出是大不一样的，为了提高投资效率，必须确定一定时期内国家重点建设地区，通过优先发展这些区域带动整个国民经济的快速发展。三是有些地区在全国的分工中处于不利地位，为了国家利益而过多地抛弃了自身利益，国家要通过区域金融政策对这些受损地区进行补偿，以维系其对整个国家有利的地区分工。

（三）区域金融政策工具

区域金融政策目标的实现要借助于一定的策略手段，即区域金融政策工具。区域金融政策工具是中央银行或授权分行使用的调节区域货币量或区域信贷活动等的政策手段。按其影响范围的不同，分为一般性区域金融政策、选择性区域金融政策、直接区域金融政策和间接区域金融政策。

1. 一般性区域金融政策

这里一般性的政策工具是指中央银行常用的“三大法宝”：存款准备金政策、再贴现政策和公开市场业务。

(1) 区域准备金政策

通过区域差异存款准备金政策，来调节区域内的货币信贷活动和货币量。例如，降低一个区域的法定准备金率，把这部分超额准备金贷出就可扩大该地区的信贷总量，进而调节货币量。

(2) 区域再贴现政策

中央银行还可以通过调整再贴现率，对不同区域采取不同的再贴现政策来干预和影响市场利率以及货币的供给和需求，从而实现对货币供应量的调控。如果区域内再贴现率低于市场利率，区域内商业银行就会通过贴现获得贷款，从而扩大信贷活动，并使货币量增加；反之，如果再贴现率高于市场利率，就会引起区域内信贷活动紧缩和货币量的减少。此外，区域间贴现率的差异，会引起区际资本的相对流动。

(3) 区域公开市场业务

中央银行在区域金融市场上买进或卖出有价证券，从事公开市场业务也可以达到调节区域信贷活动和区域货币量的目的。但是在我国，金融市场不甚发达，政府债券市场流通量很小，地方政府不准发行公债，所以公开市场业务对区域金融调节能力较弱。

2. 选择性区域金融政策

除了中央银行的"三大法宝"之外，中央银行还可以有选择地对部门、各区域的信用进行调节，例如消费信用政策、证券市场信用控制、不动产信用控制、优惠利率等。

(1) 消费信用控制

商业银行为消费者分期付款提供信贷，进而影响区域总需求量和区域信贷活动。例如在通货紧缩地区，降低分期付款购买耐用消费品的第一次付款的最低金额，延长贷款期限等；在通货膨胀、消费者消费动机高涨区域，提高分期付款首付金额，缩短贷款期限等。

(2) 证券市场信用控制

为防止过度的证券投机,中央银行对各商业银行办理的为证券担保的信贷,有权随时规定保证金比率和第一次付款额度。证券购买者在购买证券时必须支付一定比率的现款保证金,其余部分可以向商业银行贷款,所以在区域间实现不同证券市场信用控制政策可以影响该地区的证券市场和调节地区的信贷活动。

(3) 不动产信用控制

不动产信用控制与消费信用控制类似,是中央银行对金融机构在房地产方面的放款的限制性措施。我国各区域在城市化进程方面步调并不统一,根据区域发展水平不同,经济热度不同,对各区域采取相应的不动产信贷政策,规定不同的首付金额和贷款年限,可以调节各地区的住宅金融发展,加速城市化进程,促进地区经济发展。

(4) 优惠利率政策

中央银行可以对特定区域内应重点扶持的产业采取较一般利率水平高的优惠措施,借以优化资源配置,调整区域产业结构,防止区域产业结构趋同。

3. 直接区域金融政策

中央银行运用行政命令或其他方式,对商业银行的信用活动进行直接控制,如利率最高限、信用配额、流动性比率与直接干预等。

(1) 利率最高限

在信用发达的国家,基本实现了利率市场化,而在我国利率并未真正实现市场化,在不同地区仍然存在不同的利率管制,投机套利的活动使资金源源不断地流向高收益地区。

(2) 信用配额

中央银行根据经济状况对区域商业银行的资金用途进行区域信用分配,限制区域信贷活动。例如中央拒绝商业银行的贷款申请,或给予贷款时规定其贷款区域性用途,或者将资金用于特定区域,设立专项扶贫基金或区域发展基金等。

(3) 流动性比率

中央银行为了限制商业银行创造信用货币的能力,规定商业银行全部资产中流动资产的比重,保证其维持某种程度的流动性。根据区域发展的"冷""热"差异,不同地区的商业银行可设不同的流动性比率来保持区域信用的创造能力。

(4) 直接干预

中央银行直接对某一特定区域进行行政干预和控制,如:直接限制区域商业银行的放款额度;规定商业银行的最高贷款限额;规定商业银行放款及投资方向;与当地投资者组建投资开发基金,直接参与区域投资开发等。

4. 间接区域金融政策

(1) 道义劝告

中央银行利用其在金融体系中的特殊地位和威望,通过对商业银行及其他金融机构发出口头或书面劝告的形式,影响金融机构放款与投资。日本的"窗口指导"与此类似。

(2) 金融检查

中央银行可以对各区域分行和各商业银行的各项指标进行检查,如贷款的偿付能力、呆坏账比例、备付金比例等,监督各银行执行各项金融法律、法规。

(3) 舆论宣传

中央银行利用各种形式宣传实施区域金融政策的现实意义,并征得各方面的协调配合和支持,更有利于系统地建立区域金融政策体系。

二 实施区域金融政策的必要性

(一) 金融实践上的必要性

1. 金融发展低水平均衡时期

改革开放以前,我国实行的是高度集中的传统计划经济体制,国家高度集中了经济活动的决策权,抹杀了地方和企业的自主权,主要运用指令性计划对整个经济的运行进行调节和控制。

在高度集中的计划经济体制下,社会资金的分配采取了"强财政、弱金融"的形式,财政统收统支并担负国家投资职能,银行只作为财政的出纳和补充。财政垄断了固定资产投资领域,银行对经济的支持仅限于短期信贷和流动资金范围之内。金融体系上形成"大一统"的社会主义计划金融体制,全国银行信用全部集中于中国人民银行,由其一家办理一切金融业务。与此同时,基层银行吸收的存款全部上交总行,信贷资金实行"统收统支"、"统存统贷"的管理办法;信贷资金的配给也实行纯粹的资金供给制,资金流动被动地表现为"货币跟着计划走,资金跟着项目走"。

这种"大一统"的金融体制从特征上看,金融结构单一,金融机构设置行政区域化,资金计划集中统一调度,资金价格无差别。行政均衡型的政策调控为当时的经济发展提供了有效的支持，整个金融的运行是均衡的，但也是低速的、低水平的。

2. 金融发展二元结构时期

1979年，我国从分权化和市场化两个方面进行改革。通过财政分灶吃饭和企业放权让利，地方和企业获得一定的自主权和资源配置的控制权，经济体制逐步向市场型转变。国家对区域经济的发展采取非均衡经济增长策略，加强了对经济特区、沿海开放城市的投资，对东部沿海开放地区给予了财税、金融等方面一系列的优惠政策。“七五”期间制定了“三大地带”发展战略，提出“加速东部沿海地带的发展，同时把能源、原材料建设的重点放到中部，并积极做好进一步开发西部地带的准备”。随着整个经济制度的变迁，我国的金融体制也由计划型向市场型转变。但是，由于区域经济发展的二元结构特征，使我国金融资源的配置也呈现明显的二元格局，东西部地区市场化进程的差异造成了金融资源的供给和需求在空间上呈现非均衡的分布特征，金融资源配置的区域差别，使各区域金融压抑释放的程度不同。

一个地区金融机构越发达，融资渠道越多，储蓄向投资转化越顺畅，该地区的资本形成能力越强。我国东部地区建立了具有较高效率的金融组织体系和较成熟的金融市场体系，金融工具多样化，储蓄向投资转化多渠道，资金市场化产生较高的利率，其自身利用金融资源的成本消化能力不断增强，金融效率得以不断提高。而中西部地区则仍然处于以国家信用为主体的间接金融格局，货币金融政策的传导仍然以信贷配给机制为主，信贷资金价格受国家严格控制，金融资源匮乏，金融组织体系单调，金融效率低下，金融市场发展滞后。加之我国政府在金融机构和金融市场设置上都采取了非均衡的、向东部倾斜的政策，进一步加剧对中西部地区的金融压抑，导致中西部地区的金融资源向东部地区流动。

3. 金融资源配置失衡对统一金融政策的挑战

统一的金融政策调控模式的经济基础是全国同质的经济模式，是建立在全国总体封闭和内部统一的计划经济同质模式之上的。但是我国现存的二元金融结构使“一刀切”的金融政策在区域间的传递呈现明显的分化，统一的金融政策在经济基础和金融资源差别较大的不同区域，产生了不同的绩效。

（1）同样的金融政策操作方向引致的经济效果不同。地区经济运行的差异表现为部分地区经济过热的同时存在其他地区发展缓慢的“冷热不均”的现象，而且实际上，我国西部地区的发展在每个经济小周期都滞后于东部地区。统一的金融政策的实施却往往以东部地区为参照系，调控的结果必然是改善了总体经济运行状况的同时恶化了部分地区的发展。

（2）同样的金融政策调控力度产生的政策效应不同。金融政策的传递效应取决于地区经济发展的经济货币化水平和微观经济主体对货币政策的灵敏程度。东部地区经济货币化程度较高，而且经济增长动力主要来自于经济效益较高、机制灵活的非国有经济；而西部地区经济货币化程度低，经济增长的推动主要依靠效益低、对银行信贷资金依附程度较高的国有企业。如此一来，相同的金融政策由于政策传递主体的不同，产生完全迥异的政策效果。

（3）同样的金融政策工具产生的效应不同。统一的存款准备金率，由于各区域现金漏损率和地区资金周转率的不同而产生不同的货币乘数，因而增加基础货币投放、调节货币供应量的效应不同。东部地区货币信用化水平高，交易中现金比例较高，现金漏损率低，资金周转快，货币乘数明显要高于西部地区，增加相同的基础货币投放所产生货币总量的扩张比西部地区明显。统一管制的利率水平受各区域利润率影响，对资金的吸引力不同，西部地区资金的边际利润率要低于东部，利率管制下东部地区隐含存在“优惠”利率，由于资金的趋利流动的本性，必然使资金大量向东部地区回流。

由于社会经济发展的差距所导致的区域金融发展水平不同，统一性的金融政策对不同区域必然会产生截然不同甚至完全相反的政策效果。在一个经济发展失衡的国家，严格执行一种金融政策是不经济的，必须在执行统一金融政策的同时与区域经济金融实际情况相结合，实行区域化金融政策。

（二）金融理论的支持

罗伯特·蒙代尔和罗纳德·麦金农在20世纪60年代提出了“最优货币区理论”，该理论认为在要素流动性较强、经济发展水平与通货膨胀水平相近的国家和地区之间，实行固定汇率和单一货币会减少交易费用，增强单一货币区域内不同地区的抗“震动”能力。假定区域内实行单一货币，区域内的市场充分发展，区域内两个地区进行正常的交流，一旦发生“震动”，两地区仍然保持其正常的经济交流，不会因“震动”而发生大规模的经济转移，从而引起一个地区的长期过分发展和另一地区的过低发展的情形。

逆推以上的理论，我国各区域经济发展水平差异显著。资本、技术、劳动力等要素分割严重，二元结构明显，实行单一的金融政策进行总量调控势必在改善总体状况的同时又会恶化个别地区的经济发展。对于大国经济的宏观调控和管理，注重于政策的一致性和普遍性固然重要，但更应注重金融政策在区域间传递的一致性。中央银行金融政策调控能力的高低关键在于运用区域金融政策提高欠发达地区金融机构和金融市场的效率，以此来促进区域经济发展。

三　我国发达地区和发达国家区域金融政策的经验借鉴

在区域金融政策支持区域经济发展的历程中，我国发达地区与发达国家积累了不少成功的经验，为我国区域金融政策的制定和实施提供了重要借鉴。

（一）我国发达地区的区域金融政策

以深圳为例分析我国发达地区的区域金融政策。1980年5月，国务院批准深圳建立经济特区，实行特殊政策和灵活措施。措施涉及财政、对外贸易、金融、物资、劳动工资、物价等方面，给予了特区政府适当的机动权。适应对外开放的大潮，广东在金融方面也进行了一系列的改革，破除了过去适应产品经济的管理体制和运行机制，建立了一个新的灵活有效的金融调控体系和组织体系，以间接调控为主，多形式、多层次、多渠道融通资金，放开金融市场，逐步实现信用票据化、融资市场化、经营企业化、管理现代化、金融业务国际化。

为配合特区金融改革的顺利进行，提高特区银行金融活动的相对独立性，改变上级指令干预过多和“一刀切”的问题，国务院、中国人民银行总行决定对深圳实行特区金融政策。

1. 改革信贷资金管理体制，实行资金“切块”管理

为了支持经济特区的发展，根据国务院的有关规定，对经济特区现有的信贷资金和吸收的存款，在一定时期内全部留给经济特区使

用,根据经济特区的经济发展,由人民银行总行适当给经济特区人民银行分行增加一些资金。这些地区的银行也可以在当地人民银行开立贷款户和存款户。经济特区银行可以向区外和国外银行拆借资金,经济特区的信贷资金管理办法和利率政策由特区人民银行分行制定,并报上级备案。

(1)深圳特区信贷资金"切块",原有的信贷资金以及吸收的存款,除中央国库款和向中国人民银行总行缴纳的存款准备金外,全部留给深圳特区,由特区人民银行统筹计划和调度全市的信贷资金,改变了过去各专业银行条块交叉管理的局面,在信贷计划和信贷资金分配上,各专业银行分行与其总行及广东省分行实行脱钩,增强了特区分行的调配使用权。

(2)特区信贷计划单列,着重控制信贷规模指标、存贷差额指标、固定资产贷款指标,以防止信贷失控。

(3)人民银行总行在下批深圳特区年度存贷差额和信贷规模计划内,根据国家宏观控制的需要及深圳特区的实际情况,将资金贷给特区人民银行分行或由特区上交多余资金给总行,实行实贷实存,将计划与资金分开。

(4)各专业银行根据资金的余缺情况,可在地区之间、本地各专业银行之间进行横向资金调剂和融通。这可有效缓解专业银行头寸不足的问题,增加金融资源的有效配置和利用。

信贷资金"切块"管理体制的建立,加强了特区中央银行的调控能力,切断了中央银行的纵向干预,特区中央银行可以全方位地进行调节,对特区信贷规模、信贷差额、贷款投向作出独立的安排和控制。1993年,特区人民银行开始实行资产风险管理,提出"总量控制,风险管理,分类指导,市场融通"的管理原则。为完成信贷计划,逐步弱化规模管理,对金融机构全面实行资产风险监管,控制银行存、贷款差额。1992年，深圳特区一改多年来的贷差局面，出现了巨额存差，此后存差规模逐年扩大。同期，深圳全部基本建设投资1/4来自银行贷款，4/5的企业全部流动资金由银行贷款提供，银行投入的资金占特区全部建设资金的一半以上。金融业为深圳经济发展提供巨大的资金保障，推动了深圳的腾飞。

2. 灵活运用利率、存款准备金率等手段

国务院指出深圳特区人民币存款利率可实现与内地不同的利率，在利率水平与全国大体一致的基础上可以作若干调整。针对以往利率制度中存在的档次单调、刻板僵化等方面的弊端，从1986年起人民银行深圳分行即着手制订特区利率改造方案，改革后的利率既参照国际水准及国内物价变动适当上扬，以起到抑制通货膨胀和投资过热的作用，又照顾到特区企业自有资金缺乏情况下利息支出的承受能力。

深圳建立起以基准利率为中心的利率体系，以人民银行对专业银行的再贴现率为基准利率，在此基础上确定其他贷款利率，利差大致固定，但可灵活变动，人民银行控制专业银行储蓄存款利率的上限和贷款利率的下限。各专业银行有一定利率调控权，可直接根据金融发展情况确定合适的利率水平。

在存款准备金方面，批准中国人民银行深圳特区分行拥有自行制定特区内各专业银行人民币存款准备金率的自主权，并允许在5%—10%的幅度内自定外资银行各项外币存款准备金率。灵活的利率和存款准备金率调控机制，改善了特区资金状况，各专业银行在人民银行特区分行确定的存贷利率上下限内，根据自身资金成本、经营能力与具体项目情况，自主确定对企业的贷款利率。利率和存款准备金率调控加速了区外资金向特区的流动，特区存贷规模迅速扩大，多存多贷，1995 年存贷款余额分别达 1 203 亿元和 786 亿元，资金拆借量达 95 亿元。资金融通频繁，加速了金融资源合理流动。

3. 打破过度集中和僵化、单一的银行体制

打破过度集中和僵化、单一的银行体制，建立以中央银行（人民银行）为领导，以国家银行（工行、农行、建行、中行）为主体，包括广东发展银行、深圳发展银行、交通银行、保险公司、信托投资公司、财务公司、证券公司、城乡信用社等金融机构并存，分工协作的多层次、多形式的金融体系。

目前，深圳已基本建成了一个门类齐全、分工有序、运行稳健的现代化金融组织体系，成为我国金融业高度发达的城市。国内金融机构中，总部设在深圳的全国性和区域性法人金融机构数量位居全国前列，并出现了如招商银行、深圳发展银行、平安保险、南方证券、深圳国际信托投资公司以及十大基金管理公司等资产优良、管理先进、业务创新的知名金融机构。深圳的法人金融机构服务网点遍及全国几十个大中城市，并与海外近二百个国家和地区的三百多家金融机构建立了业务代理关系。2005 年末全市国内金融机构人民币各项存款余额 8 478.16 亿元，国内金融机构人民币各项贷款余额 6 168.04 亿元。在各项贷款中，短期贷款 1 791.49 亿元，中长期贷款 3 041.21 亿元。在中长期贷款中，个人消费贷款余额 1 443.87 亿元，其中，个人住房贷款余额 1 368.53 亿元。全年累计现金支出 10 904.83 亿元，现金收入 9 795.69 亿元，货币净投放 1 109.14 亿元。2005 年末深圳证券交易所上市公司 544 家，上市股票 586 只，比上年增加 8 只。其中，A 股 531 只，增加 9 只；B 股 55 只，减少 1 只。总发行股本 2 133.65 亿股，总流通股本 934.30 亿股。金融业目前已成为深圳的支柱产业。

4. 培育和发展深圳证券市场

1983 年深圳宝安县联合投资公司首先进行全国股份制试点，深圳金融市场有了初步的萌芽。1986 年 10 月，深圳市政府制定了《深圳经济特区国营企业股份制试点暂行规定》，开始了相对规范的企业股份制改革。经过两年的筹备，深圳证券交易所于 1990 年 12 月 1 日开始试运行，成为中国改革开放后第一家正式试运行的证券交易所。在过去的十多年时间里，深交所不仅在市场规模，而且在交易手段、信息披露及市场监管等方面都取得了卓越的成就。深圳金融市场已经从当初的区域金融市场发展成为一个辐射全国的金融市场，成为巨大的资金集散地，其中国家金融政策的推动在此过程中起了重要作用。

（二）发达国家在区域经济发展中的金融政策

在发达国家和地区也有欠发达地区凭借自身的有利条件以及中央和地方政府有力的政策支持，使区域内经济发展赶上并超过比较先进的发达地区的成功案例，如美国的“西进运动”、日本的北海道—冲绳开发、法国的洛林—诺尔—加莱开发、意大利的南部开发。总结上述国家的成功开发经验，金融政策的运用主要有以下几个方面：

1. 制定明确的区域金融政策目标——解决或缩小地区差距

各国在解决地区差距过程中，大多都把缩小地区经济差距作为区域政策和国家政策的首选目标。美国政府在 19 世纪 20 年代之后开始对区域发展进行干预和采取措施，其区域政策一开始就把促进落后地区的发展、缩小收入和生活水平的差距作为主要目标。从 60 年代开始，日本也把促进地区间的均衡发展、消除经济布局中的过密和过疏问题、缩小经济活动的地区差异作为区域政策的主要目标。

意大利等也把促进落后地区发展、缩小地区差距、保证国民经济的协调和均衡发展作为一个时期区域政策的目标。

2. 构建完善的金融体系，促进区域经济协调发展

金融体系的构建，既要体现宏观金融管理和调控的要求，也要体现国内各区域发展的要求。为了促进区域经济开发，一些发达国家在构建其金融体系时，根据区域结构，适时调整金融体系的结构，使金融体系的结构适应区域经济结构调整和升级的要求，更好地促进区域经济开发。

(1)建立相对独立、多元化的中央银行制度。最具典型的是美国，美国的联邦储备体系将全国划分为12个联邦储备区，内设12家区域中央银行——联邦储备银行，并在各自辖区内的一些重要银行设立相应的分行，联邦储备系统在权力上采取既分散、又统一的做法，以解决联邦储备制度在中央管理与地方管理之间的矛盾。联邦储备银行不受州政府和地方政府的管辖，在业务上有其相对的独立性，负责组织和管理区内的金融活动。这种既分散、又统一的中央银行制度，有利于区域性中央银行根据区域经济的具体情况提供金融支持。

(2)设立专门的区域性政策金融机构。区域性政策金融机构是依据区域性开发的总体规划，结合区域开发的具体目标而建立的，其目的是为落后地区开发提供专项服务。意大利在开发南部落后地区时，专门设立了南方租赁公司，专门为南方地区的中小企业优惠出租先进技术设备和生产流水线。日本在政府金融体系的十个公库中，设立两个直接服务于落后地区的公库——北海道东北开发公库和冲绳振兴开发公库，为北海道和冲绳提供长期资金支持。美国先后成立了美国进出口银行、各类农业信贷机构以及住宅建设信贷机构等

政策色彩较重的金融机构,直接参与存贷款业务活动。

(3)设立非营利性的向重点产业倾斜的开发银行,其信贷政策对落后地区开发实行产业倾斜。在区域经济发展的各个阶段,区域产业体系中处于主导产业的部门,对区域经济的驱动作用较大,能够带动整个区域经济的全面发展。能够促进地区产业结构向全面、合理方向演进的主导产业,往往也是区域经济重点发展的产业,它承担着全国地域分工的重大任务,并且具有带动地区经济发展的辐射力。非营利性的开发银行就是为了促进国民经济合理化,满足不同时期国家重点产业的资金需要设立的。如日本在 1951 年成立了日本开发银行,专门为国家重点产业提供长期资金,大力支援石油化工产业,对北海道落后地区石化工业的发展起了重大作用。

(4)大力发展地方性商业银行,单一制的地方性商业银行可以很好地满足地方建设资金需要。美国曾建立这种极具竞争力的单一银行,使地方的经济、金融利益得到充分的保护,并使美国的货币政策在不同的领域得到全面贯彻执行。

3. 充分考虑地区差异,多方制定有所差异的金融管理政策

落后地区由于经济发展水平不高,投资赢利率较低,导致落后地区尽管资金供给能力弱,但却出现资金大量外流,产生明显的资金“回波效应”。“回波效应”的出现要求国家在金融调控上要有所差异。其一,依据地区的差异和规模,设置不同标准的法定准备金率。如美国银行存款准备金率的制定依据银行所处的三类地区分别制定,1937 年美国中央储备城市的活期存款准备金率为 26%,储备城市为 20%,其他地区为 14%。其二,针对不同地区和不同银行,各区域制定不同的贴现率。仍以美国为例,美国各区域的贴现率由各区域的联邦储备银行制定,通过贴现率调整促进投资和经济发展。其三，对落后地区实行倾斜性利率政策，刺激对落后地区的投资，或支持落后地区筹集资金。其中最常用的是利息补贴政策。比利时政府对落后地区的投资补贴达5%—7%，享受补贴额可达投资总额的75%，补贴期为5年。法国在20世纪80年代为推动老工业区“再工业化”和老工业区企业技术改造，专门设立优惠的“再工业化”贷款基金，以两种方式发放：以9.75%的利率直接给企业，或按9.75%的利率发放给借贷公司，再贷给有关企业，利率为13%—14%。

4. 实行倾斜性信贷政策，对落后地区企业贷款提供贷款担保

西欧公司软贷款，利息低、期限长，还可享受规定期限的贷款宽限期。1805—1890年美国的铁路建设资金中，政府援助仅占10%—15%，大部分投资由私人提供，其中约1/4是外国资本。贷款担保的目的是支持金融机构对落后地区企业提供贷款，若政府对企业贷款提供信贷担保，既满足了地区经济开发对资金的需求，又保证了商业银行的赢利性、流动性和安全性。如德国联邦政府经常出面对落后地区重大企业提供风险贷款担保，美国曾对向落后地区提供固定资本和流动资本贷款的私人信贷机构提供高达90%的信贷保险。

四 构建我国区域金融政策的思路

长期以来，我国区域经济政策体系中的金融政策没有得到重视，但是随着市场经济体制的完善、金融市场和金融机构的发展，我国越来越重视区域金融政策对国民经济的调控作用。借鉴我国发达地区和世界上发达国家的经验，结合我国的现实情况，提出构建我国区域金融政策的思路：

（一）健全区域金融组织体系

1. 彻底分离政策性金融与商业性金融，加大政策性金融对落后地区的扶持

政策性金融以贯彻国家产业政策和区域发展政策为出发点，以优惠的利率水平、贷款期限和融资条件为国家支持发展的产业和地区提供资金支持，间接地吸引商业金融机构从事符合政策意图或国家长远发展战略目标的高风险新兴产业或重点产业的贷款，充分发挥倡导、引导性功能，以较少的资金推动更多的资金投入需要扶持的领域和项目，对逆向资源配置、资金流向引导、落后地区开发等领域有巨大支持作用。政策性金融主要承担商业性金融机构无力或不愿承担的、具有一定经济效益的需要国家扶持的政策性开发项目的融资任务。政策性融资的主要作用领域是交通、邮电等基础设施产业，其布局原则是追求一定程度的均衡布局，使不同发展程度的地区享受均质和等量的基础设施服务，达到公共服务均等化的目的。

市场化融资是经济主体以利润最大化为目标，按区位比较优势和地区专业化分工原则配置社会经济资源，改善资源的利用效率。市场化融资多倾向于地理位置优越、经济发达的地区，资金配置由低收益地区流向高收益地区，资金流动的这种“弃低就高”的趋势提高了资金的边际收益率，但是破坏了机会均等的原则，并加剧各地区经济发展两极分化的“马太效应”。因此，对于落后的中西部地区，要加大政策性金融的投入力度，而对于发达的东部地区更多的是市场化融资，提高资金的使用效率。

1994 年，我国先后组建了中国农业发展银行、国家开发银行、中

国进出口银行三家政策性银行，旨在建立政策性金融体系，实现政策性金融与商业性金融的分离，以解决国有专业银行身兼二任的问题。但是我国中西部地区政策金融发展缓慢，目前只有国家开发银行和农业发展银行两家政策性银行在西部地区设有分支机构，中国进出口银行则主要集中在东部发达地区的大城市。而中国农业发展银行采取的是均衡布局，只有国家开发银行主要承担对中西部地区的开发职能。

中西部地区基础设施建设是一项长期而艰巨的任务，需要大量的资金投入，特别是中长期资金投入。但由于中西部经济发展水平整体偏低，符合市场化融资条件的基础设施项目极少，对商业性金融机构吸引力很低，基础设施建设至少在开发初期必须依赖政策性金融机构解决其外源融资问题。在中西部开发中政府发挥政策性作用，实际上是对西部资金外流的一种补偿。国家已大幅度提高了国债资金、财政拨款及国际金融组织优惠贷款用于西部的比例，但其数量有限，仍需大量动员社会资金和政策性银行的配套贷款，尤其是从事中长期信贷业务的国家开发银行的大力支持。

政策性金融促进区域开发应体现以下几点：

(1)在开发中西部地区中，必须完善政策性银行的政策性功能，确定其支持的行业范围，将投融资贷款业务真正收缩到基础设施和基础产业中亟待国家政策性支持的建设项目上，真正体现其区别于商业性金融机构的政策性投融资功能，避免商业化倾向。对于所提供的公共服务价格和收费逐步与市场接轨、赢利能力明显增强、可以采取市场化方式运作的基础设施行业的项目，国家政策性银行的贷款应逐步减少，并主要通过商业性金融按商业性融资方式解决建设资金来源。

(2)确保政策性银行的资金来源充足，以支持中西部地区基础设施建设。1997年后国家财政注入资本金政策停止，财政贴息也由财政部门直接转贴给建设项目，发行金融债券成为开发银行主要的融资来源。但目前我国政策性银行发行的金融债券期限短、筹资成本高、运用期限长、资产收益率低，应由政策性银行滚动发行20年或期限更长的国家财政担保的“西部开发债券”专项筹集资金，用于落后地区开发，以体现国家对政策性银行筹资的政策性功能。并且将仅仅面向金融机构发行的开发银行债券改为面向全社会和资本市场发行，可在交易所挂牌交易，给国债交易的待遇。

(3)考虑到国家开发银行作为全国性的开发银行，不能对各个地区的基础性项目平衡投资，难以起到对区域经济结构的调整作用，致使政策性融资缺乏规范性、稳定性、长期性，因此必须根据区域经济开发的总体规划，结合区域经济开发的具体目标，设置专门服务于特定区域开发目的的区域性政策金融机构，弥补国家政策性金融体系的不足，解除地方政府对国有商业银行的“行政主导”。

在中西部地区开发中，国家政策性银行的资金规模效率很难适应其需要，可考虑设立“西部开发银行”，完善和补充政策性金融体系，配合区域政策目标，弥补地区资金匮乏。西部开发银行的资金来源可以以中央财政资金作为资本金，发行特定金融债券、一定比例的邮政储蓄“返还”款、养老基金、扶贫开发资金作为长期资金，在国际资本市场上以发行欧洲债券、外国债券等方式筹措长期外汇资金。资金投向主要是对于西部地区经济发展具有重要意义的公路、桥梁和铁路等交通枢纽工程，供水、排水系统的主渠道工程，供电、供热等能源系统工程。财政与银行应合理分工，对于地区发展不可缺少的项目，由财政采取直接投资或贷款贴息的方式支持，银行按照保本经营的原则确立贷款投放。

2. 构建有差别的区域性商业金融机构

一个地区的经济总量决定该地区的金融业务总量，金融业务总量和结构又决定了该地区的金融机构的数量和层次。因此，商业银行设立分支机构应考虑的一个重要因素就是某地区经济发展的现状、前景和金融同业的存量情况。

“大一统”的金融体制改革之后，国有商业银行的分支机构一直是按行政区域均衡设置，呈现典型的行政科层结构，而改革后创建的新兴商业银行和其他非银行金融机构则体现了按经济合理性原则配置分支机构的要求和市场非均衡性区域发展的特点。有些金融机构如深圳发展银行、上海浦东发展银行等从整体上就是作为区域性金融机构出现；一些全国性商业银行和金融机构如交通银行、中信实业银行、中国光大银行等的分支机构也是按经济发展程度和市场化要求设置。这从增量的意义上改变了原有的均衡性区域金融结构，东部地区形成了国有商业银行、股份制银行、非银行金融机构和外资金融机构并存的多元化金融格局，投资选择主要以市场为导向，承受的行政干预较少，经营体现效益原则。而西部仍是国有金融机构占垄断地位。

东西部外资金融机构分部呈现明显不均衡的状态，严重抑制了西部地区金融组织结构的优化和金融发展。目前，在西部地区外资金融机构还没有涉足证券业和保险业。西部地区金融资产总量相对不足，资金十分匮乏，金融对经济增长的推动力比较弱。而且西部的金融机构在投资选择上受到行政干预较多，支持国有企业的改革和发展是其主要任务，经营原则以公平为主。

总分行制是商业银行满足区域性金融需求，并分散业务风险的非常有效的组织机构，但是总行出于资金效益最大化的考虑，必然会统一调度其分支机构的资金，国有商业银行统一法人制度和系统内统一调度资金制度在区域经济金融市场化程度不一的现实下，对中西部经济落后的信贷资金产生了“虹吸”效应，进一步加剧了中西部资金的匮乏。1999 年到 2005 年全国银行贷款总额中，东部地区年平均占全国的 54%左右，西部地区仅占 17%左右，西部人均占有贷款仅为东部的 1/3 略强，通过西部上存资金、资金净拆出、金融机构直接向东部企业贷款等渠道流失的资金占到西部信贷资金总额的 10%以上。

国有商业银行撤并机构的同时，信贷管理权限上收至总分行，总行在本系统统一调度资金，全行统一核算，改贷款限额管理为资产负债管理。东部沿海地区经济比较发达，市场化程度和对信用资金需求量大，并且有较高的资金成本消化能力，通过非银行金融机构的发展，金融工具多样化，能保证充分的资金用以支持东部经济发展。而西部地区经济相对落后，缺乏优质企业和项目，授权授信额度一般较低，特别是由于商业银行要求 1999 年后新发放贷款不能出现不良贷款，使国有银行在中西部欠发达地区贷款慎之又慎，欠发达地区国有商业银行只存不贷现象严重，广大农村几乎只是商业银行存款的来源渠道，导致欠发达地区商业银行信贷职能基本被剥离，只剩下存款功能，融资功能基本丧失。

根据目前的情况，应充分考虑梯度配置格局，体现地区差异，有差别地确定金融机构设置。东部发达地区应加大市场化融资份额，增加外资银行数量，继续发展区域性商业银行和地方性商业银行、保险公司、信托投资公司、证券公司等非银行金融机构，满足非公有制企业对资金的需求。中西部地区要打破国有金融机构一统天下的格局，在金融机构市场准入方面，适当降低门槛，实行对外开放，建立起产权多元化的金融体系，提高中西部地区金融资源的聚集和分配能力。

第一，鼓励中西部金融业对内资开放，积极引进股份制商业银行，诸如中信实业银行、民生银行、光大银行、深圳发展银行、广东发展银行、浦东发展银行、招商银行、华夏银行、兴业银行等全国或区域性股份制商业银行落户中西部，开展金融业务，增强中西部“造血”功能。

第二，应制定灵活的对外资金融的开放政策。可以考虑只要外资银行落户西部就可以办理人民币业务，关于外币存贷款比例、人民币存贷款比例方面的限制要取消，只要符合风险监管的要求，在网点设立、新业务创新方面要放宽条件，特别要鼓励外资在西部设立合资的商业银行、证券公司和保险公司，允许这些金融机构比东部享有更大的业务范围。

第三，应效仿深圳发展银行、福建兴业银行等区域性股份制商业银行的建立，在西部设立西部发展银行，使西部金融机构吸收的存款用于西部。

区域性商业银行业务范围主要在本区域内，包括分支机构吸收的存款资金的使用。区域性银行通过积极地在资金市场上融通资金进行同业往来，可以极大促进资金流动和资源的合理配置。

3. 鼓励地方性商业银行等中小金融机构发展

欠发达地区国有商业银行网点撤销，经营效率低下，贷款不投放，金融资产总量不足，金融服务功能严重缺失。因此要积极鼓励地方中小金融机构的发展，在区域金融组织体系不断完善的进程中，既要促进制度存量——国有商业银行改革，又要促进制度增量——中小金融机构的建立和发展，从而满足不同类型的金融主体对金融资源的需求。

我国中西部地区金融组织结构欠优，国有商业银行占据了金融资产和业务的绝大部分，服务对象主要针对国有企业，中小金融机构的发展缓慢，空间受到排挤，大量中小非公有制企业受到资金不足的困扰而动力不足。设立地方性中小金融机构为地方经济发展服务，组织的资金可大部分用于支持当地的经济发展，并通过金融竞争促进资金合理配置，调节资金供求，提高效益，完善区域金融组织体系，促使金融服务内容和质量提高。

首先，中小金融机构的发展壮大，打破国有商业银行的垄断格局，有助于提高银行业经营效率，从外部给国有商业银行施加压力，促使其加快改革的步伐，促进地区金融资产总量增加，使经济金融化比率逐渐上升，金融市场发展日趋完善，金融中介对提高投资规模的贡献不断加强，有效动员储蓄转化为投资，增强中央银行货币政策传递效果。如果货币市场尤其是同业拆借市场不发达，地区差异较大，分割现象严重，将造成货币政策传导机制受阻，而发展中小金融机构可扩大同业拆借市场的参与主体。

其次，地方性中小金融机构与地方经济发展有极大相关性，在股权设置、业务分布和利润来源方面均从属于所在地的经济。地方性中小金融机构严格按照《公司法》规定的法人治理结构采取股份有限公司制运作，没有传统的政策包袱，经营方式灵活、便捷，创新能力较强，其业务范围主要集中在总部所在地，业务量指标如存款、贷款、同业往来以及中介服务收入等发生的数量在当地占相当比重，服务对象主要针对中小企业和居民。

最后，地方性中小金融机构可以逐步演变为区域性金融机构。如上海浦东发展银行、深圳发展银行、广东发展银行、福建兴业银行在创立之初皆立足地方，后来存款量迅速增大，资产结构多元化，形成了区域网络与区域性经济融合的结构，逐步演进为区域性商业银行。截止到2005年底，上海浦东发展银行总资产规模已达5 730亿元人民币，各项存款余额 5 055 亿元人民币，各项贷款余额 3 772 亿元人民币，当年实现税后利润 24.58 亿元人民币，在上海、北京、杭州、南京、重庆、广州、昆明、深圳等地设立了 26 家直属分支行、350 家营业网点，并在香港设立了代表处，形成了以长江沿江经济为主并辐射全国的业务体系。

（二）完善和规范区域金融市场体系

1. 逐步构建全国统一的金融市场

在统一的市场体系中，金融市场承担着融通社会资金的重任，整个经济体系的运转以及其他生产要素市场的发展都离不开资金的调节，离不开金融市场的支持。

我国的金融市场率先在沿海开放城市试办，继后其他城市也纷纷效仿，但是，按运行结果来看，由于客观上经济发展的不平衡，金融市场也呈现二元结构。在地方保护利益的驱动下，地方政府封锁本地区金融资源，限制金融资源的合理流动，造成各地区金融市场相互分割。这种分割局面的主要弊端在于，首先不利于国家通过金融市场进行宏观金融调控。国家实行金融政策调控主要通过金融市场传导，但是由于金融市场的分割阻碍了金融政策的顺利传递，如区域货币市场不完善制约了统一性公开市场业务的发展，不规范的区域性票据市场未能形成有效的再贴现利率体系。其次，强制性的金融市场分割阻碍了资源优化配置，降低了资金使用效率。行政性封锁本地资金外流，加之本地投资引诱不足，浪费了资源，造成资金沉淀。第三，分割的金融市场，使不同区域无法按照比较利益原则进行专业分工和协作以发挥比较优势，势必造成各地区产业结构趋同。我国中部与东部工业结构的相似率为 93.5%，西部与中部工业结构相似率为97.9%,东部与西部工业结构相似率为91.5%。产业结构的趋同,既加剧了地区发展的差异,又浪费了金融资源。

缩减地区发展差距,促进地区经济协调发展,必须消除地域分割,建立统一的金融市场体系。只有形成全国性统一的大市场,优化区域产业结构,才有可能构建有效的区域金融,各地区按比较优势和专业化分工原则进行产业合理布局,加速社会资金在空间上横向流通,提高资金的使用效率,促进资金流向效益好的产业、部门和地区,带动社会经济资源的优化配置,改善宏观金融调控政策在区域间的有效传递。

2. 建立多层次、开放性的金融市场,培育区域金融市场

由于各区域的经济基础、结构和水平的差异性,使得各区域金融市场本身表现出层次性特征,不同层次的金融市场应有不同的发展策略和模式,不同的金融市场层次和结构必然要有相应的组织体系。在现代市场经济条件下,分层的资本市场结构不是对统一的金融市场的分割,而是不同规模企业在不同发展阶段中融资的路径和阶梯。现代资本市场一般有一个由全国性市场与区域性市场、集中的场内交易市场和分散的场外交易市场相互交错而成的不同层次的金融市场结构,以及由全国性、区域性金融市场组成的完整的金融体系,以满足不同层次企业筹集资金的要求。

目前,非国有经济已成为促进我国经济增长的主要部门,国内生产总值(GDP)的60%和经济运行活动的85%均来自非国有经济,东西部地区投资收益率差异及由此引发的经济发展差异,关键在于非国有经济发展。东部地区非国有经济发展环境相对宽松,金融市场发展迅速。长期以来,西部地区一方面由于发展滞后,自我积累能力差;另一方面由于投资环境差、投资回报率低而难以吸引外来资金,甚至还有资金大量外逃，资本形成能力严重不足，资本市场发展相当缓慢，具体表现为：上市公司数量少，证券筹集规模小，市场融资能力相对较弱，上市公司三大指标较低，证券经营机构规模小，竞争力弱等。

区域性资本市场是相对于全国性资本市场而言的，是对全国性资本市场的补充，其功能与全国性的资本市场并无本质的区别，只是在市场容量、辐射范围和服务对象方面存在差异。区域资本市场可以有效缓解沪、深两家证券交易所的上市压力，增加其他企业融资的渠道，可以为投资者提供变现的场所，促使储蓄转化为投资，将更多社会资源转化为生产资金，促进资源在更大空间的优化配置，发挥区域比较优势。

区域资本市场的形成动力主要来自于地方性中小企业，地方企业在完成股份制改造之后，都希望能够通过上市利用资本市场筹集资金。但是，目前我国只有上海和深圳两家证券交易所，它们都集中在东南沿海，内陆省份没有证券交易所和商品期货交易所，有限的资本市场容量和严格的上市条件将众多中小企业拒之门外，西部资金没有为本地中小企业融资所用，反而通过“虹吸”大量东流。因此，客观上要求建立区域资本市场为西部中小企业提供金融支持。

（三）健全中央银行制度，完善区域金融调控体系

1. 根据人民银行区域性设置情况，实行集权与分权相统一的中央银行制度

1998年，我国实行金融体制改革，中国人民银行撤销了31个省级分行，组建了9个大区分行，为中国人民银行独立行使中央银行职能、减少地方行政干预、实行区域金融调控提供了可能。我国东西部

区域间经济发展水平差异显著，地区间非均衡增长与央行高度统一、相对独立的货币政策实施的矛盾集中表现为政策目标与实际效果不一致，在一定程度上，使中央银行金融政策目标与实体经济波动趋势在区域间发生背离，其结果是降低宏观经济运行的总体质量以及央行金融政策的实效性。组建跨省区分行应达到改变“一刀切”政策调控的目的，综合考虑各区域特征，灵活运用货币政策工具，有针对地对各区域经济发展加大政策扶持力度，促进经济协调发展。

金融宏观政策应是全国统一性和区域差异性的统一，在总行统一政策框架下，赋予各大区分行一定的调控权，实施有差别的金融调控政策。一方面，中国人民银行集中行使货币发行权、基准利率权、中央银行资金管理权、信用总量调控权等权限；另一方面，总行在利率、贴现率、存款准备金率方面只规定一般水平及浮动幅度，将不同时期各区域具体水平和内部结构的确定权限下放给各区域分行，保持各区域分行在运用政策工具上的灵活性，实现中央银行集权和分权的统一。

2. 实行分级管理和差别利率政策

目前我国的利率并未真正市场化，在存贷款利率、拆借利率、债券利率上仍执行国家的计划利率，利率结构缺乏合理性，利率变化也欠灵活，未体现出地区及行业差别。但是，由于地区间资金利润率不同和经济市场化程度的差异，东部地区虽然执行统一的官方利率，但实际利率已经接近市场化；相反，西部地区市场化程度低，严格执行统一的官方利率，导致实际利率上东部享受优惠利率，而西部地区长期处于低利率和负利率状态。这样一方面是中央银行在银行系统实行的具有一定弹性的利率制度，另一方面是金融市场和社会直接集资发展所形成的利率水平高于银行信贷资金价格的水平，形成了实际差别的利率体制，表现为资金价格的“双轨制”，并带来资金的“脱媒”现象，即形成两种资金价格悬殊的资金市场。

差别的资金价格水平和结构促使信用资金在金融市场和地区间流动，金融行为主体根据不同的利率水平和风险与收益组合选择不同投资方式，导致信用资金横向流动。由于资金的逐利天性，西部地区商业银行将本来数量不多的信贷资金不规范地拆借给东部地区，加剧西部资金“虹吸”到东部，区域间资金配置不平衡愈演愈烈。而且这种拆借和投资在“过热”时期助长了东部的经济泡沫，泡沫破灭后，西部为追逐利差而投入的巨额资金大都遭受了严重的损失。

改变利率双轨制和资金“脱媒”现象，实行利率分级管理和差别利率政策，对资金非均衡配置进行逆向调控。在中央银行总行确定基准利率和浮动利率上下限的基础上，各区域的银行以利率手段筹集区域内资金和调整资金投向结构，由中央银行各区域分行制定利率浮动的具体界限。具体来说，西部地区限制资金外流，如规定同业拆借利率上限，实行限额比例管理，限制资金东流；对于筹集流入的资金，实行高利率政策，并对国家和地方财政实行利息补贴制度；同时降低西部地区贷款利率，使其与西部地区企业的经济效益和承受能力相适应，鼓励地方企业和个人在西部投资；提高西部商业银行的存款利率，对于西部金融机构因贷款利率低所带来的利润损失，在税收和利润留成上给予一定优惠，或采取财政贴息形式予以弥补。此外，要进一步完善同业拆借市场，积极发展票据市场，规范市场行为，抑制中西部地区资金的无序流动。

3. 对不同地区实行差别的存款准备金率

一个地区存款准备金率越低，现金漏损率越低，则产生的货币乘数效应越大，货币供应量越大。我国各地区法定准备金率是统一的，而西部地区的货币信用化水平远远低于东部地区，再加上西部地区向东部地区的资金回流，使得西部地区的货币乘数远远低于东部地区。当中央银行降低准备金率时，西部地区由此增加的基础货币投放所产生的货币供应量要远远小于发达的东部地区。

要使法定存款准备金率起到调节资金区域不均衡的作用，缩小由于货币乘数不同而产生的货币供应量的差异，可以按区域经济发展状况、经济货币化程度制定不同类别、不同档次的存款准备金率，按东、中、西三大地带确定比例递减，发达地区的存款准备金率可高一些，而落后地区的存款准备金率可低一些。增加西部地区的信贷投资和资金来源，刺激中西部的贷款投资，又可使发达地区的资金通过中央银行的调节流入中西部地区，使区域资金平衡化。中央银行可以给每个经济区域分行一定的准备金率调控权限，根据本区域经济金融发展程度确定合适的比率。

4. 实施区域信贷政策，解决信贷资金配置失衡

银行的存贷款业务是主要的负债和资产业务，银行吸收存款、放出贷款、取得利润。存款资金（包括由于经济发展而形成的自我积累和吸引其他地区流入的资金）可看做一个地区产出的价值符号，对某一地区贷款的增加可看做对该地区投资的增加，数量越多说明该地区对资金有较强的吸引力，有强大的持续发展后劲。

为促进资金的合理配置，减轻落后地区信贷资金紧张的局面，有必要在执行统一信贷政策的同时与区域性信贷政策结合，赋予分行制定区域信贷政策的权力，有针对性地对区域信贷进行调控，以平衡金融政策的区域性差异。国家在 1998 年取消贷款限额管理后，各国有商业银行对东部地区分支机构实施资产负债比例管理，对中西部实行新增额度的资产负债比例管理。建议在此基础上对中西部地区

实行更为宽松的管理,各商业银行总行适当提高西部地区分支行的贷存款比例,合理确定贷款比率,适当降低建设项目资本金限制,延长固定资产贷款期限,配合西部基础设施财政投入的政策,增加中长期信贷,积极认购国债,政策性银行适时发放专项金融债券,考虑在国有独资商业银行省级分行享有新增贷款15%用于发放固定资产贷款政策的基础上,再有所增加,以适应改善基础设施和新增建设项目的需要。中央银行要充分发挥窗口指导作用,增强其针对性、及时性、有效性,适当增加对地方中小金融机构再贷款、再贴现的支持,拓宽中小企业资金融通渠道,引导中小金融机构增加对地方经济发展和中小企业的有效信贷投入。

第九章　区域金融风险

金融产业是高风险的产业，在金融产业成长过程中，金融风险还有着自我凝集的趋势，从而具有产生金融危机并在系统内部及外部蔓延的隐患，严重威胁整个产业系统的金融安全。

一　区域金融风险及其监控

（一）区域金融风险及其内涵

金融风险有广义和狭义之分。广义的金融风险是指个人、企业、金融机构和政府在参与金融活动过程中，因客观环境因素变化、决策失误或其他原因导致金融资产价值、信誉遭受损失的可能性。狭义的金融风险则指金融机构在从事金融活动时，其资产、信誉遭受损失的可能性。① 根据金融风险的影响范围以及基本表征，金融风险表现为不同的层次，即宏观金融风险、区域金融风险和微观金融风险。由于金融过程的网络化和金融关系的广泛的渗透性，金融风险具有极强的联动性和自我增强的传播特性，从而个别或部分机构的微观

① 参见刘仁伍著：《区域金融结构与金融发展理论与实证研究》，北京：经济管理出版社 2003 年版，第 86—87 页。

金融风险可能会在某一区域突现并逐渐累积、传播、扩散，形成区域金融风险。一旦区域金融风险突破可控边界，并且形成跨越区域范围的传播途径，就可能导致整体性的金融动荡，乃至形成金融危机，这就是宏观金融风险。

根据以上分析可见，所谓区域金融风险是中观层次的金融风险，是某个经济区域内部金融产业所面对的金融风险。就某一区域金融风险而言，其形成的根由包括三个方面：一是微观金融风险在某区域内部传播、扩散，这是自源性的区域金融风险，是自下而上的金融风险；二是区域金融风险在经济关联密切的区域之间传播、扩散，这是关联性的区域金融风险，是横向的金融风险；三是宏观金融风险落实到具体区域，在区域金融产业系统中累积、扩散，这是上源性的区域金融风险，是自上而下的金融风险。三个层次的金融风险的存在均源于金融的本质属性，贯穿于金融过程的始终，无法消除，并且较高风险伴随着较高收益。但是金融风险在某种程度上具有可测性，因此，也就具有一定的可控性，其程度则主要取决于金融市场范围、容量的大小；监管制度的有效性；金融竞争的激烈程度等。

（二）区域金融风险的表现

无论是哪个层次的金融风险，其传播的媒介基本都是微观金融机构，因此微观金融风险的基本类型和特征在区域范围内的放大、叠加就成为区域金融风险的重要表现。同时，单个经济区域对于表现在利率、汇率以及国家风险等方面的宏观金融风险并不具备控制能力。所以，对于区域金融风险的监控主要还是集中于微观金融风险的水平以及微观金融风险的传播途径。

微观金融风险主要是由金融或非金融机构的流动性风险、信用风险、经营风险构成。其中，由于金融产业组织的资产负债业务存在期限不匹配、金融参与主体行为具有不确定性以及金融市场存在普遍的不完全信息等情况，使金融产业系统产生流动性风险。“流动性风险取决于金融组织的流动性与赢利性的战略平衡和货币资本市场发育程度。流动性资产和头寸的增加即意味着收益率的降低，反之则意味着收益率提高和风险增大，发达的货币与资本市场则有利于降低流动性风险。”①现代金融经济的信用化实质和信用关系的网络特征和关联性，决定并强化了信用风险在区域金融风险中的重要地位和意义。“信用风险是处于高增长时期区域金融风险的主要来源，尤其是在公共企业份额比较大、宏观经济波动频繁的情况下，更是如此。……信用网络和信用风险的传递性在很大程度上决定了区域金融风险和风险传播、扩散特点。”经营风险一般都是个别、偶然或随机出现的，尽管也会给金融产业系统造成一定的损失和影响，但因可见性较高，可控性较强，可以尽快得到纠正、弥补或圈定在较小范围之内，轻易不会形成区域性、系统性的风险（在特殊时期可能成为区域金融风险爆发的导火索）。

可见，区域金融风险的表现主要还是微观金融风险中的流动性风险和信用风险在区域内部或关联区域之间的传播、扩散和放大。

（三）区域金融风险的具体成因

1. 区域金融风险形成的宏观因素

一国的宏观金融政策、金融开放程度和金融监管制度的健全性是形成区域金融风险的主要宏观因素。

---

① 刘仁伍著：《区域金融结构与金融发展理论与实证研究》，北京：经济管理出版社 2003 年版，第 88 页。

一般来说，一个国家的宏观金融政策是以经济发达地区的经济发展水平为参照系的，即普遍实行一元的金融政策。但是不同区域，基于区域经济发展水平之上的金融产业成长水平存在较大差异，对统一金融政策的传导力度和速度也就不同。对于那些金融产业成长水平较高的区域而言，面对紧缩或扩张的政策，可以通过多样化的金融工具、多元化的金融组织机构、健全的金融市场，迅速调整金融活动水平，并在风险分散的情况下实现预期的政策效果。相反，对于那些金融产业成长水平较低的区域而言，由于经济结构的低级化，金融工具和金融组织的单一化以及金融市场的不完善，在调整金融活动水平时，往往无法化解或软化政策调整带来的影响，导致金融风险在欠发达地区形成并累积起来。

金融开放虽然可以使一国参与到金融全球化的过程中，从而享受到全球金融创新和金融发展的带动和辐射，加速金融深化的步伐。但不可忽视的是，在世界任何一个地区累积并爆发的金融风险也会沿着金融开放的链条向其他地区或国家蔓延，并且本国金融产业系统的风险也会通过与国际金融风险的叠加而无限放大。金融开放还使国内金融产业直接面对国际竞争，也会诱发一些竞争性风险。国际资本通过各种形式参与国内金融产业的经营和管理，一些难以有效甄别的、以套利为目的的短期行为，也会导致较大的损失，甚至形成金融动荡。因此，一国的金融开放不仅要遵循合理的时间序列，也要兼顾国内不同区域的风险承受和抵御能力，设计合理的空间序列。盲目或过早的全面开放，必然诱发某些落后区域的金融风险。

亚洲金融危机中，一些国家受到严重冲击的原因固然可以归咎于本国金融市场的全面开放，但更为主要的原因还在于这些国家金融机构风险管理水平的欠缺，没有形成较强的风险意识，对外资的规模、流向没有正确的控制和引导，金融监管制度不够健全。金融产业具有固有的脆弱性，在不对称信息条件下容易引发挤兑等风险，因此金融监管是防止个体性危机产生及扩散的必要手段。在某种意义上，金融监管是金融安全的外在保护措施。① 美国金融专家鲁萨基斯提出，金融监管的发展“与其说是导因于政府对银行健康发展的期望，倒不如说是主要导因于金融危机而致”②。健全的金融监管体系应该包括以下内容：完善的监管组织体系；科学的信息决策体系；完备的监管制度体系；有效的危机处理体系等。

2. 区域金融风险形成的中观因素

地方政府对金融活动的干预是诱发区域金融风险的重要原因。地方政府在地方利益的驱动下干预金融活动，导致金融财政化的趋势，降低了金融资源的使用效率，使金融组织行政化，自身的约束能力、内控能力得不到有效提高。同时，政府干预形成的区域金融运行的封闭化和区域间的产业同构化弊端，增大了金融产业的经营风险，也影响宏观金融调控目标的实现。此外，值得注意的是，地方政府对金融活动的干预，会增加道德风险。道德风险通常产生于封闭的金融体系或新兴市场中官方提供的安全网。③ 当区域内的金融组织与地方政府之间形成难以分割的关联网络时，地方政府就自然地承担了隐含的担保责任。区域内的金融组织会无所顾忌地涉足高风险投资项目，使大量银行资产价值收缩的风险越来越大，并且这种隐含的政策担保还会使人们对经济产生过于乐观的预期，产生过度借贷综

---

① 参见刘锡良、胡岷著：“我国区域金融安全问题的理论研究”，http://www.zgjr.com.cn/UploadFile/2004720114623712.doc。

② 鲁萨基斯著：《金融自由化与商业银行监管》，北京：中国物价出版社1992年版，第75页。

③ 参见傅钧文著：《风雨洗礼：开放冲击下的金融深化》，上海：上海社会科学院出版社、高等教育出版社2001年版，第119—120页。

合征。

地方政府的经济决策失误特别是投资决策失误也会形成或加剧区域金融风险。如果地方政府不能保证经济决策的科学性和有效性，对投资项目缺乏充分、必要的论证，导致决策失误，就会直接影响区域经济效益，在造成资源浪费的情况下，恶化区域资金短缺状况，延误区域经济发展，甚至导致企业及金融机构陷入严重危机。

区域经济发展状况与运行状态是决定区域金融风险抵御能力的重要因素。金融体系的稳健运行需要运行状态良好的实质经济的支撑，其主要表现就在于运行良好的区域实质经济能够提高金融资源的使用效率，并提供较高资金回报率从而增强外部融资能力；较高的企业乃至整体经济效益，保证了金融资产的质量和区域外债清偿能力，大大降低了区域内源金融风险形成的概率。而一旦关联区域的金融风险通过债务链条等途径向本区域扩散，或者出现宏观金融风险向本区域传播时，区域经济发展水平越高，经济结构越合理，对风险的消化能力就越强。

区域间资金流动是形成区域金融风险的直接原因之一。由于不同区域之间投资环境差异较大，追逐较高回报率的资金或资本通过金融市场进行跨区域流动。特别是随着金融产业成长，金融市场日益完善，金融主导型资金流动逐渐取代财政主导型的资金流动，成为区域间资金流动格局中的主导模式。这种转变加剧了存在梯度势差的区域间的资金非平衡流动，扩大了资金流出区域的资金缺口，降低了区域金融产业系统的支付能力。同时，区域间大规模的、频繁的资金流动以及由此形成的债务链条也是关联性区域金融风险的传播途径。

3. 区域金融风险形成的微观因素

区域金融风险形成的微观因素主要包括区域金融产业的内控机

制、金融市场健全性、金融产业资产质量以及金融产业人力资源条件等。

区域金融产业的内控机制是指金融产业内部克服金融脆弱性、保证金融资产质量从而保障支付能力的机制。建立完善的、科学的内控机制的前提是建立现代金融产权制度和经营机制。内控机制缺位或不完善的直接后果是对微观金融风险缺乏及时预警或有效控制。如果建立了现代金融产权制度,并在此基础上确立了现代法人治理结构,形成健全、完善的内部监督、决策、管理、经营体系,就可以大大降低微观金融风险发生的概率,预防微观金融风险的累积和扩散。

区域金融市场健全性一方面是指区域内所有的金融组织能够充分利用票据市场、同业拆借市场,甚至资本市场,获得长短期资金融通,大大减少了发生流动性风险、信用风险以及经营风险的可能性。另一方面,健全的金融市场体系内在包含了金融活动规范性的约束与监督机制,既能避免或控制内源性金融风险的产生,也能扼制关联性金融风险通过金融市场传播、叠加。

区域金融产业的资产质量是决定区域金融风险水平,进而影响区域金融安全的重要因素。如果金融产业特别是其中主要组织机构的资产质量较低,一方面会降低金融产业的赢利能力,从而导致竞争力下降,另一方面也会降低金融产业的信用等级,影响信用扩张。如果金融产业的资产质量问题不能得到有效解决,发生流动性风险、信用风险的概率就会大大提高。而且资产质量问题是金融产业的“内疾”,会大大降低区域内金融产业对输入性金融风险的免疫能力和抵御能力。

区域金融产业从业人员的素质,主要是指管理人员的管理能力、决策水平,项目投资和审贷等业务人员的业务组织、风险意识和风险防范能力等，是影响区域金融风险水平的直接因素。

（四）区域金融风险的监控

区域金融风险是区域金融产业成长的天然伴生物，正如经济学家所说："动荡是人类经营和管理的金融体系不可根除的组成部分。"①特别是个别的金融风险因为信用的连锁性，会在金融体系传播、累计、放大，从而酝酿成普遍的金融危机，这就是所谓的"多米诺效应"。因此必须借助于政府或政府授权的机构的权威来防范和化解金融风险，也就是，要借助于"国家之手"来尽可能地免除或减轻"多米诺效应"的危害性。② 具体而言，就是要建立完整、科学的风险监控体系，包括完善的监督制度、科学的检测指标、健全的区域金融风险预警系统和制度化与灵活性相结合的区域金融风险处置程序等。

1. 金融监管制度建设

金融监管制度建设主要是在宏观的金融监管法律、法规基础上细化出各类规章、条例，建立以条例、实施细则为主的制度体系，以针对性地规范金融体系中的各种行为，一是规范人民银行的监管行为，通过制度明确各级人民银行的监管职责、工作程序、工作要求，防止出现监管真空和监管混乱；二是通过细化的制度对各金融机构进行约束，规范其经营行为。③

---

① Martin Wolf, "Times of Financial Unrest," *British*: *Finance Times*, June 13, 2001.

② 参见杨再平著：《效能观点：透视中国金融前言问题》，北京：经济科学出版社 2002 年版，第 167、170 页。

③ 参见周文凯著："区域金融监管模式研究"，http://www.Financialnews.com.cn/iidx/200301200136.htm，2003 年 1 月 20 日。

在金融全球化形势下，各国的金融监管制度建设也要注意借鉴其他国家的成熟经验，并与国际惯例接轨。金融监管制度必须遵循有效性原则。

在银行业监管方面，1997 年 9 月巴塞尔银行监管委员会正式公布了《有效银行监管的核心原则》，制定了有效银行监管所必备的 25 条基本原则，包括：(1)有效银行监管的前提条件。“在一个有效的银行监管体系下，参与银行组织监管的每个机构要有明确的责任和目标，并且享有工作上的自主权和充分资源，适当的银行监管的法律框架是必要的，其各项条款应包括对银行组织的授权及持续监管，要求其遵守法律与法规及安全稳健性的权力和对监管者的法律保护。另外还要建立监管者之间分享信息及为信息保密的各项安排。”① (2)市场准入监管的要求。这是银行监管的第一道防线，包括明确界定被监管对象及其可以从事的业务范围；制定发照标准，并拒绝一切不符合标准的申请；对银行股权转让进行审查；对银行的重大收购与投资进行审查等。(3)审慎监管的标准和要求。这是银行监管的第二道防线，提出了最低审慎标准，包括资本充足率(2002 年新巴塞尔协议框架针对国际银行业的迅速发展所提出的新要求，对此进行了更为合理的确定)；信用风险控制，要求监管者确定信用批准标准和信用检测程序，以保证银行信贷和投资建立在稳健性原则基础之上；市场风险控制，要求银行设置系统的定量和定性标准并实施充分的内部控制；其他风险控制，“银行监管者应确保银行建立全面的风险管理程序以识别、计量、监测和控制各项重大风险，并在适当时为此

① 中国人民银行：“中国人民银行关于印发《有效银行监管的核心原则》的通知银发[1998] 121 号”，http://www.chinaacc.com/new/63/69/110/1998/3/ad730237401115238991 18424.htm，原则 1。

设立资本金”①。内部控制,包括组织结构、会计规则、双人原则和对资产和投资的实物控制。(4)持续监管的手段。这是对金融机构日常业务活动的监管,以预防金融机构的日常业务风险,是金融监管的第三道防线,包括现场和非现场监督,现场和非现场检查。(5)对监管信息的要求。银行监管者必须定期收集信息并对信息的准确性进行定期审核,“银行监管者应确保银行根据统一的会计准则和做法保持完备的会计记录,从而使监管者能真实地了解银行的财务状况和赢利水平”②。(6)对问题机构的处理。“银行监管者必须掌握完善的监管手段,以便在银行未能满足审慎要求(如最低资本充足率)或当存款人的安全受到威胁时及时采取纠正措施。在紧急情况下,其中应包括撤销银行执照或建议撤销其执照。”③(7)对跨境银行业的监管要求,确定母国监管者和东道国监管者的责任。

《有效银行监管的核心原则》高度概括了巴塞尔银行监管委员会和发达国家在银行监管领域近百年的经验和成果,第一次对银行监管进行系统性归纳,综合考虑了有效银行监管所必需的客观环境和前提条件,充分考虑了全国、各地区监管当局的发展现状和要求,从以往经验和成果中提炼出有效银行监管的基本要素,创建了有效银行监管的基本体系,④因此,很多国家都将其作为金融监管制度建设的重要参照系。

---

① 中国人民银行:“中国人民银行关于印发《有效银行监管的核心原则》的通知银发[1998]121 号”,http://www. chinaacc. com/new/63/69/110/1998/3/ad7302374011152389911842 4.htm,原则 13。

② 同上,原则 21。

③ 同上,原则 22。

④ 参见杨再平著:《效能观点:透视中国金融前言问题》,北京:经济科学出版社 2002 年版,第 167、170 页。

2. 区域金融风险监测指标

关于金融风险监测指标的确定,国外和国际组织有很多经验值得借鉴。国际货币基金组织与世界银行联合发起的“金融部门评估计划”(Financial Sector Assessment Program,FSAP),通过微观审慎指标与宏观审慎指标的结合,进行金融系统健全性评估。欧洲中央银行(ECB)银行金融脆弱性工作小组经过对宏观审慎指标体系的初步研究,将潜在的众多指标分成关于银行系统健全性的系统性指标、影响银行系统的宏观经济因素和危机传染因素三类,并对监控变量提出了建议。美国的宏观金融稳定监测指标体系将监测指标主要设定为宏观经济指标和综合微观金融性指标两类。在现场稽核方面,三家联邦银行监管当局统一使用金融机构评级系统(CAMELS评级系统)对金融机构进行评级,以评估金融机构的经营状况,同时运用一些非现场金融宏观指标监测预警系统以及经济模型,例如美联储使用的“评估检查评级模型系统”(简称 SEER 模型)和联邦存款保险公司的“预测银行评级降级的预警模型”(简称 SCOR 系统)。

总结以上监测系统模型,有三点启示:金融风险监测应注重金融系统的健全性和稳定性;应将微观金融指标与宏观经济指标结合起来进行综合评级和判断;通过现场稽核和非现场监控的结合以保证金融风险监测的即时性和持续性。

以上金融风险监测系统可以作为区域金融风险监测指标体系设置的参照系。刘仁伍博士提出了包括反映单个金融机构信用风险状况的指标、区域金融健全性和金融发展可持续性评价体系在内的区域金融风险监测系统。其重要观点就是将反映区域金融市场和金融机构的信用风险和流动性风险类指标与宏观经济指标结合,确定为区域金融风险的指标参数,以此来反映单个金融机构的风险状况,并进行评分，再通过加权累积得出区域金融风险状况，作为区域金融风险状况的监测评价。① 这是从微观与宏观结合的角度评价区域金融风险，在得出结论之前，还应充分考虑区域金融结构健全性和金融发展可持续性，以保证结论的客观、全面。

3. 区域金融风险预警系统

区域金融风险的形成到累积需要一段时间，能否抓住时机尽早采取有效的应对措施，以避免形成大规模的危机，主要取决于风险预警机制的灵敏性。区域风险预警系统就是在对金融风险进行持续监控的基础上，对比区域金融风险指标的实际数值与安全参数，形成追踪分析、预测、警报信号发布的连续机制。警报信号的及时性和正确性除了与预警系统指标的科学性、代表性和时效性有关外，安全参数的确定、指标参数比较的及时性和准确性是关键环节，要求相关机构和人员的专业性。

4. 区域金融风险处置程序

区域金融风险警报信号发出之后，区域监管机构应该采取有效措施加以处置。具体处置程序应该包括：发出预警信号，对危机的发生发布正式的通报；组成核心领导小组，调配可动员的资源以应付不时之需；作出可信的承诺，保护债权、债务的完整性和延续性，防止出现“羊群效应”或“乐队车效应”，避免出现挤兑等风险；针对风险状况制定长短期方案，采取及时纠正行动，稳定目前局势，减少损失，尽快恢复和重新增长；强化对个体的各类金融机构财务状况的监察和对

---

① 参见刘仁伍著：《区域金融结构与金融发展理论与实证研究》，北京：经济管理出版社2003年版，第89—90页。

金融体系整体风险水平的监测。①

二 区域金融风险及防范的实证分析——以东北区域为例

东北区域金融产业成长中也不可避免地存在金融风险，这就要求一方面要注意避免形成较大规模和较高水平的区域金融风险，另一方面还要注意防范在金融开放过程中域外金融风险的叠加和扩散效应。

（一）东北区域金融风险的形成原因

1. 老工业基地改造成本转嫁形成的风险

东北老工业基地经济结构中国有化比例较高，经济结构低级，从而导致价格体系扭曲，在参与市场竞争过程中处于劣势。实现老工业基地改造涉及产权改造、就业机制转换、农民利益保障等问题，必然会导致社会稳定等一系列问题。而金融体系本身作为经济改革的第一融资渠道，必然成为社会稳定的"稳定器"。② 当信贷资金以财政化形式参与到改革中，社会风险自然会向金融机构转化。这不仅是东北区域金融风险的特殊原因，也是我国整体金融风险形成的重要原因。

---

① 参见刘仁伍著：《区域金融结构与金融发展理论与实证研究》，北京：经济管理出版社 2003 年版，第 89—90 页。

② 参见黎和贵著："六大因素诱发我国金融风险"，http://stock. nalai. net/print/6/9443/pdf，2004 年 9 月 7 日。

2. 东北区域经济基础较为薄弱，易发风险且抵御能力较差

东北区域经济基础的薄弱会带来不良金融资产累积。由于企业微观经济效益低下，导致大量银行贷款无法收回，而且上市公司质量不高，在金融市场融资能力较差，同时企业内部治理结构不健全，产权不够明晰，管理不够规范，加重了信用体系的脆弱性。而一旦出现危机，经济体系也没有足够的经济储备以化解风险。

3. 金融产业成长水平低下形成的风险

区域整体金融产业成长水平不高，因此金融产业系统脆弱性相对于发达地区表现得更为明显，具体而言，包括：(1)由于经济体制转轨与金融制度变革都不是一蹴而就的，不可能保证二者在推进过程中是完全耦合的，由此可能导致时序相错的"齿合故障"，形成了体制性金融风险。(2)金融机构风险管理薄弱，自我约束机制不强，监督机制不健全，缺乏权力制衡，风险管理机制中风险预警和控制水平较低，重规模管理而忽略资产质量和效益的管理。因为没有建立起充分而有效的内部风险控制制度，从而不能有效防范金融风险在微观层面的累积。(3)由于产权结构单一，金融产业内部没能建立起符合现代企业制度的法人治理结构以及合乎规范的市场竞争氛围，容易导致市场机制约束力不足和经济主体之间信用关系的扭曲。(4)金融产业不良资产问题严重。无论是从不良资产的绝对数量还是从不良资产比例来看，东北区域都是我国问题最为严重的"双高地区"。不良资产问题一方面要归咎于东北区域微观经济效益较低，清偿能力较差，另一方面则是由于国有金融组织存在体制和管理问题。东北区域不仅存在巨额的未及时化解的不良资产存量，同时还有不断形成的大规模的不良金融资产增量，使得长期困扰东北金融产业发展、阻碍金融产业效率提高的金融资产质量问题进一步恶化。(5)区域金融市场不发达，从而金融机构化解不良资产的渠道狭窄，可使用

的资产处置工具很少,一般是催讨、起诉,以物抵债,且缺乏债务重组的自主权。由于缺乏有效市场环境,制约了清理、盘活资产手段的选择。同时,市场中介结构不完善,机制不灵活,难以为不良资产的处置提供优质辅助性服务。区域内部的中小金融机构在获得货币市场融资方面存在困难,为了保证清偿能力,需要进行较多的资金储备,影响了赢利能力,恶化了竞争中的劣势地位,也容易出现支付危机。区域内部经济主体融投资渠道狭窄,造成金融风险在银行业集中。(6)东北区域金融产业系统因内部程序、管理人员和从业人员素质等方面的原因,也可能诱发操作性风险。

4. 社会信用环境不佳

社会信用环境不佳是导致银行不良贷款增加的重要原因之一,例如企业借产权制度改革之机,逃废或悬空银行债务问题。以东北三省中的某一省为例,2000 年末,企业逃废银行债务涉及贷款企业近 3 000 户。其中很多企业借破产、兼并、承包、租赁等改制机会逃废债务。[①] 在信息不对称的情况下,社会信用环境不佳还会加剧金融系统中的逆向选择和道德风险,从而也会导致金融资产质量的恶化。

(二) 东北区域金融风险的具体表现

东北区域金融风险具有区域金融风险的一般性特征,主要表现在以下几个方面。

1. 体制性风险

东北区域金融风险的一个重要特点就是体制性风险的存在。体

---

① 参见李剑阁著:"防范金融风险 振兴东北经济",《中国经济时报》2003 年 12 月 5 日。

制性金融风险是经济转轨过程中特有的风险，在东北区域市场化进程中自然不可忽视。这种风险具有较强的累积性，对经济体系的破坏作用也比较大，需要利用非市场的手段进行强制性化解。正如前述对东北区域金融风险形成原因中所分析的，体制性风险的形成是由于东北区域整个经济体系没能建立完善的现代企业制度微观基础，政府职能没能完全转变，对金融组织和企业管理仍然存在硬性干预和控制以及金融机构本身产权改革进度不快。

2. 市场性风险

东北区域市场性金融风险主要表现在区域金融市场不够完善，缺乏规范性管理，因此变相集资、乱集资、企业内部集资等问题比较普遍。东北区域的“两债”（企业债券与证券回购）也存在兑付风险。2000年末，东北区域“两债”余额204亿元，到2002年末为138亿元，减少了66亿元。尽管兑付风险有所缓解，但余额较大，仍不容忽视。一方面发债企业由于亏损严重，债务负担沉重，偿债能力不断恶化；另一方面，证券机构由于违规运用拆入资金，致使大量资金无法收回。① 另外，国有商业银行由于不良资产负担较重而出现“惜贷”现象，在中小金融机构资产规模较小的情况下，很多中小企业和个人面临融资困难。当这部分资金需求无法在规范的金融市场上得到满足时，就会转向非正规融资渠道，出现地下金融市场。这不仅扰乱了金融市场的秩序，而且因为缺乏有效监管，潜伏着较高级别的金融风险。

---

① 参见李剑阁著：“防范金融风险 振兴东北经济”，《中国经济时报》2003年12月5日。

3. 信用风险

信用风险主要是指因金融机构资产质量问题所导致的支付危机和赢利能力下降,甚至陷入亏损。东北区域国有金融机构的不良贷款率和不良贷款总量一直处于较高的水平,已经成为东北区域金融风险的最大隐患。如果金融资产质量问题不能得到有效控制,会直接影响国有金融产权改革的进程。为了化解不良资产,金融体系势必要付出高昂的代价。同时,也需要注意到,东北区域的中小金融机构还存在着严重的潜在支付风险。其原因一是呈上升趋势的不良贷款率,二是经营效率不佳,导致普遍的亏损现象。由于对证券公司经营行为规范和监管制度建设相对落后,没有形成有效的管理机制,造成证券经营市场的效率低下。保险市场在法规和市场环境的限制下,迅速聚集的保费资金没有适当的投资渠道,这些问题都可能引发东北区域的信用危机。

4. 开放中的风险

东北区域金融产业成长还面临着开放条件下的机遇和冲击,在这一过程中,由于东北区域金融产业相对落后的成长水平,可能带来一系列的金融风险。金融产业产权改革中要引进国外战略投资者,如果不能甄别其投资动机,会严重威胁国内金融体系的安全。外资银行进入后还存在经营模式、理念等方方面面的摩擦和冲突,需要建立针对性的监管措施加以规范,同时要密切注意经由外资银行形成的资金外逃。东北金融产业自身竞争力不足,在直接面对国际金融产业的激烈竞争时,将遭遇更多的经营风险。国外金融风险的扩散效应,将加剧东北区域金融体系的脆弱性。金融开放条件下,还会影响宏观金融政策的传导机制,对国内宏观经济调控造成困难。金融产业成长水平越低,金融开放的风险越大。

5. 过渡性风险

所谓的过渡性风险是指在有效金融风险监控体系完善之前,因监测方面的缺陷所导致的风险。东北区域在金融产业成长过程中必须尽快建立有效的金融风险监测体系,完善相应的制度体系,对区域金融风险进行全面的监控。在此之前,一些较难监控的风险如操作风险等可能暂时存在,例如金融机构内部的金融犯罪行为带来的巨大损失等。

(三) 东北区域金融风险的防范措施

东北区域金融风险的防范要遵循区域金融风险防范的基本思路,完善金融监管制度,并严格相应的法律规范;充分利用科学的监测指标体系,保证区域金融风险预警系统的正常运作,根据具体风险状况,灵活启用区域风险处置程序。在此,针对某些环节提出几点具体的建议。

1. 采用SAP方案,加快区域金融产业的信息化建设

金融产业的运营环境正经历着三大变化,即政府管制的放松和市场化、跨国贸易投资壁垒的下降和全球化以及网络信息技术的崛起和信息化。而且,加入WTO之后,我国的金融业必须发展面向未来的业务模式:混业、跨国、多渠道及联合经营。经营环境的变化、未来业务模式的转变和金融产业本身信息密集而不对称的特点,都决定了信息化建设水平在金融产业成长中的重要作用。所谓的信息化就是利用数据仓库和管理系统把数据转化为有用的信息,以支持管理决策。我国目前已经具备了较为完整的前台业务处理系统,但缺乏强大的后台支持管理系统,其结果就是不同地区之间缺乏信息集中和共享,金融企业无法通过现代信息技术对大量的分散的信息进

行快速准确的分析、处理，从而也就不能进行优化的管理决策。东北区域应该借鉴国际经验，利用SAP金融服务业解决方案，为东北区域的金融产业构建统一的智能管理平台，全面提升竞争力以应对市场化、全球化过程中的挑战和风险。SAP金融服务业解决方案能为银行金融人力资源管理、财务和管理会计、风险控制和战略企业管理、客户关系管理以及混业、跨国、多渠道和联合经营等提供全面支持。其中，人力资源和财务系统可以强化“管理集中”，战略企业管理系统可以加强“风险防范”，客户关系管理系统可以贯彻“客户至上”的观念。① SAP金融服务业解决方案是上百年国际先进管理经验的集大成者，目前世界50强银行中半数以上银行和众多证券、保险公司都采用了这一方案。

2. 设置专门的区域风险监测与处置机构

同处一个大分行的管辖范围之内，能使东北区域金融监管的协调拥有更多的便利，减少很多的摩擦。建议在东北区域设置专门的区域风险监测与处置机构，完善金融信息的报告和管理制度，针对各种可能发生的风险以及不同程度的风险状况，制定应对预案，以保证能够随时警惕，及时发现，并在最快的时间内启动风险处置程序，避免因决策时滞导致风险进一步累积和蔓延。在区域风险监管与处置过程中，要注意区域内部中央银行、各金融监管机构和地方政府部门之间的协调与合作，以保证金融监管制度能够得到具体落实。同时，区域风险监测与处置机构也要保持与国际、国内和其他区域相关机构的横向联系，以充分掌握各种金融信息，准确把握经济金融形势，

① 参见栗树和著：“中国如何防范金融风险”，http://www.drcnet.com.cn/viewnew.asp，2002年4月1日。

了解各种影响金融稳定的潜在风险。

3. 建立区域征信系统

金融产业是建立在信用基础上的,金融系统的稳定有赖于信用主体诚信度的高低。东北区域无论是企业还是个人都存在着失信现象,从而导致社会信用秩序混乱,也提高了金融市场的交易成本,降低了经济效率,形成了较高水平的潜在金融风险。建议东北区域建立区域征信系统,通过较高水平的信用信息透明度和开放度,形成社会征信的监督约束机制,并通过健全的法律、法规为信用制度建设提供依据和保障。区域征信系统提供的应是双向式的服务,即不仅要对企业和个人的信用状况进行管理,也要提高金融系统的诚信水平,通过信息披露制度来改善金融市场上的信息不对称,减少逆向选择和道德风险。区域征信系统也要与全国征信系统相衔接,促进全国范围内的信用制度建设。

4. 实施存款保险制度

存款保险制度是指符合条件的存款金融机构,按照一定比例向专门的存款保险机构交纳保费,在这些金融机构出现支付危机或破产清盘时,存款保险机构通过提供贷款、紧急资金援助、赔偿保险金等方式,保证银行的清偿能力,保护存款人利益的一种保险制度。作为一种特殊的保险形式,存款保险不仅为存款人提供灾难事件的保险要求权,同时又采取措施尽力避免这类事件的发生,具有事前管理和事后救助的双重职能。

存款保险制度是美国首创,许多国家也都引入了这一机制。这是一种较中央银行最后贷款人职能更为有效的存款保险方案。中央银行的最后贷款人职能是一种含蓄的、间接的存款保险方案;而存款保险制度则是一种公开的、直接的存款保护方案，避免了中央银行提供的保障的选择性和不可预知性，存款保险机构按其承诺向被保险人提供确定的、自动的保障。

东北区域金融产业系统中存在的巨额不良资产、支付能力不足、金融产业产权改造过程中可能带来的不稳定因素和市场竞争力较低等问题，都潜藏着流动性风险和市场风险。而中央银行在监管方面还存在较多困境，缺乏足够的资金以确保地区金融平安。因此，建立存款保险制度保护存款人利益，为出现危机的金融机构提供足够的支撑，有效防范社会信用崩溃导致的大规模风险，是十分必要的。

我国目前存款保险制度设计方案已经获国务院原则性批准，正由金融稳定局负责具体实施。东北区域应当积极筹备，争取成为试点区域。

以上四个方面都是宏观层面的防范措施，东北区域金融风险的有效防范还需要从微观层面做出努力，具体包括微观企业经济效益提高，诚信度加强；微观金融机构加大力度化解不良资产，并通过市场化改革与信息化管理来完善内控机制，提高资产质量和赢利水平等。

第十章　区域城市金融竞争力

关于城市金融竞争力的研究，国内外涉及的都比较少。相关的研究都是根据世界经济论坛和瑞士国际管理发展学院（IMD）提出的国家综合竞争力评价指标体系，金融竞争力作为其中一类要素，以此为基础和参照，从中提取重要的指标，再结合研究的需要不断地改进和完善。层次上主要有一国的国际金融竞争力、国家内部的区域或城市竞争力。国内关于国际金融竞争力的研究，基本上是对 IMD 关于国家竞争力中金融竞争力的研究结果的分析和拓展，对我国金融国际竞争力的优势和劣势分析与评价，以及对几年来竞争力变化的分析和探讨，评价体系方面略有修改。

本章概述了城市金融竞争力的理论基础，界定了城市金融竞争力的内涵，提出城市金融竞争力评价指标体系框架，并以东北 34 个地级和地级以上城市为样本，首次对东北城市金融竞争力进行了全面分析和探讨。

一　城市金融竞争力的理论基础和内涵

（一）城市金融竞争力的理论基础

从 20 世纪 80 年代开始，世界经济论坛和 IMD 开始着手研究竞争力问题，发展了一套竞争力评价的方法和指标体系，认为评价国际竞争力通常包括 8 个方面：国内经济、管理、科学技术、国民素质、政府、国际化、基础设施和金融。无论是产业竞争力还是区域竞争力都是以此为基础和参照，金融竞争力也不例外。

在该体系中，IMD 将一国综合竞争力分为了 8 类要素 290 项指标，金融竞争力作为其中一类要素，包括 4 类子要素 27 项指标。金融国际竞争力分为资本市场国际竞争力和金融服务国际竞争力两个方面。前者包括资本成本竞争力、资本效率竞争力和股票市场活力竞争力，后者主要体现为银行业效率竞争力。资本成本竞争力指筹集和使用资本需要付出的代价，它反映金融体系对资本形成的支持程度；资本效率竞争力是指获得资本的难易程度，这是指资本的隐性成本；股票市场活力竞争力是指股票市场为企业筹集资金、完善企业治理结构和为企业提供良好的监督和激励机制方面的灵活性或效用；银行业效率竞争力是指金融服务质量的竞争力，包括中央银行货币政策质量、金融监管质量和商业银行服务质量等。但是这套指标提供的衡量方法主要是针对国家总体的金融竞争力，很多指标如短期实际利率、汇率、国家信用等级等对区域并不适用。一些调查指标的量化难度比较大，原始数据的可获得性差，在一国的区域范围内不容易实施，如金融交易的可信度是否得到保证、本国金融教育是否充分、内幕交易是否普遍、本(外)国公司进入外(本)国资本市场是否受限制以及金融人才是否容易获得等软性指标。

国内关于这方面的研究，主要有金融业国际竞争力和金融体系国际竞争力，而且所涉及的内容比较统一，只是研究分析的角度略有不同。

目前国内金融竞争力的研究可分为两类。一类是参照 IMD 的金融竞争力评价指标体系，通过对该指标体系的评价分析，对其进行改善，在此基础上建立适合地区或城市层次的金融竞争力评价指标体系，采用计量分析方法针对不同的样本进行城市金融竞争力的分析。另一类是借鉴国内中国社会科学院倪鹏飞的城市竞争力研究的思路和方法，把城市金融竞争力作为城市竞争力的子概念，在此基础上进行指标体系的设定，针对不同的样本进行探讨。

（二）城市金融竞争力的内涵

城市金融竞争力是一个具有明确直观含义却又不易精确把握的概念，现有的研究成果中明确地对其概念进行表述的只有王仁祥和孙亚超。他们是按照倪鹏飞博士主编的《中国城市竞争力报告》一书中城市竞争力的观点，把城市金融竞争力作为城市竞争力概念的子概念，城市金融竞争力表现为城市所拥有、控制或可利用的金融资源的数量，获得的便利性、成本以及城市金融产业的发展状况，金融基础设施的建设程度，金融人才的竞争力以及其制度环境因素和开放程度等；它充分体现了在区域发展的框架内，代表性城市在金融资源吸纳、配置过程中的突出优势。其他的研究都没有明确地说明城市金融竞争力的内涵，但一般是指金融体系的竞争力。

以上关于城市金融竞争力的概念或内涵的说明和表述，都不够明确和准确。不论从什么角度来看，金融在一定层次的地域上会成长为一个产业，具有产业形态，又因为金融产业的特殊性、重要性、核心性和渗透性，其产业周期也具有特殊性。金融产业发展到一定规模和阶段，其范围也会扩大，成为一个系统。一定地域上的金融，发展到一定规模和层次，就会形成金融体系，并且有不同的层次，其范围也不限于某个城市，可以是一个地区，一个国家，乃至整个世界。因此，金融产业竞争力、金融体系竞争力和金融区域竞争力是三个相互联系、相互渗透的关系和范畴，就城市金融竞争力的层次而言，三者并无本质的区别，只是考察的角度和侧重点不同，而共性在于三者都要落实到城市这个区域上，都构成一个相对完整的体系，都具有一定的产业形态，都表现为城市金融整体的或综合的竞争力。因此，本章的城市金融竞争力是指金融体系在城市这个层次上的规模、水平、发展状况，以及在资源配置、推动城市经济发展、与其主要影响因素相互联系和作用方面所表现出来的综合的竞争优势和力量。城市金融竞争力从竞争力的角度反映了城市的金融发展和成长的状况与水平。

二 城市金融竞争力评价指标体系

（一）城市金融竞争力评价指标体系的设计原则

1. 全面性原则

城市金融竞争力不仅取决于区域内部金融资源的现实状况，而且与地区经济发展、科技人才实力、对外开放程度、基础设施水平等方面的因素密切相关。上述任何一方面因素的缺少或不完善都可能会影响到最终评价的客观性与实用性。

2. 可行性原则

在遵循全面性原则的基础上，对指标进行了尽可能的简化。这包括三层含义：一是本着资料的易得性和可获得性，大部分数据可通过地区综合统计年鉴与各种专业年鉴（如城市统计年鉴、金融统计年鉴、区域统计年鉴、教育统计年鉴、科技统计年鉴等）获得。二是指标容易量化。保证定量指标的可信度，尽量少用定性类的指标。三是指标项的确定，要从现实状况出发，符合所选择样本的实际情况，力求全面，同时突出核心与精华。

3. 可比性原则

指标本身数值的大小意义不大，关键是它能够反映各区域的相对水平。当然，有些采用直接指标很难获得数据，本章采用间接指标予以替代。有些指标需要对数据进行处理，得出指标综合指数，所需几方面的指标不全时，用比较核心或相关的部分指标的数据来反映。

4. 层次性原则

指标选取要服从系统性特点，要充分注意到指标变量之间的相互协调、相互映衬。为了便于分析与评价，根据城市金融竞争力的主要影响因素，将评价指标体系分为两个层次五大类别 28 个分指标，两个层次为金融显示性指标体系和金融解释性指标体系，五大类别分别为金融显示性竞争力、经济力、科技力、开放力、设施力，后四类属于金融解释性指标体系。

5. 相关性原则

金融显示性指标和各个解释性指标直接或间接地影响城市金融竞争力，体现了各城市的金融竞争力状况，具有一定的相关性。

6. 启发性原则

城市金融竞争力评价指标体系除了其应有的评价功能外，还应着力发挥其引导性功能。即引导地方政府在城市金融政策制定与发展规划中，对城市整体金融竞争力状况有个清楚的认识，了解不同城市各自的差别，注意到解释性分力中哪些是优势方面，哪些是劣势方面,增强针对性和借鉴性,能从整体上和全局上进行把握,从局部着手,因地制宜。因此要注重指标的启发性。

(二) 城市金融竞争力评价指标体系的选择和说明

1. 金融竞争力显示性指标体系

根据实际研究需要和数据的可获性,选取以下指标来衡量各地区的金融显示性竞争力。

(1)年末金融机构贷款余额。反映地区资金的总量实力,反映金融机构特别是银行部门对该区经济发展的支持程度,也反映了区域内金融机构的发展程度。

(2)年末金融机构存款余额。一个地区在一定时期能够提供的储蓄量越多,可用于投资的储蓄量也就越多,从而影响地区经济未来的发展潜力。

(3)资本形成总额。一定时期内的区域高额储蓄只是经济发展的一个必要条件,而储蓄能否以较低的成本转化为生产资本且增值,才是经济持续、快速发展的内在要求。吉林省的城市不可得该数据,用全社会固定资产投资总额指标代替。

(4)全部业务保费收入。该指标反映保险市场的发展状况,是保险企业在一定时期内收缴的保险费总额,是衡量该城区保险业务发展规模的客观尺度。

(5)金融相关率。以金融资产总量对国内生产总值的比率反映各地金融发展的实际水平。利用地区存贷款作为指标,基本上可以反映出中国区域金融资产规模变化的总体状况,全面地反映地区金融深化与发展的状况。

(6)金融贡献率。贷款/GDP,说明地区实际掌握的金融资源的能力。

(7)金融机构综合指数。反映区域内资本融通能力和对域外经济的控制能力。由不同级别金融机构的数量综合加权而成,包括证券营业部、期货经营机构、保险公司、上市公司。

(8)金融从业人员数。从就业方面反映金融发展水平,金融发展水平越高,金融从业人员就会越多,也就越会促进金融的发展。

2. 金融竞争力解释性指标体系

(1) 经济力

经济发展与金融发展和成长是密不可分的。区域金融发展是特定地域空间的金融发展,不同的经济状态为区域金融提供了截然不同的成长条件和空间,而区域金融发展水平和能力为该地区经济发展提供内力支持。因此,区域的经济发展为该区域的金融竞争力提供了解释。下面将采用5个指标来解释经济力:

①GDP。它是一个地区所有常住单位在一定时期内生产活动的最终成果,反映地区的经济规模和实力。

②人均GDP。反映地区经济发展的水平以及地区经济实力的强弱。

③GDP增长率。衡量地区经济增长的速度。

④在岗职工平均工资。指企业、事业、机关单位的职工在一定时期内平均每人所得的货币工资额。反映一定时期职工工资收入的高低程度,也反映地区经济发展水平的高低。

⑤地方财政收入。地区经济发展实力越强,水平越高,相应的财政收入也就越多。它间接地反映地区经济实力和水平。

(2) 科技力

金融的发展和成长离不开区域内部金融机构的创新能力以及创

新产品的最终转化能力。金融创新的情况如何，会直接影响到区内金融市场的完善程度和金融交易的活跃与否，而这些都取决于区域拥有的科技实力、科研的投入、金融人才的储备量等。因此我们采用5个指标来衡量科技力。

①科技事业费。反映地区对科研的支持程度。

②科技三项费。财政支出预算中用于科技支出的部分。

③高校在校学生数。间接反映地区的人才后备力量。

④年末单位从业人员数。指各单位实际参加生产或工作的全部劳动力，反映地区的劳动力状况。

⑤金融从业人员区位熵。金融从业人员相对比重/单位从业人员相对比重，反映不同地区专业人员的相对水平。

(3) 开放力

开放对区域金融竞争力也具有重要影响：区域开放一方面直接影响资本的形成和变动，有利于资本的积累；另一方面通过开放，将资金、技术、劳动力、先进制度文化引进来并有效地组合起来，将使资本获得比在封闭状态下更高的利用效率和产出收益，从而使资本发挥更大作用。区域的开放程度越高，金融要素、金融资源与金融产品的流动性就会越高，从而有效促进该区域的金融发展和竞争能力提高。因此我们引入了5个指标来衡量区域的开放力。

①当年实际使用外资金额。间接反映一个地区综合交易成本的高低，一般外资流入较多的地区，其交易成本较低。也在一定程度上反映了跨国公司在这一地区的投资规模与信心。

②外资贡献。实际利用外资/GDP。引进外资的作用是提高投资效率，拉动区内投资需求，带动区内储蓄转化为投资。

③进口余额。进口可以引进资金、技术和管理经验等，改善地区

产业结构，推动经济发展。

④出口余额。出口可以带来外汇收入，提高本区居民的支出能力，可以增加本区居民的就业水平，提高本国企业的生产能力，从而拉动地区经济增长，形成了新的竞争力优势。

⑤经济对外开放度。进出口总额/GDP。区域经济不能封闭地、孤立地运行和发展，而必须与国外不断地进行产品、技术、资金、人才、信息、观念等的交流和传输，才能使区域经济的运转走上协调、有序的轨道。

(4) 设施力

良好的基础设施可以使金融业获得较大优势，同时给企业创造比较优势，使资本获得更多回报，因而可以引发资本的循环累积效应。良好的基础设施可以为区域带来潜在的赢利机会和良好预期，将提高区域的吸引力和聚集力，形成良性循环，进一步促进区域金融成长。我们引入以下指标来衡量设施力：

①电话用户数。反映区域金融交易的便利度以及信息流通的现状。

②货运总量。反映区域物流状况。

③客运总量。反映区域人流状况。

④人均道路面积。反映地区交通设施水平。

⑤人均邮电收入。反映地区邮政和电信水平。

(三) 城市金融竞争力评价指标体系框架

根据前文的分析，我们可以得出城市金融竞争力的评价指标体系框架结构，我们的指标体系尽可能涵盖影响金融竞争力的各个方面。

表 10－1　城市金融竞争力评价指标体系框架

类别			指 标 名 称	指 标 含 义
城市金融竞争力评价指标体系	显示性指标体系	金融显示性竞争力	年末金融机构贷款余额	反映地区的资金实力
			年末金融机构存款余额	影响可用于投资的资金数量
			全社会固定资产投资总额	反映储蓄转化成生产资本的能力
			全部业务保费收入	反映保险市场的发展状况
			金融相关率：金融总量/GDP	反映金融发展水平
			金融贡献率：贷款/GDP	反映地区实际掌握金融资源的能力
			金融从业人员数	从就业方面反映金融发展水平
			金融机构综合指数	反映域内资本融通能力和对域外经济控制能力
	解释性指标体系	经济力	GDP	反映地区的经济规模和实力
			人均 GDP	反映地区经济发展的水平
			GDP 增长率	反映地区经济增长的速度
			在岗职工平均工资	反映地区经济发展水平的高低
			地方财政一般预算收入	间接反映地区经济实力和水平
		科技力	科技事业费	反映地区对科研的支持程度
			科技三项费	财政支出预算中用于科技支出的部分
			高校在校学生数	间接反映地区的人才后备力量
			年末单位从业人员数	反映地区的劳动力状况
			金融从业人员区位熵	反映不同地区专业人员的相对水平
		开放力	当年实际使用外资金额	间接反映地区综合交易成本的高低
			外资贡献	衡量外资对地区经济发展的贡献水平
			进口余额	反映推动地区经济发展的能力
			出口余额	反映拉动地区经济增长的能力
			经济对外开放度	衡量区域的对外开放度
		设施力	电话用户数	反映金融交易的便利度
			人均邮电收入	反映地区邮政和电信水平
			货运总量	反映区域物流状况
			客运总量	反映区域人流状况
			人均道路面积	反映地区交通设施水平

（四）样本选取和数据来源

本章以东北三省的 34 个地级和地级以上城市为样本。因为是研究城市金融竞争力，所以没有选入延边朝鲜族自治州。又因为要通过不同城市金融竞争力的分析来反映不同省区城市整体的金融竞争力和金融辐射体系，所以没有加入内蒙古的三市一盟。

本章中所用数据以 2004 年的《区域统计年鉴》、《城市统计年鉴》、《辽宁省统计年鉴》、《吉林省统计年鉴》、《黑龙江省统计年鉴》为主，部分数据来源于 2004 年的《金融统计年鉴》、《教育统计年鉴》、《科技统计年鉴》，其中金融机构综合指数一项来源于中国证券监督管理委员会网站公布的数据。

（五）数据分析方法

在数据分析方法上，采用因子分析和聚类分析的方法，以全面、客观地反映东北三省城市金融竞争力的状况、水平和差异。

1. 因子分析法的使用

由于反映城市金融竞争力的指标数量较多且属性不同，量纲不一，反映问题的指标相互关联，采用因子分析法可以将原有指标数据浓缩为少数几个因子，将原始信息转换成因子的因子值，各因子代表的信息不重合，我们就可以根据专业知识和因子的独特含义，解释整个指标体系所反映的竞争力情况。

使用因子分析法综合评价的主要步骤如下：

(1)对原始数据进行标准化处理，从而消除数据的量纲和单位的影响。

(2)利用标准化数据计算所有变量的相关系数矩阵，通过 KMO 和巴特莱特检验，判断使用因子分析法是否得当。

(3)求相关系数矩阵的特征值，一般根据特征值大于 1 的原则，确定因子个数，计算特征值贡献率。

(4)按照因子累计贡献率在 85%以上的要求提取因子，提取因子的方法为主成分法。

(5)求因子载荷矩阵,使用方差最大法进行因子载荷矩阵旋转,进一步通过坐标变换使因子信息正交化。

(6)采用回归法估计因子得分的系数矩阵,根据主因子贡献率的大小,建立因子分析的综合评价模型,计算各城市的因子得分。

(7)根据因子得分,结合专业知识,对城市金融竞争力进行单项评价和综合评价。

2. 聚类分析法的使用

在因子分析的基础上,将样本城市的金融竞争力得分作为聚类变量进行聚类,划分城市金融竞争力的梯度和等级。

三　东北城市金融竞争力的实证分析

(一)东北城市金融竞争力的因子分析

城市金融竞争力的评价指标体系包括显示性指标体系和解释性指标体系两个方面。显示性指标体系包括 8 项指标,构成金融显示性竞争力,解释性指标体系共包括 4 个分力,20 项指标。使用 SPSS11.5 多元统计分析软件,采用因子分析法,对各个城市金融竞争力进行计量分析。

1. 金融显示性竞争力的计量分析

首先进行检验,其中 KMO 达到 0.753,而巴特莱特值为 610.451,显著性概率为 0.000,小于 0.01,即相关阵不是一个单位阵,适合作因子分析。一般说来,当综合因子的贡献率≥85%时,就表明公因子反映了大部分信息，而彼此间又不相关。表 10－2 给出了金融显示性竞争力表现指标主成分的特征值及方差比重。

表 10－2 金融显示性竞争力主成分的特征值及方差比重

因子	初始特征值			旋转后载荷的开方和		
	特征值	方差百分比（%）	累积方差（%）	特征值	方差百分比（%）	累积方差（%）
1	6.003	75.034	75.034	5.77	72.12	72.12
2	1.769	22.109	97.143	2.002	25.023	97.143
3	0.101	1.26	98.403			
4	0.054	0.681	99.084			
5	0.04	0.496	99.58			
6	0.025	0.309	99.889			
7	0.006	0.072	99.961			
8	0.003	0.039	100			

经过 Varimax 旋转后，第一主成分为 72.12%，第二主成分为 25.023%，前两项公因子的累积方差贡献率已经达到 97.143%，超出了 85%的临界值，因此，可以将前两个公因子作为评价各地区金融显示性竞争力的综合指标。

表 10－3 旋转后的因子载荷矩阵

	Component	
	1	2
Zscore（年末金融机构贷款余额）	0.967	0.219
Zscore（年末金融机构存款余额）	0.988	0.132
Zscore（金融相关率）	0.171	0.961
Zscore（金融贡献率）	0.068	0.976
Zscore（全社会固定资产投资）	0.977	0.012
Zscore（全部业务保费收入）	0.982	0.053
Zscore（金融机构综合指数）	0.978	0.184
Zscore（金融从业人员数）	0.974	0.154

由旋转过后的因子载荷矩阵可知,(1)公因子 F_1 在金融机构年末存款余额、金融机构年贷款余额、全社会固定资产投资、全部业务保费收入、金融机构综合指数、金融从业人员上的载荷值都较大,可称为金融总量因子;(2)公因子 F_2 在金融相关率、金融贡献率上的载荷值较大,代表金融发展水平因子;(3)综合得分 F 为将各因子得分以其方差贡献率占两个因子总方差贡献率的比重作为权重进行加权的和:$F=(F_1\times 72.120+F_2\times 25.023)/97.143$。由此,我们可以计算出各个地区的金融显示性竞争力得分,得分为正,说明在平均水平之上,得分为负,说明在平均水平之下。

从表 10-4 中总分排名可以看到,前十名的城市依次为沈阳、大连、哈尔滨、长春、吉林、鞍山、大庆、本溪、锦州、齐齐哈尔,且都在平均水平之上。其余城市都在平均水平之下。沈阳、大连得分接近,都在 2.4 以上,沈阳略高一点,两个城市的金融显示性竞争力处于绝对的领先地位。哈尔滨、长春得分在 1 和 2 之间,排在 3、4 位。吉林、鞍山、大庆、本溪、锦州竞争力水平排在其后。齐齐哈尔刚刚在平均水平之上。丹东、辽源、鹤岗、辽阳、七台河、黑河、通化排名在最后,得分在 -0.5 和 -1 之间。

从各省情况来看,辽宁省 14 个城市中,有 5 个城市排在前十名,3 个城市排在后十名,说明其整体金融显示性竞争力较强,但也说明其内部差距较大。吉林省 8 个城市中,有 2 个城市排在前十名,2 个城市排在后十名。黑龙江省 12 个城市中,有 3 个城市排在前十名,5 个城市排在后十名,说明其整体金融显示性竞争力较弱,同时也说明其内部差距较大。在 F_1 得分上,只有沈阳、大连、哈尔滨、长春、吉林、鞍山、大庆 7 个城市为正,其余均为负;而在 F_2 上,得分为正的城市数量占一半。说明城市金融发展总量不够大,发展水平也不高。

表 10-4 各地区金融显示性竞争力得分与排名

排名	地区	总分	F_1	排名	F_2	排名
1	沈阳	2.485 96	3.023 94	1	0.935 42	5
2	大连	2.405 06	3.016 05	2	0.644 11	7
3	哈尔滨	1.633 1	2.263 27	3	−0.183 15	23
4	长春	1.241 43	1.714 94	4	−0.123 32	21
5	吉林	0.623 08	0.456 05	6	1.104 48	4
6	鞍山	0.511 7	0.394 66	7	0.849 04	6
7	大庆	0.469 66	0.559 81	5	0.209 83	14
8	本溪	0.386 21	−0.326 79	16	2.441 18	1
9	锦州	0.373 35	−0.239 65	12	2.140 11	2
10	齐齐哈尔	0.009 02	−0.057 59	8	0.201 01	15
11	抚顺	−0.011 73	−0.139 07	11	0.355 3	12
12	四平	−0.020 92	−0.412 08	22	1.106 45	3
13	葫芦岛	−0.164 5	−0.373 57	20	0.438 07	9
14	盘锦	−0.190 22	−0.072 9	9	−0.528 36	26
15	营口	−0.224 81	−0.273 61	14	−0.084 16	20
16	鸡西	−0.236 37	−0.497 69	24	0.516 82	8
17	佳木斯	−0.321 17	−0.373 86	21	−0.169 29	22
18	铁岭	−0.334 88	−0.456 55	23	0.015 81	17
19	双鸭山	−0.345 76	−0.608 66	28	0.411 97	10
20	绥化	−0.364 88	−0.265 26	13	−0.652	27
21	白山	−0.395 41	−0.546 76	26	0.040 81	16
22	松原	−0.441 73	−0.332 17	17	−0.757 49	28
23	白城	−0.446 26	−0.521 1	25	−0.230 56	24
24	阜新	−0.472 73	−0.764 43	34	0.368	11
25	牡丹江	−0.483 04	−0.092 96	10	−1.607 32	33
26	伊春	−0.486 66	−0.638 83	30	−0.048 08	19
27	朝阳	−0.487 07	−0.735 74	32	0.229 65	13
28	丹东	−0.508 06	−0.283 82	15	−1.154 35	31
29	辽源	−0.557 63	−0.750 73	33	−0.001 11	18
30	鹤岗	−0.626 57	−0.732 11	31	−0.322 37	25
31	辽阳	−0.649 63	−0.353 32	18	−1.503 64	32
32	七台河	−0.698 63	−0.587 83	27	−1.017 97	30
33	黑河	−0.704 6	−0.637 38	29	−0.898 35	29
34	通化	−0.965 31	−0.354 23	19	−2.726 55	34

2003 年市区人口在百万以上的城市为：沈阳、哈尔滨、长春、大

连、吉林、鞍山、齐齐哈尔、抚顺、大庆，分别排名为1、3、4、2、5、6、10、11、7。人口在百万以下的城市本溪、锦州排名在前十之中，分别为8、9。本溪在 F_1 上得分为负，排名为16，在 F_2 上得分为正，排名为1。锦州在 F_1 上得分为负，排名为12，在 F_2 上得分为正，排名为2。说明两个城市金融总量不大，但发展水平较高。

从四大中心城市看，沈阳在 F_1 上排名为1，在 F_2 上排名为5。大连在 F_1 上排名为2，在 F_2 上排名为7。哈尔滨在 F_1 上排名为3，在 F_2 上得分为负，排名为23。长春在 F_1 上排名为4，在 F_2 上得分为负，排名为21。这说明哈尔滨和长春的金融发展水平较低，有待提高。

2. 金融解释性指标体系各个分力的计量分析

(1) 经济力的计量分析

首先进行KMO和巴特莱特检验，其中KMO达到0.654，而巴特莱特值为153.126，显著性概率为0.000，小于0.01，即相关阵不是一个单位阵，适合作因子分析。表10－5给出了经济力表现指标主成分的特征值及方差比重。

表10－5　经济力主成分的特征值及方差比重

因子	初始特征值			旋转后载荷的开方和		
	特征值	方差百分比(%)	累积方差(%)	特征值	方差百分比(%)	累积方差(%)
1	3.363	67.258	67.258	3.32	66.392	66.392
2	1.031	20.619	87.877	1.074	21.485	87.877
3	0.472	9.44	97.317			
4	0.089	1.773	99.09			
5	0.045	0.91	100			

经过Varimax旋转后，第一主成分为66.392%，第二主成分为

21.485%，前两项公因子的累积方差贡献率已经达到 87.877%，超出了 85%的临界值，因此，可以将前两个公因子作为评价各地区经济力的综合指标。

表 10-6 旋转后的因子载荷矩阵

	Component	
	1	2
Zscore(地方财政预算收入)	0.888	0.177
Zscore(地区 GDP)	0.946	0.084
Zscore(人均 GDP)	0.891	−0.165
Zscore(GDP 增长率)	0.07	0.99
Zscore(在岗职工平均工资)	0.915	0.17

由旋转过后的因子载荷矩阵可知，①公因子 F_1 在地方财政预算收入、地区 GDP、人均 GDP、在岗职工平均工资上的载荷值都较大，可称为经济发展水平因子。②公因子 F_2 在 GDP 增长率上的载荷值较大，可称为经济发展速度因子。③综合得分 F 为：

$F=(F_1\times 66.392+F_2\times 21.485)/87.877$。由此，我们可以计算出各个地区的经济力得分。

从表 10-7 中总分排名可以看到，共有 11 个城市得分为正，在平均水平之上。大连排在第 1 位，得分在 2.4 以上，比后面的高出许多，处于绝对领先的地位。沈阳、大庆、哈尔滨、长春得分在 1 到 2 之间。鞍山、辽阳、吉林、本溪、抚顺、营口得分在 0 到 1 之间。其余城市都在平均水平之下。鸡西、绥化、齐齐哈尔、佳木斯、鹤岗、双鸭山、白山、伊春、黑河排名在最后，得分在−0.5 和−1 之间。

从各省情况来看，辽宁省 14 个城市中，有 6 个城市排在前十，没有城市排在后十名中，辽宁的经济发展处于领先地位；吉林省 8 个城

表10-7　各地区经济力得分与排名

排序	地区	总分	F_1	排序	F_2	排序
1	大连	2.413 32	2.927 92	1	0.823 13	7
2	沈阳	1.769 8	2.174 49	3	0.519 21	13
3	大庆	1.594 08	2.590 64	2	−1.485 47	31
4	哈尔滨	1.224 36	1.507 5	4	0.349 4	16
5	长春	1.164 06	1.381 13	5	0.493 28	14
6	鞍山	0.690 41	0.924 61	6	−0.033 33	20
7	辽阳	0.242 17	−0.021 73	11	1.057 68	3
8	吉林	0.236 91	0.132 53	8	0.559 45	12
9	本溪	0.121 93	0.074 11	10	0.269 69	17
10	抚顺	0.087 22	0.112 92	9	0.007 82	19
11	营口	0.076 55	−0.243 69	14	1.066 15	2
12	阜新	−0.002 31	−0.773 4	32	2.380 49	1
13	葫芦岛	−0.004 46	−0.341 33	17	1.036 53	5
14	盘锦	−0.018 26	0.525 6	7	−1.698 88	33
15	锦州	−0.032 59	−0.237 17	13	0.599 57	11
16	松原	−0.107 95	−0.386 08	18	0.751 52	9
17	丹东	−0.142 64	−0.261 18	15	0.223 66	18
18	铁岭	−0.168 03	−0.557 9	23	1.036 72	4
19	朝阳	−0.322 86	−0.729 95	28	0.935 09	6
20	四平	−0.329 29	−0.684 06	27	0.767 02	8
21	白城	−0.391 57	−0.756 79	31	0.737 01	10
22	通化	−0.407 71	−0.411 24	19	−0.396 79	22
23	牡丹江	−0.438 83	−0.279 06	16	−0.932 53	27
24	辽源	−0.451 95	−0.756 52	30	0.489 21	15
25	七台河	−0.461 72	−0.562 52	24	−0.150 21	21
26	鸡西	−0.542 79	−0.528 7	22	−0.586 36	25
27	绥化	−0.612 11	−0.497 46	21	−0.966 39	28
28	齐齐哈尔	−0.625 87	−0.170 04	12	−2.034 47	34
29	佳木斯	−0.627 63	−0.431 88	20	−1.232 54	30
30	鹤岗	−0.640 3	−0.680 62	26	−0.515 71	23
31	双鸭山	−0.698 48	−0.749 37	29	−0.541 22	24
32	白山	−0.714 77	−0.576 93	25	−1.140 69	29
33	伊春	−0.887 93	−0.896 22	34	−0.862 33	26
34	黑河	−0.990 75	−0.817 63	33	−1.525 7	32

市中，有2个城市排在前十名，1个城市排在后十名，吉林的经济发

展处于中等水平；黑龙江省12个城市中，有2个城市排在前十名，9个城市排在后十名，黑龙江的经济发展整体水平不好。三省之间差距较大，辽宁省和吉林省内部差距相对较小，黑龙江省内部差距较大，而且多数城市经济发展水平较低。在F_1得分上，有10个城市为正，其余均为负；而在F_2上，得分为正的城市数量占到一半以上，说明整体经济发展水平不高，发展速度还可以。

2003年市区人口在百万以上的城市为：沈阳、哈尔滨、长春、大连、吉林、鞍山、齐齐哈尔、抚顺、大庆，分别排名为2、4、5、1、8、6、28、10、3。大庆在F_1上排名为2，在F_2上排名为31，说明大庆的经济发展速度较低。人口在百万以下的城市为辽阳、本溪，排名都在前十名中，分别为7、9。辽阳在F_1上得分为负，排名为11，在F_2上得分为正，排名为3；本溪在F_1上得分为正，排名为10，在F_2上得分为正，排名为17。

从四大中心城市看，沈阳在F_1上排名为3，在F_2上排名为13；大连在F_1上排名为1，在F_2上排名为7；哈尔滨在F_1上排名为4，在F_2上排名为16；长春在F_1上排名为5，在F_2上排名为14，说明沈阳、哈尔滨、长春的经济发展水平尚可，经济发展速度不快。

(2) 科技力的计量分析

表10-8 科技力主成分的特征值及方差比重

因子	初始特征值			旋转后载荷的开方和		
	特征值	方差百分比(%)	累积方差(%)	特征值	方差百分比(%)	累积方差(%)
1	3.106	62.12	62.12	3.006	60.123	60.123
2	1.194	23.881	86.001	1.294	25.878	86.001
3	0.463	9.269	95.27			
4	0.158	3.162	98.432			
5	0.078	1.568	100			

首先进行KMO和巴特莱特检验，其中KMO值为0.727，而巴特莱特值为117.390，显著性概率为0.000，小于0.01，即相关阵不

是一个单位阵，适合作因子分析。表 10－8 给出了科技力表现指标主成分的特征值及方差比重。

经过 Varimax 旋转后，第一主成分为 60.123%，第二主成分为 25.878%，前两项公因子的累积方差贡献率已达到 86.001%，超出了 85%的临界值，因此，可以将前两个公因子作为评价各地区科技力的综合指标。

表 10－9　旋转后的因子载荷矩阵

	Component	
	1	2
Zscore(科学事业费)	0.899	0.264
Zscore(科技三项费)	0.618	0.543
Zscore(高校在校生数)	0.957	0.056
Zscore(单位从业人员数)	0.947	−0.170
Zscore(金融人员区位熵)	−0.043	0.947

由旋转过后的因子载荷矩阵可知，①公因子 F_1 在科学事业费、高校在校生数、单位从业人员数上的载荷值都较大，可称为科技人才支撑因子。②公因子 F_2 在金融人员区位熵上的载荷值较大，可称为专业人员水平因子。③综合得分 F 为：$F=(F_1\times60.123+F_2\times25.878)/86.001$。由此，可以计算出各个地区的科技力得分。

从表 10－10 中总分排名可以看到，共有 9 个城市得分为正，在平均水平之上。沈阳、大连排在第 1、2 位，得分在 2 以上。哈尔滨、长春排在第 3、4 位，得分在 1 到 2 之间。四大中心城市处于绝对领先地位。丹东、锦州、鞍山、吉林、通化依次排在后面，得分较低，仅在 0 到 0.25 之间。伊春、黑河、七台河、双鸭山、鹤岗排名在最后，得分在－0.5 以下，得分为负的城市差距不大。

表10-10 各地区科技力得分与排名

排序	地区	总分	F_1	排序	F_2	排序
1	沈阳	2.474 98	2.896 64	2	1.495 33	2
2	大连	2.204 75	1.992 27	3	2.698 41	1
3	哈尔滨	1.912 06	3.652 07	1	−2.130 5	34
4	长春	1.028 76	1.657	4	−0.430 9	25
5	丹东	0.208 16	−0.318 47	19	1.431 68	3
6	锦州	0.125 16	−0.141 19	11	0.743 98	6
7	鞍山	0.107 07	0.029 63.	6	0.286 99	12
8	吉林	0.030 59	0.060 11	5	−0.038	19
9	通化	0.009 69	−0.523 86	29	1.249 29	4
10	营口	−0.083 36	−0.636 14	33	1.200 91	5
11	抚顺	−0.093 76	−0.133 02	9	−0.002 6	18
12	牡丹江	−0.102 16	−0.444 2	23	0.692 51	7
13	铁岭	−0.152 17	−0.376 7	21	0.369 5	11
14	辽阳	−0.165 53	−0.494 04	28	0.597 73	9
15	齐齐哈尔	−0.176 84	−0.134 26	10	−0.275 8	24
16	四平	−0.187 19	−0.462 59	26	0.452 66	10
17	朝阳	−0.195 65	−0.565 56	31	0.663 78	8
18	阜新	−0.216 42	−0.423 48	22	0.264 65	14
19	佳木斯	−0.238 2	−0.295 35	16	−0.105 4	22
20	本溪	−0.244 33	−0.313 15	18	−0.084 4	21
21	大庆	−0.267 22	−0.061 33	7	−0.745 6	26
22	白城	−0.300 93	−0.334 92	20	−0.222	23
23	葫芦岛	−0.315 23	−0.455 76	25	0.011 29	17
24	绥化	−0.343 39	−0.466 24	27	−0.058	20
25	松原	−0.371 39	−0.563 57	30	0.075 12	15
26	白山	−0.388 53	−0.581 09	32	0.058 85	16
27	辽源	−0.388 88	−0.676 35	34	0.279	13
28	盘锦	−0.413 33	−0.080 42	8	−1.186 8	30
29	鸡西	−0.483 36	−0.277 09	14	−0.962 6	27
30	伊春	−0.528 97	−0.308 24	17	−1.041 8	29
31	黑河	−0.577 59	−0.239 81	12	−1.362 4	31
32	七台河	−0.606 64	−0.451 07	24	−0.968 1	28
33	双鸭山	−0.625 21	−0.239 93	13	−1.520 4	33
34	鹤岗	−0.634 96	−0.289 91	15	−1.436 6	32

从各省情况来看，辽宁省 14 个城市中，有 6 个城市排在前十名，

1个城市排在后十名，辽宁的科技人才水平处于领先地位；吉林省8个城市中，有3个城市排在前十名，3个城市排在后十名，吉林省的省内差距比较大；黑龙江省12个城市中，有1个城市排在前十名，6个城市排在后十名，黑龙江的科技人才水平较差。三省之间差距较大，辽宁省内部差距相对较小，而吉林省和黑龙江省内部差距较大，而且多数城市科技人才水平低。在 F_1 得分上，有6个城市为正，其余均为负，而在 F_2 上，得分为正的城市占到一半。说明整体科技人才水平不高，有待于加强人才的储备和培养。

2003年市区人口在百万以上的城市为：沈阳、哈尔滨、长春、大连、吉林、鞍山、齐齐哈尔、抚顺、大庆，分别排名为1、3、4、2、8、7、15、11、21。齐齐哈尔在 F_1 上排名为10，在 F_2 上排名为24，得分均为负。抚顺在 F_1 上排名为9，在 F_2 上排名为18，得分均为负。大庆在 F_1 上排名为7，在 F_2 上排名为26，得分均为负。说明齐齐哈尔、抚顺、大庆在金融专业方面的人力资源不足。人口在百万以下的城市丹东、锦州、通化、营口列入前十名，其中营口得分为负，在平均水平之下。

从四大中心城市看，沈阳在 F_1 上排名为2，在 F_2 上得分为正，排名为2；大连在 F_1 上排名为3，在 F_2 上排名为1；哈尔滨在 F_1 上排名为1，在 F_2 上得分为负，排名为34；长春在 F_1 上排名为4，在 F_2 上得分为负，排名为25。说明哈尔滨、长春的金融专业方面的人力资源相对缺乏。

（3）开放力的计量分析

首先进行KMO和巴特莱特检验，虽然KMO检验的值为0.517，并不特别适合作因子分析，而巴特莱特值为219.299，显著性概率为0.000，小于0.01，即相关阵不是一个单位阵，证明因子分析还是可行的。表10－11给出了开放力表现指标主成分的特征值及方差比重。

表10－11 开放力主成分的特征值及方差比重

因子	初始特征值			旋转后载荷的开方和		
	特征值	方差百分比(%)	累积方差(%)	特征值	方差百分比(%)	累积方差(%)
1	3.547	70.934	70.934	2.553	51.052	51.052
2	1.084	21.679	92.614	2.078	41.562	92.614
3	0.275	5.497	98.111			
4	0.086	1.724	99.834			
5	0.008	0.166	100			

经过Varimax旋转后，第一主成分为51.052％，第二主成分为41.562％，前两项公因子的累积方差贡献率已经达到92.614％，超出了85％的临界值，因此，可以将前两个公因子作为评价各地区对外开放的综合指标。

表10－12 旋转后的因子载荷矩阵

	Component	
	1	2
Zscore(实际使用外资金额)	0.948	0.222
Zscore(外资贡献)	0.943	0.101
Zscore(进口余额)	0.538	0.83
Zscore(出口余额)	0.689	0.645
Zscore(经济对外开放度)	0.012	0.956

由旋转过后的因子载荷矩阵可知，①公因子F_1在实际利用外资金额、外资贡献上的载荷值都较大，可称为城市对外吸引因子。②公因子F_2在进口余额、经济对外开放度上的载荷值较大，可称为城市对外开放因子。③综合得分F为：$F=(F_1\times51.052+F_2\times$

41.562)/92.614。由此,可以计算出各个地区的开放力得分。

表 10-13 各地区开放力得分与排名

排名	地区	总分	F_1	排名	F_2	排名
1	大连	3.308 99	3.679 32	1	2.854 1	2
2	沈阳	1.587 13	3.414 19	2	−0.657 12	31
3	本溪	0.936 95	−1.442 4	34	3.859 54	1
4	双鸭山	0.421 51	−0.922 5	33	2.072 4	3
5	长春	0.180 59	0.965 8	3	−0.783 9	34
6	鸡西	0.147 36	−0.629	32	1.101 03	4
7	营口	0.145 13	0.857 74	4	−0.730 18	33
8	鞍山	0.083 34	0.123 61	8	0.033 87	5
9	锦州	0.075 08	0.165 77	7	−0.036 32	7
10	铁岭	−0.064 8	0.426 43	5	−0.668 29	32
11	哈尔滨	−0.120 4	−0.018 1	9	−0.246 09	14
12	丹东	−0.123 2	0.224 33	6	−0.550 04	30
13	盘锦	−0.156 3	−0.094 8	11	−0.231 77	12
14	抚顺	−0.219 7	−0.111 3	12	−0.352 75	24
15	通化	−0.238 3	−0.456 2	29	0.029 41	6
16	朝阳	−0.240 7	−0.066 7	10	−0.454 27	29
17	阜新	−0.249 5	−0.120 3	13	−0.408 04	26
18	葫芦岛	−0.266 8	−0.141 6	14	−0.420 6	28
19	吉林	−0.276 4	−0.256 4	17	−0.300 99	19
20	辽阳	−0.281 7	−0.177 2	15	−0.41	27
21	七台河	−0.288 6	−0.202 9	16	−0.393 9	25
22	鹤岗	−0.294	−0.500 8	31	−0.040 04	8
23	辽源	−0.312 7	−0.386 6	23	−0.221 92	10
24	齐齐哈尔	−0.318 5	−0.36	21	−0.267 53	15
25	牡丹江	−0.322 5	−0.306 1	18	−0.342 64	23
26	大庆	−0.326 4	−0.401 9	24	−0.233 71	13
27	松原	−0.333 6	−0.345 8	19	−0.318 68	22
28	佳木斯	−0.336 7	−0.465 6	30	−0.178 43	9
29	白山	−0.338 1	−0.356 9	20	−0.314 98	21
30	绥化	−0.34	−0.380 3	22	−0.290 51	17
31	黑河	−0.347	−0.446 2	28	−0.225 27	11
32	四平	−0.353 2	−0.422 1	26	−0.268 58	16
33	伊春	−0.363 4	−0.412 1	25	−0.303 63	20
34	白城	−0.373 6	−0.433 4	27	−0.300 17	18

从表 10－13 中总分排名可以看到，共有 9 个城市得分为正，在平均水平之上。大连排在第 1 位，得分在 3.3 以上，比后面的高出许多，处于绝对领先的地位。沈阳排在第 2 位，得分为大连的一半，处于相对领先的地位。本溪、双鸭山、长春、鸡西、营口、鞍山、锦州依次排在后面，在平均水平之上，只有本溪的得分接近 1，其余的都在 0.5 以下，说明对外开放方面整体水平不高。松原、佳木斯、白山、绥化、黑河、四平、伊春、白城排名在最后，得分在－0.33 和－0.4 之间，得分为负的城市差距不大。

从各省情况来看，辽宁省 14 个城市中，有 7 个城市排在前十名，6 个在平均水平之上，0 个城市排在后十名中，辽宁的整体经济开放处于领先地位；吉林省 8 个城市中，有 1 个城市排在前十名，4 个城市排在后十名中，吉林的经济开放水平较低；黑龙江省 12 个城市中，有 2 个城市排在前十名，6 个城市排在后十名中，黑龙江的经济整体开放水平不好。三省之间差距较大，辽宁省内部差距相对较小，而吉林省和黑龙江省内部差距较大，而且多数城市经济开放性低。在 F_1 得分上，有 8 个城市为正，其余均为负，而在 F_2 上，得分为正的城市只有 6 个。说明整体对外开放水平不高，差距较大。

2003 年市区人口在百万以上的城市为：沈阳、哈尔滨、长春、大连、吉林、鞍山、齐齐哈尔、抚顺、大庆，分别排名为 2、11、5、1、19、8、24、14、26。说明 9 大开放度较强的城市除长春外，都在辽宁省，黑龙江省的普遍偏低。而且，哈尔滨、吉林、齐齐哈尔、抚顺、大庆的得分为负，在平均水平之下。大庆排名落在后十名之中，说明大庆的经济对外开放度太低。人口在百万以下的城市本溪、双鸭山、鸡西、营口、锦州、铁岭排名在前十之中，铁岭的得分为负，位列为 10。

从四大中心城市看，沈阳在 F_1 上排名为 2，在 F_2 上得分为负，排名为 31；大连在 F_1 上排名为 1，在 F_2 上排名为 2；哈尔滨在 F_1 上排名为 9，在 F_2 上排名为 14，得分均为负；长春在 F_1 上排名为 3，在 F_2 上得分为负，排名为 34，排在最后。说明沈阳、哈尔滨、长春的对外开放程度相对较低。

（4）设施力的计量分析

首先进行检验，KMO 检验的值为 0.720，巴特莱特值为 154.745，显著性概率为 0.000，小于 0.01，即相关阵不是一个单位阵，适合作因子分析，表 10－14 给出了设施力表现指标主成分的特征值及方差比重。

表 10－14　设施力主成分的特征值及方差比重

因子	初始特征值			旋转后载荷的开方和		
	特征值	方差百分比（%）	累积方差（%）	特征值	方差百分比（%）	累积方差（%）
1	3.38	67.601	67.601	2.972	59.449	59.449
2	1.137	22.733	90.334	1.544	30.885	90.334
3	0.315	6.301	96.634			
4	0.128	2.557	99.191			
5	0.04	0.809	100			

经过 Varimax 旋转后，第一主成分为 59.449%，第二主成分为 30.885%，前两项公因子的累积方差贡献率已达到 90.334%，超出了 85%的临界值，因此，可以将前两个公因子作为评价各地区设施力的综合指标。

由旋转过后的因子载荷矩阵可知，①公因子 F_1 在客运总量、货运总量、电话用户数上的载荷值都较大，可称为设施规模因子。②F_2 公因子在人均道路面积、人均邮电收入上的载荷值较大，可称为设施水平因子。③综合得分 F 为：$F=(F_1\times 59.449+F_2\times 30.885)/90.334$。由此，我们可以计算出各个地区的设施力得分。

表 10-15 旋转后的因子载荷矩阵

	Component	
	1	2
Zscore(客运总量)	0.962	0
Zscore(货运总量)	0.955	0.208
Zscore(人均邮电收入)	0.558	0.717
Zscore(电话用户数)	0.907	0.283
Zscore(人均道路面积)	0.01	0.952

从表 10-16 中总分排名可以看到,共有 11 城市得分为正,在平均水平之上。沈阳、大连排在第 1、2 位,得分相近,在 2 以上,两大城市处于绝对领先地位。哈尔滨排在第 3 位,得分刚刚超过 1。长春得分在 1 以下,排名为 4。鞍山、大庆、本溪、吉林、盘锦、锦州、辽阳依次排在后面,基础设施水平在平均水平之上。白城、辽源、松原、鹤岗、伊春、绥化、黑河排名在最后,得分在 -0.5 以下,得分为负的城市差距不大。

从各省情况来看,辽宁省 14 个城市中,有 6 城市排在前十名,0 个城市排在后十名中,辽宁的基础设施处于领先地位;吉林省 8 个城市中,有 2 个城市排在前十名,4 个城市排在后十名中,吉林的基础设施水平较低;黑龙江省 12 个城市中,有 2 城市排在前十名,6 个城市排在后十名中,黑龙江的基础设施水平不好。三省之间差距较大,辽宁省内部差距相对较小,而吉林省和黑龙江省内部差距较大,而且多数城市基础设施水平较低。在 F_1 得分上,有 13 个城市为正,其余均为负,而在 F_2 上,得分为正的城市有 13 个。说明整体基础设施水平还可以。

2003 年市区人口在百万以上的城市为:沈阳、哈尔滨、长春、大连、吉林、鞍山、齐齐哈尔、抚顺、大庆,分别排名为 1、3、4、2、8、5、15、13、6。齐齐哈尔在 F_1 上排名为 7,在 F_2 上得分为负,排名为 31。抚顺在 F_1 上得分为负,排名为 16,在 F_2 上得分为正,排名为 9。人口在百万以下的城市本溪、盘锦、锦州分别位列为7、9、10。

表10-16　各地区设施力得分与排名

排序	地区	总分	F_1	排序	F_2	排序
1	沈阳	2.374 372	2.486 456	2	2.158 628	2
2	大连	2.366 486	3.581 434	1	0.027 895	13
3	哈尔滨	1.042 637	1.705 519	3	−0.233 31	19
4	长春	0.848 594	1.297 131	4	−0.014 77	15
5	鞍山	0.669 967	0.897 693	5	0.231 627	8
6	大庆	0.407 411	−1.277 61	34	3.650 822	1
7	本溪	0.378 978	0.076 418	10	0.961 362	4
8	吉林	0.257 437	0.392 713	6	−0.002 95	14
9	盘锦	0.208 445	−0.698 61	28	1.954 381	3
10	锦州	0.055 021	0.188 513	8	−0.201 93	18
11	辽阳	0.051 466	−0.264 53	20	0.659 712	6
12	营口	−0.014 33	−0.072 41	14	0.097 469	11
13	抚顺	−0.026 22	−0.136 37	16	0.185 813	9
14	丹东	−0.138 22	−0.189 4	17	−0.039 7	16
15	齐齐哈尔	−0.146 63	0.275 402	7	−0.958 98	31
16	葫芦岛	−0.191 41	0.085 202	9	−0.723 85	27
17	通化	−0.203 6	0.036 875	12	−0.666 48	26
18	七台河	−0.256 58	−0.838 64	30	0.863 795	5
19	牡丹江	−0.288 32	−0.491 07	25	0.101 948	10
20	朝阳	−0.290 91	0.057 468	11	−0.961 49	32
21	铁岭	−0.305 37	0.012 172	13	−0.916 59	30
22	阜新	−0.310 48	−0.224 88	19	−0.475 24	23
23	鸡西	−0.338 04	−0.195 33	18	−0.612 75	25
24	四平	−0.408 74	−0.078 92	15	−1.043 6	33
25	白山	−0.441 65	−0.431 39	22	−0.461 41	22
26	双鸭山	−0.480 44	−0.557 77	26	−0.331 59	21
27	佳木斯	−0.480 9	−0.458 35	23	−0.524 31	24
28	白城	−0.511 45	−0.622 01	27	−0.298 65	20
29	辽源	−0.532 01	−0.723 31	29	−0.163 8	17
30	松原	−0.567 18	−0.459 62	24	−0.774 21	29
31	鹤岗	−0.619 16	−0.967 3	32	0.050 954	12
32	伊春	−0.633 5	−1.180 84	33	0.420 053	7
33	绥化	−0.668 19	−0.375 48	21	−1.231 62	34
34	黑河	−0.807 46	−0.849 15	31	−0.727 22	28

从四大中心城市看，沈阳在 F_1 上排名为2，在 F_2 上得分排名为2；大连在 F_1 上排名为1，在 F_2 上排名为13；哈尔滨在 F_1 上排名为3，在 F_2 上排名为19，F_2 得分为负；长春在 F_1 上排名为4，在 F_2 上得分为负，排名为15。说明哈尔滨、长春的基础设施水平不是很高。

（二）东北城市金融竞争力的汇总分析

将东北城市金融竞争力的所有指标汇总，进行因子分析，得出城市金融竞争力的排名，再把其他分力和金融竞争力排名汇总如表10-17，作进一步分析。

从四大中心城市看，大连在科技力、设施力两项上排名为2，在经济力、开放力两项上排名为1，在金融显示性竞争力上排名为2，金融竞争力排名为1；沈阳在科技力、设施力两项上排名为1，在经济力、开放力两项上排名为2，在金融显示性竞争力上排名为1，金融竞争力排名为2；哈尔滨在经济力、开放力、科技力、设施力四项上排名分别为4、11、3、3，在金融显示性竞争力上排名为3，金融竞争力排名为3；长春在经济力、开放力、科技力、设施力四项上排名分别为5、5、4、4，在金融显示性竞争力上排名为4，金融竞争力排名为4。说明哈尔滨的对外开放水平相对其他方面较低，影响到城市金融竞争力水平。

人口在百万以上的其他五大城市中，除鞍山外，吉林、大庆、齐齐哈尔、抚顺都有一些方面相对水平不佳，影响到城市金融竞争力。吉林在对外开放方面，大庆在对外开放和科技人才方面相对落后。齐齐哈尔在经济发展和对外开放方面都不好，金融竞争力排名落在14位上。抚顺在对外开放和基础设施方面稍差一点。人口在百万以下的城市盘锦、锦州的金融竞争力排名在前十名中。盘锦的科技人才方面很差，锦州在经济发展方面稍差，其他方面适中。

表 10－17　城市金融竞争力排名汇总表

地区	金融竞争	金融显示	经济力	科技力	开放力	设施力
大连	1	2	1	2	1	2
沈阳	2	1	2	1	2	1
哈尔滨	3	3	4	3	11	3
长春	4	4	5	4	5	4
大庆	5	7	3	21	26	6
鞍山	6	6	6	7	8	5
吉林	7	5	8	8	19	8
盘锦	8	14	14	28	13	9
抚顺	9	11	10	11	14	13
锦州	10	9	15	6	9	10
本溪	11	8	9	20	3	7
营口	12	15	11	10	7	12
辽阳	13	31	7	14	20	11
齐齐哈尔	14	10	28	15	24	15
丹东	15	28	17	5	12	14
牡丹江	16	25	23	12	25	19
葫芦岛	17	13	13	23	18	16
通化	18	34	22	9	15	17
铁岭	19	18	18	13	10	21
佳木斯	20	17	29	19	28	27
松原	21	22	16	25	27	30
鸡西	22	16	26	29	6	23
四平	23	12	20	16	32	24
七台河	24	32	25	32	21	18
阜新	25	24	12	18	17	22
绥化	26	20	27	24	30	33
朝阳	27	27	19	17	16	20
白城	28	23	21	22	34	28
白山	29	21	32	26	29	25
双鸭山	30	19	31	33	4	26
鹤岗	31	30	30	34	22	31
辽源	32	29	24	27	23	29
伊春	33	26	33	30	33	32
黑河	34	33	34	31	31	34

从各省情况来看，辽宁省 14 个城市 70 个排名中，28 个方面排

在前十名，39 个方面排在中间，只有 3 个方面排在后十名中；金融竞争力 14 个排名中，6 个在前十名，6 个在中间，2 个在后十名中，说明其城市整体金融竞争力较强，处于领先地位。吉林省 8 个城市 40 个排名中，有 10 个方面排在前十名，16 个方面排在中间，14 个方面排在后十名中；金融竞争力 8 个排名中，2 个在前十名，3 个在中间，3 个在后十名中，说明城市整体金融竞争力有些落后，也说明其内部差距较大。黑龙江省 12 个城市 60 个排名中，有 10 个方面排在前十名，18 个方面排在中间，32 个方面排在后十名中；金融竞争力 12 个排名中，2 个在前十名，5 个在中间，5 个在后十名中，说明城市整体金融竞争力较为落后，同时也说明其内部差距较大。

比较各个分力与金融竞争力的排序，发现经济力、金融显示性竞争力与金融竞争力排序的前后一致性较强，这表明金融发展和经济发展对城市金融竞争力的贡献较大。金融竞争力与开放力两者排序的前后一致性最差，表明对外开放对金融竞争力的贡献较小。当然，也可以通过图形进行分析，把不同城市在六个方面的得分用折线图表示出来，亦能看出金融显示性竞争力、经济力和金融竞争力的相关性最大，开放力和金融竞争力的相关性最小，也说明了其对金融竞争力的相对贡献的大小。

（三）东北城市金融竞争力的聚类分析

在因子分析的基础上，使用 SPSS11.5 多元统计分析软件，将样本城市的金融综合竞争力得分作为聚类变量，进行分层聚类来划分城市金融竞争力的等级。本章采用系统聚类，运用类平均法，选择欧氏距离平方法，最终得到聚类谱系图，从而将东北 34 个城市的金融竞争力区分为不同的梯度等级。（聚类结果见表 10－18）

从表 10－18 中可以看出，若聚类为两个大类，则沈阳、大连为一类，其余城市为一类。若聚类为三个大类，则沈阳、大连为一类，哈尔滨、长春为一类，其余城市为一类。若聚类为五个大类，则沈阳、大连为一类，哈尔滨为一类，长春为一类，大庆、鞍山为一类，其余城市为一类。若聚类为七个大类，吉林、盘锦、抚顺、锦州、本溪、营口、辽阳、齐齐哈尔、丹东、牡丹江为第六类，表中第七列与第八列城市为第七类。从不同城市在不同聚类数目中的位置和出现的顺序，可以看出其金融竞争力的类别和等级。

表 10－18　东北城市金融竞争力的聚类结果

所处梯度 / 聚类数	大连、沈阳	哈尔滨	长春	大庆	鞍山	吉林、盘锦、抚顺、锦州、本溪、营口、辽阳、齐齐哈尔、丹东、牡丹江	葫芦岛、通化、铁岭、佳木斯、松原、鸡西、四平、七台河、阜新	绥化、朝阳、白城、白山、双鸭山、鹤岗、辽源、伊春、黑河
2	1	2	2	2	2	2	2	2
3	1	2	2	3	3	3	3	3
5	1	2	3	4	4	5	5	5
7	1	2	3	4	5	6	7	7

沈阳和大连始终位于第一梯度，可以作为整个东北三省的金融中心；哈尔滨始终位于第二梯度，是黑龙江省的金融中心；长春聚为三类时位于第二梯度，聚为五类和七类时处于第三梯度，说明和哈尔滨还是有一些差距，是吉林省的金融中心；大庆聚为五类和七类时都位于第四梯度，说明其金融竞争力处于中等级别；鞍山聚为五类时处于第四梯度，聚为七类时处于第五梯度，紧随在大庆后面；9 大城市中，吉林、抚顺和齐齐哈尔在聚为七类时才表现出来，位于第六梯度，说明其金融竞争力水平不高。

从聚类为七类的情况看，辽宁省 3 个城市在前五个梯度中，7 个在第六梯度中，4 个在第七梯度中；吉林省 1 个城市在前五个梯度中，1 个在第六梯度中，6 个在第七梯度中；黑龙江省 1 个城市在前五个梯度中，2 个在第六梯度中，9 个在第七梯度中。可见辽宁省城市整体金融竞争力较强，保持着领先的地位，而吉林省和黑龙江省城市整体金融竞争力较弱，梯度级别较高的城市太少，多数城市在最低级别中。根据这种聚类情况，可以把城市划分为五个等级，沈阳、大连为一个等级，哈尔滨、长春为一个等级，大庆、鞍山为一个等级，第六梯度中的城市为一个等级，第七梯度中的城市为一个等级。

以上的聚类结果和前面因子分析的结果反映的问题和得出的结论比较一致。

四 东北城市金融竞争力的深入探讨和提升建议

（一）东北城市金融竞争力的深入探讨

从辽宁省城市的空间分布看，丹东、大连、营口、葫芦岛都是港口城市，除朝阳、阜新外，其余城市都在哈大线和京沈线上或附近，地理位置非常优越，而且以沈阳为中心，城市分布比较集中，沈阳和大连的发展能够辐射和带动周围城市，使整个辽宁省的经济整体发展较快，金融竞争力也处于领先地位。沈阳位于辽宁省的中心，当然是辽宁省的金融中心。处于辽宁省金融竞争力第二等级的城市鞍山，属于金融竞争力比较强的省区次级金融中心。第三等级的城市盘锦、抚顺、锦州、本溪、营口、辽阳、丹东，也可以作为省区次级金融中心，它们接收上级城市沈阳和大连的辐射，并对其周围第四等级的城市产生辐射和带动作用，构成一个完整的金融辐射体系。

从吉林省城市的空间分布看，长春、四平、吉林在主要铁路干线上，辽源在哈大线附近，白城、松原、白山、通化四个城市都在省区边缘位置，远离铁路干线和中心城市，地理位置很差，而且吉林省没有港口城市，不利于中心城市长春辐射作用的发挥。长春的金融竞争力在吉林省处于绝对领先位置，也是吉林省的金融中心。吉林属于吉林省金融竞争力第二等级的中心城市，可以作为省区次级金融中心，接收上级城市长春的辐射，并对其周围第三等级的城市产生辐射和带动作用，构成一个完整的金融辐射体系。但是，吉林省的四个城市位于省区边缘位置，辐射体系比较落后。

从黑龙江省城市的空间分布看，齐齐哈尔、大庆、哈尔滨、牡丹江都在T字形的铁路干线上，绥化也在干线附近，离哈尔滨也不远。以哈尔滨为圆心，伊春、鹤岗、佳木斯、双鸭山、七台河、鸡西、牡丹江呈半圆弧状分布，只有黑河的地理位置不是很好，但属于边境城市，所以，整个黑龙江省的城市还是很有区位优势的，有利于中心城市辐射功能的发挥。哈尔滨的金融竞争力在黑龙江省处于绝对领先地位，是黑龙江省的金融中心。处于黑龙江省金融竞争力第二等级的城市大庆，属于金融竞争力比较强的省区次级金融中心。处于第三等级的城市齐齐哈尔、牡丹江，也可以作为省区次级金融中心，它们接收上级城市哈尔滨的辐射，并对其周围第三等级的城市产生辐射和带动作用，构成一个完整的金融辐射体系。辐射体系中只有黑河位于省区边缘位置，辐射体系比较发达。

从整个东北三省来看，只有六个城市分布在边缘位置，大部分城市都位于铁路干线或附近，交通网络比较发达，对整体的发展很有利。因此，处于金融竞争力绝对领先地位的沈阳和大连可以作为整个东北的金融中心，吉林省和黑龙江省的城市也接收来自两大金融中心城市的辐射，整个东北三省的城市构成一个相对完整、发达的金融辐射体系和网络。

金融资源配置的不平衡和由此所导致的金融发展水平的不平衡，客观上就会形成一种金融市场发展的不平衡和在金融需求上的差异。有梯度自然就会有空间上的转移。而这种转移的前提条件就是首先要让有条件的高梯度地区进行一级引进，然后再逐步向二级梯度、三级梯度地区转移。当金融资源的空间集聚达到一定程度的时候，便会向周围地区扩散。扩散在一般情况下是渐进式的，而不是平推的，当然也不是大跨度跳跃式的，随着范围的扩大和距离的增加，其延伸的程度或力度都会有所递减；同时，随着这种距离的延伸，也会形成较大和较多中心点与主轴。从大的范围来看，最终就会促成"点—轴—面"的全面扩散和空间推移，使各地的金融资源和空间配置获得充分的、相对均衡的开发与利用。这样来看，如果将东北以外的上海、北京为上一级金融辐射源，作为第一梯度，那么沈阳和大连就处在第二梯度，长春、哈尔滨则处在第三梯度的位置上。金融资源的配置首先是从金融竞争力很强的城市上海、北京流向金融竞争力相对较强的城市沈阳和大连，然后再从沈阳和大连流向长春、哈尔滨，之后再通过以四大城市为中心的金融辐射体系一级级向下配置。在方位转移上的发展模式符合"梯度发展理论"，而在同一个方向上，符合"点—轴"发展模式。

（二）东北城市金融竞争力的提升建议

1. 战略层面

从上面的分析探讨，我们找到了不同城市所处的梯度级别及其在不同省区的位置、不同城市相互之间的联系和城市整体所构成的金融辐射体系。可以看出,要提升整个东北三省的城市金融竞争力,从战略层面上来说,就是要结合"梯度发展理论"和"点—轴"发展模式,进一步健全和完善金融辐射体系和网络,壮大城市金融的规模,提高城市金融的质量和水平,以使所有的点和线都得到加强,进而辐射和带动整个东北三省的金融和经济发展,推动东北振兴。

首先,要加快四大中心城市金融的发展,哈尔滨和长春相对于大连和沈阳在金融显示性竞争力方面落后许多,要注重金融发展水平的提高,哈尔滨还要加强对外开放的步伐。同东北外部的金融中心城市上海、北京相比,四大中心城市金融的发展还落后很多,因此要吸收外部的金融辐射,就要壮大城市金融规模,提高城市金融发展水平。

其次,要加强次级金融中心城市的建设,尤其吉林和黑龙江两省,还要增加次级金融中心城市的个数,吉林省的通化和黑龙江省的佳木斯、鸡西应该作为重点发展的对象。只有次级金融中心城市的规模壮大了,数目增加了,才能更好地接受金融中心城市的金融辐射,更好地把金融资源向下配置,以带动更多的下一级别的城市更快、更好地发展。

再次,要加快其他级别城市的金融发展和经济发展,只有这样,才能使整个金融辐射体系比较完善和发达,金融资源配置才能顺畅和高效,城市整体才能得到较快发展。

2. 操作层面

通过上述的实证分析,展现了不同城市在金融发展、经济发展、科技人才、对外开放和基础设施五个方面的优势和劣势。因此,要从这五个方面着手,研究如何提高和改善劣势方面,进一步强化和利用优势方面，结合城市自身的特点，依据实证分析的结果，制定切实可行的城市金融发展规划和政策。

(1) 金融发展方面

从金融显示性竞争力的计量分析结果来看，四大中心城市不仅要注重金融发展规模的壮大，更要注重城市金融发展水平的提高，尤其是哈尔滨和长春两个城市。排名靠前的本溪和锦州两个城市要进一步提高金融规模和总量。齐齐哈尔和大庆要进一步提高金融发展水平。

(2) 经济发展方面

从经济力的计量分析结果来看，四大中心城市要加快经济发展的速度。大庆、鞍山、吉林、抚顺、齐齐哈尔也都要提高经济发展的速度，齐齐哈尔还要注重经济发展水平的提高。排名靠前的本溪也要提高经济发展的速度，辽阳需要壮大经济发展的规模。

(3) 科技人才方面

从科技力的计量分析结果来看，四大中心城市中哈尔滨和长春非常缺乏金融专业人才，要利用高校聚集的优势，加大金融专业人才的培养力度，利用优惠政策留住人才。鞍山、抚顺、吉林、齐齐哈尔、大庆同样需要解决金融专业人才不足的问题。丹东、锦州、通化、营口需要加大科研投入的力度，进行科技人才储备。

(4) 对外开放方面

从开放力的计量分析结果来看，四大中心城市中，沈阳和长春的对外开放度水平太低，哈尔滨的对外开放度水平也比较低，并且哈尔滨的对外吸引能力也很低。抚顺、吉林、齐齐哈尔、大庆排名都太靠后，对外吸引和对外开放水平都比较低。排在前面的本溪、双鸭山、鸡西要提高利用外资的水平，营口和铁岭则要加大对外开放力度。因此，各个城市都要制定相应的对外开放政策，增加对外部资金和资源的吸引和利用，扩大利用外资规模，提高外资利用效率，增加对外出口，将“引进来”和“走出去”相结合。

（5）基础设施方面

从设施力的计量分析结果来看，四大中心城市中，大连、长春和哈尔滨都需要提高电信设施的水平。大庆、抚顺和盘锦需要加强基础设施规模建设，吉林、齐齐哈尔和锦州要提高电信设施水平。

以上主要是点出了一些大城市需要加强建设和提高的方面，其余各个城市在哪些方面需要重点建设，从各个城市五个方面的计量分析结果表格中也可以很容易看出。至于细节方面如何操作，则应结合各个城市的实际情况，因地制宜，充分利用内部和外部资源，发挥自身的优势，加快各个方面的发展，从而促进城市金融竞争力的提高。不同城市的金融竞争力提高了，整个东北三省城市整体的金融竞争能力就会提高，金融辐射体系和网络就会更完善和发达，金融资源配置就会更加顺畅和高效，促进城市金融的发展；金融的发展，又会推动其他各个方面更好、更快地发展，从而形成良性循环，促进整个东北经济的快速发展，实现东北的振兴。

参考文献

1. 陈才著:《区域经济地理学》,北京:经济科学出版社 2001 年版。

2. 支大林著:《区域经济发展中的金融贡献》,长春:东北师范大学出版社 2004 年版。

3. 王健主编:《区域与发展》,杭州:浙江人民出版社 1998 年版。

4. 胡鞍钢等著:《中国地区差距报告》,沈阳:辽宁人民出版社 1995 年版。

5. 董锁成著:《经济地域运动论》,北京:经济科学出版社 1994 年版。

6. 胡兆量主编:《中国区域发展导论》,北京:北京大学出版社 1999 年版。

7. 白钦先著:《金融可持续发展研究导论》,北京:中国金融出版社 2001 年版。

8. 刘伟、杨云龙著:《中国产业经济分析》,北京:中国国际广播出版社 1987 年版。

9. 周伟林著:《中国地方政府经济行为分析》,上海:复旦大学出版社 1997 年版。

10. 汪宇明著:《中国省区经济研究》,上海:华东师范大学出版社 2000 年版。

11. 施兵超著:《经济发展中的货币与金融》,上海:上海财经大学出版社 1997 年版。

12. 张杰著:《中国金融成长的经济分析》,北京:中国经济出版社 1995 年版。

13. 厉以宁主编:《区域发展新思路》,北京:经济日报出版社 2000 年版。

14. 陈野华著:《西方货币金融学说的新发展》,重庆:西南财经大学出版社 2001 年版。

15. 张军洲著:《中国区域金融分析》,北京:中国经济出版社 1995 年版。

16. 刘仁伍著:《区域金融结构与金融发展理论与实证研究》,北京:经济管理出版社 2003 年版。

17. 周晓寒著:《金融经济论》,北京:中国经济出版社 1988 年版。

18. 范恒森著:《金融制度学探索》,武汉:湖北教育出版社 1996 年版。

19. 张杰著:《中国金融制度的结构和变迁》,太原:山西人民出版社 1998 年版。

20. 王广谦著:《经济发展中金融的贡献与效率》,北京:中国人民大学出版社 1997 年版。

21. 贝多广著:《中国资金流动分析》,上海:三联书店 1995 年版。

22. 陆大道等著:《中国区域发展报告》,北京:商务印书馆 1997 年版。

23. 亚当·斯密著:《国民财富的性质和原因的研究》,北京:商务印书馆 1981 年版。

24. G. 拉尼斯等著:《发展经济学的新格局——进步与展望》,北京:经济科学出版社 1987 年版(中译本)。

25. 约翰·G. 格利、爱德华·S. 肖著:《金融理论中的货币》,上海:上海三联书店 1988 年版(中译本)。

26. 戈德史密斯著:《金融结构与金融发展》,上海:上海三联书店 1990 年版(中译本)。

27. 麦金农著,卢聰译:《经济发展中的货币与资本》,上海:上海三联书店、上海人民出版社 1997 年版。

28. 金德尔伯格、赫里克著:《经济发展》,上海:上海译文出版社 1986 年版(中译本)。

29. 吴献金等著:"金融制度创新与金融产业升级指标体系及效用分析",《湖南大学学报》2003 年第 3 期。

30. 北京大学中国经济研究中心宏观组著:"金融不是虚拟经济",《新华文摘》2002 年第 5 期。

31. 巴曙松著:"中国金融结构的变迁与宏观金融政策的调整",《经济科学》1997 年第 5 期。

32. 余永定著:"国民收入分配、金融结构与宏观经济稳定",《经济研究》1996 年第 12 期。

33. 易纲著:"中国金融资产机构分析及政策含义",《经济研究》1996 年第 12 期。

34. 刘明志著:"中国非银行金融机构与货币市场发展",《金融研究》1998 年第 12 期。

35. 孙肖远著:"邓小平金融发展观与中国金融制度变迁",《学海》1993 年第

7 期。

36. 肖红叶、周国富著:"中国储蓄——投资转化有效性研究",《统计研究》2000 年第 3 期。

37. 张杰著:"金融成长的一般理论分析:概念、类型与过程",《当代经济科学》1993 年第 5 期。

38. 葛兆强著:"区域经济差距的金融成因分析与政策选择",《金融理论与实践》1997 年第 8 期。

39. Boyd John and Bruce Smith, "Intermediation and the Equilibrium Allocation of Investment Capital: Implications for Economic Development," *Journal of Monetary Economics*, 1992 (30).

40. Douglas W. Diamond and Phillip Dybvig, "Bank Runs, Deposit Insurance and Liquidity," *Journal of Political Economy*, 1983 (91).

41. Jayasri Dutta and Sandeep Kapur, "Liquidity Preference and Financial Intermediation," *Review of Economics Studies*, 1998 (65).

42. Valerie R. Bencivenga and Bruce Smith, "Financial Intermediation and Endogenous Growth," *Review of Economic Studies*, 1991 (58).

43. Bain, A. D., *The Economics of the Financial System*, Oxford: Martin Robertson, 1981.

44. Chen, C. H., "Regional: Determinants of Foreign Direct Investment in Mainland China," *Journal of Economics Studies*, 1996, 23 (2).

后　记

区域金融是一个国家金融结构与运行在空间上的分布状态，是现代市场经济条件下大国经济发展的一种客观现象。由于自然条件、经济条件、社会条件和技术条件的地域差异，经济地域运动呈现出明显的不平衡性和区域性特点。金融作为经济发展的重要推动力，不仅要直接反映经济的区域性特点，而且经济发展的区域性很大程度上要借助于金融的区域化运行得以实现。因此，对于区域金融理论和实证的研究具有重大的理论价值与实践意义。

区域金融作为独立的研究课题，其研究价值近几年刚刚引起理论界的关注。对区域金融理论的研究尚处于探索阶段，无论是国外还是国内都相当滞后，一些学者在研究区域经济发展时对区域金融有所论及，但只限于个别分析，理论是零散的，远没有形成独立的分析框架和相对完整的理论体系。作者在综合已有研究成果的基础上，尝试进行区域金融的系统分析和深层研究，包括区域金融成长、区域金融结构、区域金融市场、区域金融主体、区域金融产业、区域金融流动、区域金融中心、区域金融政策以及区域金融竞争力。

在这里要特别指出的是，路宇立（对第三章、第五章）、程莉（对第四章）、韩建雨（对第八章、第九章）、肖大伟（对第十章）出色地完成了收集和汇总数据的工作，并参加了部分内容的撰写，苗森对全书提出了许多有价值的建议，还要感谢商务印书馆为出版本书提供的帮助。

支 大 林

2007 年 11 月